카페에서 읽는 조선사

일러두기

-『조선왕조실록』은 국사편찬위원회 조선왕조실록(sillok.history.go.kr)을, 고전 번역은 한
 국고전번역원(itkc.or.kr)을 기준으로 삼았다.
-1895년 이전까지 날짜는 음력에 따라 기록하고 양력일 경우 따로 부기했다.

카페에서 읽는 조선사

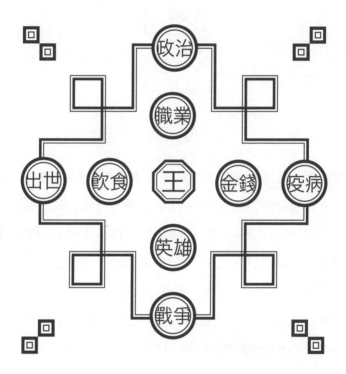

아홉 가지 키워드로 보는 조선의 낯선 모습

표학렬 지음

들어가며

조선인의
조선사

카페는 서양적 공간이다. 터키의 커피 하우스에서 유래했다지만 우리에게 익숙한 카페, 커피나 차와 간단한 간식을 먹으며 음악을 듣거나 이야기를 나누는 공간은 분명 18세기 이후 서양에서 유행한 것이다. 그래서 그런지 전통과 카페의 조합은 어색하게 느껴진다. 카페에서 조선사를 읽는다? 서양의 클래식이나 팝을 들으며 전통차를 마시는 것만큼이나 이질적 조합은 아닐까?

15세기 인류는 일제히 바다로 나갔다. 명나라 정화는 동아프리카까지, 유럽의 콜럼버스는 아메리카의 카리브해까지, 잉카 함대는 남아메리카까지 진출했다. 그리고 조선 태종의 함대는 쓰시마로 돌진했다. 15세기 이후는 바다의 시대였고 국제적 교류의 시대였다. 대한민국 서울에서 팝과 펍을 즐기는 것처럼 조선 시대 한양에서는 이슬람의 소주와 유럽의 카스텔라를 즐겼다.

조선사는 이런 국제적 교류의 역사 속에 위치한다. 어느 시대,

어느 민족도 철저한 고립과 은둔의 삶을 살 수 없다. 조선 문화를 간직하고 산다는 청학동 마을에 전화기가 있는 것처럼 조선 역시 세계적 흐름에서 자유로울 수 없었다.

그러나 그 변화된 모습은 긍정적인 것만큼은 아니었다. 인간의 삶에 항상 어둠과 빛이 존재하는 것처럼 역사의 발전에도 항상 긍정과 부정은 존재한다. 역사는 나선형적으로 발전한다고 한다. 우리는 이 책을 통해 조선사의 나선형 소용돌이를 실감할 수 있을 것이다.

2120년, 어느 역사가가 이런 글을 썼다고 가정하자.

> "대한민국은 독재 정권의 폭압에 신음했지만 국민들은 인터넷과 스마트폰으로 SNS를 통해 활발한 소통을 이루고 있었다. 도대체 소통이 원활한 시대에 독재 정권이 출현한 이유가 무엇일까?"

2020년 독자가 이 글을 본다면 이게 무슨 소리냐며 화를 낼 것이다. 독재 정권 시대는 1948년부터 1987년까지고, 스마트폰이 유행한 것은 그부터 30년이 지난 2010년대기 때문이다. 하지만 이런 오류와 혼동은 아주 흔한 일이다. 조선 시대는 500년이나 되지만 우리는 시간의 선후와 사건의 인과관계와 상관없이 마구 뒤섞어서 "조선 시대는 이랬데, 저랬데"라고 쉽게 말한다. 30년만 시간 차이가 나도 엉뚱한 이야기가 나오는데 하물며 500년이나 되는 역사를 마구 뒤섞으면 어떻게 될까?

5   그런데도 우리는 그렇게 한다. 왜냐하면 현대는 변화가 빠르고

폭넓지만 과거는 변화가 없고 정체된 사회라고 믿기 때문이다. 지금은 30년 사이에 독재가 종식되고 민주주의가 자리 잡고, 다이얼 전화기가 스마트폰이 되지만, 과거에는 300년이 지나도 똑같은 왕정이고 소통은 인편으로만 가능했다고 생각하는 것이다.

과연 조선 시대는 그렇게 변화가 없었을까? 역사철학에서 전문적으로 이야기하는 '시간'에 대해서는 자세히 설명할 능력이 부족하니 여기서는 논외로 하더라도,[*] 기록이 풍부한 조선사를 팩트 체크만 해보아도 결코 그렇지 않다는 것을 알 수 있다.

예를 들어 정조의 어머니 혜경궁 홍씨는 『한중록閑中錄』에서 당시 사대부가에서는 당쟁 때문에 왕비 간택을 꺼렸다고 밝혔다. 지금도 텔레비전 역사 프로그램에서는 이 기록을 근거로 조선 시대에는 왕비 간택을 꺼렸다고 설명한다.[**] 하지만 그것은 당쟁이 극에 달했던 숙종~영조 연간의 이야기, 즉 혜경궁이 살던 당대의 이야기일 뿐이다. 조선 시대 왕비는 특정 명문가에서 배출되는 경우가 많았고, 명문가 중에서도 권력자의 집안에서 나오는 경우가 자주 있었다. 예를 들어 예종비와 성종비는 당대 최고 권력자인 한명회의 딸이었고, 19세기 효명세자빈으로 간택된 조씨는 병조판서를 지낸 조진관趙鎭寬의 손녀였다. 혜경궁 역시 할아버지는 도승

---

[*] 아날학파의 페르낭 브로델Fernand Braudel은 단기, 중기, 장기로 시간을 나누고 그것이 인간의 의식에 어떤 영향을 끼치는지 분석했다. 가령 인간이 의식하는 시간은 중기이며, 장기는 잠재의식에 더 큰 영향을 준다고 주장했다.

[**] 예를 들면 EBS 다큐프라임 〈한중일 궁중의 삶-왕비〉.

지(지금의 청와대 비서실장)와 예조판서 등을 지낸 홍현보洪鉉輔였다. 그러니 왕비 간택을 꺼렸다는 것은 어디까지나 당대의 특징일 뿐 조선 시대 전체의 모습은 아닌 것이다.

그래서 역사가의 설명을 읽을 때 조심해야 한다. 역사가는 자신이 연구하는 시기의 사실을 집중적으로 논하고 설명한다. 그런데 독자는 종종 시대 전체가 그렇다고 착각하곤 한다. 비전공자가 대중적인 역사책을 쓸 때도 같은 오류를 범한다. 특정 시대 특정 사건을 확대해석해서 시대 전체가 그랬던 것처럼 왜곡하는 것이다.

1969년 개봉한 신상옥 감독의 영화 〈이조 여인 잔혹사〉는 갖은 봉건적 억압에 고통받았던 조선 여인들의 이야기다. 출가외인부터 칠거지악까지 우리가 알고 있는, 조선 여인을 억압한 족쇄들을 처절하게 다루었다. 아마도 감독은 박정희 정권의 조국 근대화 시대에 이런 억압을 없애야 한다는 의도로 영화를 만들었을 것이다.

하지만 조선 시대 여인들이 500년 동안 이런 일을 겪은 것은 아니었다. 〈이조 여인 잔혹사〉에서 그린 여성 억압은 조선 후기에 집중적으로 나타난 현상이다. 조선 후기 상업이 발전하고 기존 사회가 흔들리자 이를 지키려던 보수적 양반들이 성리학적 지배를 강화하는 과정에서 여성에 대한 억압이 심화되었다는 주장이 일반적이다. 조선 후기 변화를 근대적 변화의 시초로 본다면, 결국 〈이조 여인 잔혹사〉는 근대화의 역편향이었던 것이다.

세계사를 보면 이런 일은 얼마든지 있다. 인도에는 사티라는 풍습이 있었다. 남편이 죽으면 아내를 순장하는 풍습인데 원래는 아내의 동의를 얻어야 하는 등 절차가 까다로웠다. 그런데 영국이 사티를 평계로 인도 침략을 강화했다. 사티 같은 야만적 풍습을 없애려면 영국의 지배가 필요하다는 명분이었다. 그러자 인도인들은 사티를 지키는 일이 인도를 지키는 일이라며 남편이 먼저 죽으면 무조건 아내를 순장시켰다. 독립운동의 이름으로 수많은 인도 여인이 화장의 불길에 내던져졌다. 결국 사티는 인도 고유의 풍습이 아니라 인도 근대화와 영국 식민 지배에 대한 저항 속에 나온 신풍습이었던 것이다!

사티 문제는 람 모한 로이Ram Mohan Roy라는 사람이 주창한 힌두교 근대화 운동(브라흐마 사마지)을 통해 독립운동과 근대화 운동이 결합하면서 겨우 해결의 실마리를 찾았다. 그러나 지금도 인도 힌두교에는 이런 근대화 과정의 고통이 남아 있다.*

우리는 역사를 입맛대로 보려는 경향이 있다. 이때 많이 쓰는 말이 '비판적으로 본다'는 것이다. 하지만 역사를 비판적으로 본다는 말과 과거를 비판하는 것은 다른 의미다. 역사의 기본 명제는 E. H. 카E. H. Carr의 "역사는 현재와 과거의 대화"다. 이 명제에 따라 역사가 비판적으로 보아야 할 대상은 바로 '현재'다. 현재의 문제, 현실의 모순을 객관적이고 비판적으로 파악하고 그 원인을 찾아가는 과정이 역사의 기본이다. 그러니 과거 비판은 역사가의 기본자세가 아닌 것이다.

---

* 극단적인 힌두교 원리주의 세력의 무슬림이나 여성에 대한 테러가 국제적인 문제가 되고 있다. 나는 이를 19세기 힌두교에 스며든 극단적 민족주의 감정이 외국 문화에 대한 증오로 남아 있기 때문이라고 생각한다.

조선 시대 500년을 하나의 주제나 하나의 시선으로 정리하는 것은 불가능하다. 조선은 마치 천수관음처럼 눈 1,000개와 손 1,000개가 있는 다양한 역사다. 다만 조선 후기, 특히 18세기 이후 200년의 역사는 조선 망국과 20세기 한민족이 겪은 변화와 밀접한 연관이 있어 매우 중요하다고 할 수 있다. 그래서 역사가들은 세종보다 정조를, 『농사직설農事直說』보다 『북학의北學議』를 중시한다.

필자는 이 책에서 조선이 가진 다양한 얼굴을 묘사했다. 조선을 하나로 정리하기보다 500년의 역사 속에 얼마나 다양하고 변화무쌍한 사건과 삶이 있었는지 소개하려 한다. 그동안 공부해온 내용뿐만 아니라 KBS-1 라디오 〈라디오 매거진 위크앤드〉의 '에피소드 한국사' 코너에서 방송한 내용, 대중 강의 원고, 교사로서 학생들에게 수업했던 강의 등 반응이 좋았던 것을 중심으로 엮었다. 우리가 알고 있는 조선에 대한 통념과, 통념을 둘러싼 다양한 이론을 어떻게 이해하고 소화할 것인지 함께 고민하는 계기가 되기를 희망한다.

-2020년 10월 연희동에서, 표학렬

들어가며 **조선인의 조선사**

왕

◇◇◇◇◇◇◇◇

조선의 왕이 보여주는
조선 시대 정치의 진짜 모습

우리는 옛날에는 왕이 나라를 지배하는 것이 당연했다고, 왕은 아주 당연한 존재였다고 생각한다. 또 왕정이 공화정이나 의회정으로 발전했다고 생각한다. 그러나 그것은 사실이 아니다. 로마처럼 공화정에서 왕정이 되기도 하고, 왕이 아니라 족장이나 추대된 현자賢者가 지배자인 적도 있었다.

세계 역사상 최초의 제국*이라 할 수 있는 페르시아를 건설한 이는 다리우스 1세(기원전 550~486년경)다. 그리스의 역사가 헤로도토스에 의하면, 그는 황제에 오르기 전 독재정치에 대항할 가장 홀

---

* 제국은 여러 민족을 지배하고 이를 위한 강력한 정부와 제도, 사상, 교통로 등을 갖춘 국가라고 정의할 수 있다. 페르시아는 조로아스터교, 지방 제도, 왕의 길이라는 전국적 도로망을 갖춘 최초의 국가였다. 오늘날 세계 패권을 장악하고 있는 미국은 민주주의, 인터넷, 전 세계에 퍼져 있는 미군 기지로 제국임을 설명할 수 있다.

"세상에 가장 훌륭한 인물이라 해도 독재자가 되면 평소의 사고방식에서 벗어나기 마련입니다.……민중의 정치는 법 앞에 만인이 평등하고, 관리들은 추첨으로 선출되고 직무에 책임을 집니다. 국가는 민중에게 달려 있기 때문에 민중의 힘을 늘리기를 제안합니다."

"독재자의 교만을 피하려다 절제 없는 민중의 손아귀에 들어가는 것은 용납할 수 없습니다. 우리는 가장 훌륭한 자들의 단체를 선발하여 그들에게 정권을 맡길 것입니다. 가장 훌륭한 자들에게서 가장 훌륭한 의견이 나올 것입니다."

민주정, 왕정, 귀족 과두정을 둘러싼 토론 끝에 다리우스 1세는 왕정이 가장 적합한 체제임을 선포했다.

"민중에 대한 말은 옳지만 과두제에 대한 말은 옳지 않다고 생각하오. 민주제와 과두제와 군주제가 최선의 상태에 있다고 가정한다면 군주제가 월등히 우수하다고 단언하오.……민중이 지배하면 부패가 만연할 수밖에 없는데 그러면 누군가 민중의 지도자로 부상할 것이고, 민중에게 찬양받다보면 결국 군주가 되기 마련이오."

---

* 헤로도토스, 천병희 옮김, 『역사』(숲, 2009), 322~324쪽.

소크라테스 역시 왕정을 두고 논쟁했다. 소크라테스는 아테네의 델로스동맹과 스파르타의 펠로폰네소스동맹의 전쟁에서 아테네가 진 이유를 다신교와 민주주의 때문이라고 보았다. 그 대안으로 하나의 신앙, 하나의 지도자를 주장했는데 결국 아테네의 민주주의를 위협한다는 이유로 사형을 당했다. 그러나 그의 제자(플라톤)의 제자 아리스토텔레스는 마케도니아 알렉산드로스 대왕의 스승이 되어 강력한 제국을 건설하는 데 앞장섰다.* 그리고 로마가 공화정에서 황제정으로 이행하면서 왕정은 돌이킬 수 없는 대표적 정치체제로 자리매김했다. 인류가 공화정으로 돌아오는 데는 1,800년 가까운 시간이 걸렸다. 미국이 공화정으로 독립하면서였는데, 유럽은 공화정을 조롱하고 격렬하게 비판했다. 유럽인들은 미국 공화정을 부르주아의 소수 독재정치라며 그 사례로 노예제도를 꼽았다. 누군가 이렇게 비아냥댔다고 한다. "공화정이라는 것이 고작 노예제 국가를 부활시킨 것에 지나지 않는군."

정치체제는 그 시대의 요구에 가장 적합한 체제가 무엇인지에 따른 것이지 순서나 단계가 있는 것은 아니다. 그렇다면 우리는 질문을 하나 던져볼 수 있다. 도대체 조선의 왕정은 어떤 시대적 요구에 의한 것이었고, 왜 멸망하게 된 것일까?

---

* 모지스 핀리Moses Finley, 「소크라테스, 역사에서 신화로」, 윌리엄 랭어William Langer, 박상익 옮김, 『호메로스에서 돈 키호테까지』(푸른역사, 2001). 이는 과연 그리스-페르시아 전쟁의 진정한 승리자가 누구인지에 대한 논쟁까지 연결될 수 있다.

세종: 성군은 만들어지는 것이다

군자가 다스리는 국가를 꿈꾸다

조선의 국가 체제를 완성시킨 왕은 세종이다. 조선이라는 국가가 지향한 정치체제는 무엇이었을까? 그것은 유교적 왕도 정치 국가다.

유교에서 지향하는 왕도 정치는 유교의 최고 권위자인 군자君子가 유학자인 신하들의 보좌를 받아 소인小人인 백성을 교화해 삼강오륜이 실현된 이상 사회를 건설하는 것이다. 여기서 핵심은 왕이 군자여야 한다는 점이다. 만약 왕이 군자가 아니라면 이는 패도霸道이며, 패도는 역성혁명으로 타도해야 한다. 패도는 모든 악과 혼란의 근원이기 때문이다. 유교는 국민(소인)의 가능성을 인정하지 않기 때문에 독재정치로 가는 단점이 있고, 지도자에게 절대적인 책임을 요구하기 때문에 지도자에 대한 검증이 철저하다는 장점이 있다. 그런 점에서 유교의 왕도 정치는 민주주의가 불가능했

정도전鄭道傳은 조선의 설계자라 불릴 정도로 조선 건국에 큰 공을 세운 핵심 인물이다. 문무에 능통할 뿐 아니라 야심이 넘쳤던 그는 민심을 잃은 왕은 교체될 수 있다는 역성혁명을 긍정했고 실제로 혁명을 이루어냈다. 결국 정도전은 그를 경계하던 이방원에 의해 피살되었다.

던 전근대 사회에서는 가장 발달된 정치사상이라고 볼 수 있다.

조선을 건국한 태조 이성계는 무인이었기 때문에 학문적으로 완벽하지 못해서 정도전 등 신하에게 의존할 수밖에 없었다. 그러나 정도전의 권력이 강화될수록 왕조는 불안해졌다. 원래 공화정은 중국 주나라 여왕勵王이 민란으로 쫓겨나고 왕의 자리가 비자 두 명의 제후가 공동으로共和 정치를 이끌어간 데서 유래한 말이다. 즉 공화정은 왕 없이 신하들이 통치하는 비정상적 상황을 말한다. 신하에게 권력이 넘어가면 공화정 같은 상황이 오는 데다 신하가 왕위를 찬탈하는 것도 역사에서 아주 흔한 일이었다.

태조의 아들은 대부분 무인으로 아버지 이성계와 함께 전장을 누볐고 강력한 사병 집단을 거느리고 있었다. 정도전은 사병을 혁파해 장차 일어날 수 있는 왕위 계승 전쟁 같은 내전 상황을 막으려 했지만, 이는 왕실의 무력 기반을 제거하는 아주 위험한 권력 게임이었다. 정도전이 추진한 요동 정벌은 군권을 정도전에게 넘겨주는 것이었다. 1398년 정도전의 왕위 찬탈은 아주 가깝게 다가오고 있었다. 정도전이 원했건 원하지 않았건 쿠데타를 위한 모든 조건을 스스로 만들어가고 있었다.

태조의 아들 중 문신은 5남 이방원뿐이었다. 그는 강력한 사병 집단의 우두머리이자 조선 건국의 핵심 참모였고 무엇보다 학문 능력이 높았다. 이성계 집안에서 군자의 요건에 가장 가까운 존재였다. 이방원은 이씨 왕조 대신 정씨 왕조가 들어설 가능성을 경계했다. 그리고 군권을 장악한 정도전에게 승리하려면 선제공격이 필요하다는 것도 알고 있었다. 그것이 제1차 왕자의 난이었다.

정도전 제거 후 정종이 즉위했지만 정종은 무인 출신으로 이성계보다도 못한 이였다. 정종은 이방원의 왕위 승계를 이성계가 승인할 때까지 임시로 왕위를 지킬 인물에 불과했다. 2년 후 이성계는 마지못해 이방원의 왕위 계승을 허락했고 이방원이 왕에 올랐다. 그가 태종이다.

태종은 왕권을 강화하면서도 사헌부·사간원을 만들어 왕권을 견제토록 했다. 왕권과 신권이 조화하는, 즉 군자가 주도하고 유학자가 보좌하는 왕도 정치에 다가가고 있었다. 태종에게 남은 미션은 안정적인 왕위 계승이었다. 평화롭고 안정적인 왕위 계승은 초기 왕조의 안정에 가장 중요한 일이나, 태종이 쿠데타로 집권하는 바람에 이루어지지 못하고 있었다.

태종에게는 1418년 기준으로 아들이 넷 있었다. 장남인 세자, 차남인 효령, 3남인 충녕, 4남인 성녕이었다. 세자는 24세, 효령은 22세, 충녕은 21세, 성녕은 13세였다. 태종과 많은 신하가 세자의 왕위 계승을 희망했지만 현실은 그렇지 않았다. 세자는 공부를 좋아하지 않았다. 세자의 친가나 외가 모두 무인 집안으로 공부하는 분위기가 아니었다. 그는 멋 부리기를 좋아하고 호탕한 성격에 사냥을 즐기고 여자 앞에서 대장부이기를 바랐다. 할아버지와 외삼촌을 닮았지만 유교 정치가 원하는 이상적인 왕의 자질은 아니었다.

충녕은 정반대였다. 무엇보다 공부를 좋아했다. 이것이 큰 문제였다. 조선은 세자를 제외한 왕자들에게 교육을 권장하지 않았다. 유교 정치에서 왕의 으뜸 덕목은 유교의 권위자가 되는 것이다. 공부 잘하는 왕자는 결국 또 다른 왕위 계승 후보가 되는 셈이다. 왕위 계승 다툼을 예방하려면 세자의 동생들은 공부를 하지 않는 것이 좋았다.

태종은 분명 충녕이 공부하는 것을 좋아하지 않았다. 자신부터가 형을 제치고 왕위에 올랐기에 누구보다 그 사정을 잘 알았다. 그래서 충녕의 처소에 있는 책을 전부 압수하기도 했다. 그러나 충녕은 공부를 게을리하지 않았다. 이는 충녕에게 왕이 될 야심이 있었다는 의미다. 세자가 공부를 게을리할수록 충녕이 대안으로 떠오르기 시작했다. 신하들은 세자를 보호하느라 목숨을 내걸 정도였다.

"근년에 이르러 그 자손을 위하여 세자에게 아부하고자 하여 물음에 대답하기를 바르게 하지 아니하였으므로 친근한 대신도 또한 황희의 정직하지 않은 것을 말하여 마침내 이 지경에 이르렀다."

–『태종실록』 18년 5월 21일

황희黃喜가 세자를 두둔한 것에 대해 양사가 죄를 물으려 하자 태종이 그를 비호하며 한 말이다. 하지만 결국 희망을 주지 못한 세자는 쫓겨나 양녕대군으로 격하되었고, 충녕이 세자에 오른 뒤 왕에 즉위해 세종이 되었다. 세종의 왕위 계승 과정은 유교적 왕도 정치라는 이상이 조선 건국 초기에 왕위 계승까지 영향을 미쳤음을 보여준다.

유교 권위자로서 신하들을 다스리다

세종은 유학자 사회에서 절대적인 권위자였다. 이를 가장 잘 보여주는 것이 훈민정음 즉, 한글 관련 논쟁이다. 이 유명한 논쟁은 1444년 2월 20일에 있었고, 실록에 자세히 실려 있는데 내용은 이렇다.

집현전 부제학 최만리崔萬理가 한글 창제의 부당함을 주장하는 상소를 올렸다. 집현전 부제학은 직책상으로는 중간급 간부지만 그 위의 영전사, 대제학, 제학이 모두 겸직으로 명예직이었기 때문에 실제로는 부제학이 집현전의 우두머리였다. 이 상소는 집현전이 공식적으로 한글 창제에 반기를 들었음을 의미한다.

상소의 내용은 1. 중국의 한자를 쓰다 새로운 문자를 쓰면 대對

세종은 학자가 지배하는 조선 사회에서 '최고의 학자'가 됨으로써 신하들을 제압했다.

중국 관계에 차질이 생길 것이다. 2. 한자를 쓰지 않고 자체 문자를 만드는 것은 오랑캐의 문화고, 선진 문화 수입에 어려움이 생길 것이다. 3. 한자로 표기하기 어려운 것은 이미 이두를 써왔으므로 번거롭게 새로운 문자를 만들 필요가 없다. 4. 백성이 문자를 알면 재판이나 처벌 등에서 억울한 일이 없을 것이라 하나 문자를 안다고 해서 억울함이 풀리는 것은 아니다. 5. 문자를 만드는 중대사를 의논 없이 서둘러 처리하는 것은 옳지 않다는 것 등이었다. 이 상소에 대해 세종은 강하게 질타했다.

"이두를 제작한 본뜻이 백성을 편리하게 하려 함이 아니하겠느냐. 만일 그것이 백성을 편리하게 한 것이라면 이제의 언문은 백성을 편리하게 하려 한 것이다. 너희들이 설총은 옳다 하면서 군상君上의

하는 일은 그르다 하는 것은 무엇이냐. 또 네가 운서韻書를 아느냐. 사성 칠음四聲七音에 자모字母가 몇이나 있느냐. 만일 내가 그 운서를 바로잡지 아니하면 누가 이를 바로잡을 것이냐."

-『세종실록』26년 2월 20일

마치 선생님이 학생을 야단치듯 집현전 최고 학자를 꾸짖고 있다. 세종 자신이 유학의 최고 권위자이자 문자와 관련한 음운학 등 관련 학문의 최고 권위자로서 자신감이 있었기 때문이다. 이에 최만리 등 집현전은 변명하는데, 세종은 변명을 듣지 않고 더욱 꾸짖는다.

"정창손鄭昌孫은 말하기를, '삼강행실三綱行實을 반포한 후에 충신·효자·열녀의 무리가 나옴을 볼 수 없는 것은, 사람이 행하고 행하지 않는 것이 사람의 자질 여하에 있기 때문입니다. 어찌 꼭 언문으로 번역한 후에야 사람이 모두 본받을 것입니까.' 하였으니, 이따위 말이 어찌 선비의 이치를 아는 말이겠느냐. 아무짝에도 쓸데없는 용속庸俗한 선비이다."

-『세종실록』26년 2월 20일

그리고 마침내 선언한다.

"내가 너희들을 부른 것은 처음부터 죄주려 한 것이 아니고, 다만 소疏 안에 한두 가지 말을 물으려 하였던 것인데, 너희들이 사리를 돌아보지 않고 말을 변하여 대답하니, 너희들의 죄는 벗기 어렵다."

−『세종실록』26년 2월 20일

그리고는 집현전 부제학, 직제학 등 집현전 실무 책임자와 간부들을 옥에 가두었다. 정창손은 파직당했고 김문金汶은 국문을 당했다. 이때 투옥된 이 중에는 훗날 사육신 중 한 명인 하위지河緯之도 있었다.

이 논쟁의 의미는, 학문이 부족한 왕의 사례와 비교해보면 더욱 확실히 알 수 있다. 중종반정을 통해 왕에 오른 중종은 원래 왕이 될 사람이 아니었으므로 학문이 부족했다. 중종 때 유학의 최고 권위자는 조광조趙光祖였는데, 조광조는 시종일관 중종을 학생처럼 가르쳤다. 1516년 12월 12일 석강에서 있었던 일이다.

"성상께서 모름지기 마음에 존성存省하는 공부를 곁들이시되,……어찌 요堯·순舜과 탕湯·무武가 다스리듯이 하지 못하겠는가 하여, 이렇게 뜻을 세우신다면, 마침내는 미칠 수 있게 될 것입니다. 아랫사람들을 진작시킴은 윗사람에게 달린 것이니, 성상께서 먼저 덕을 닦아 감동시킨다면 아래서도 감동되지 않는 사람이 없어, 지치至治가 생겨나게 되는 것입니다.……백성이 선善을 하게 되거나 악을 하게 되는 기틀이 오직 임금에게 달렸으니, 삼가지 않을 수 있겠습니까?"

−『중종실록』11년 12월 12일

23

세종은 백성을 교화하려고 한글을 만들고 이에 반대하는 신하들을 꾸짖고 심지어 곤장까지 때렸다. 반면 중종은 신하에게 공부 열심히 하라는 소리를 들었다. 왕의 권위는 그만큼 달랐고 정치도 달랐다. 중종은 훈구와 사림 사이에 시달리다 결국 훈구의 압력에 밀려 조광조 등 사림을 제거하고 말았다. 권력이 약한 왕은 신하들 사이의 권력투쟁에 속수무책이었다. 그러나 권력이 강한 세종은 그렇지 않았다.

세종이 황희를 곁에 둔 이유

태종 말년에 세자 폐위 문제로 신하들이 분열되었고 이때 황희는 세자(양녕대군)를 비호한 죄로 관직에서 쫓겨나 유배형에 처해졌다. 태종이 죽기 전에 황희를 불러올려 관직을 주었는데 양사에서 이를 반대하는 상소를 올렸다. 하지만 세종은 이를 듣지 않고 황희를 중용했다.

세종은 신하들의 대립을 제어할 재상이 필요했고 황희는 그 적임자였다. 황희는 사심이 없고 유학에 충실하며 할 일과 할 말은 반드시 하는 성격이었다. 김종서金宗瑞가 6진 개척에 공을 세우고 기고만장해서 나대고 다니자 황희는 그를 아주 엄하게 꾸짖었다.

> 김종서가 여러 번 병조판서와 호조판서를 지냈는데, 한 가지 일이라도 잘못된 것이 있으면 익성공(황희)이 심하게 책망하고 혹은 종을 매질하거나……하였다. 동료들이 모두 너무 심하다고 여겼고,

종서도 매우 곤욕스럽게 여겼다.

-『성소부부고惺所覆瓿藁』제23권, 「설부說部」, 「성옹지소록惺翁識小錄」 중

황희는 방자한 권력자는 꾸짖고 소신껏 일하는 사람은 정성스럽게 챙겼다. 조광조는 중종에게 황희와 관련한 일화를 소개한 적이 있다. 세종이 불교와 관련된 일을 하자 유학자인 집현전 학사들이 이에 항의하며 파업했을 때의 일이다.

"세종이 황희에게 이르기를, '시종이 모두 직책에서 물러났으니 어쩐단 말인가?' 하자, 황희가, '신이 불러오겠습니다.' 하고는 마침내 학사들의 집을 일일이 돌아다니며 데려왔습니다. 이때 태학 유생이 길에서 황희와 마주치자 임금에게 간하지 못했다고 책망했는데, 황희는 화를 내지 않았을 뿐만 아니라 도리어 기뻐했으니, 대신의 도리는 이러해야 하는 것입니다."

-『국조보감國朝寶鑑』제19권, 중종조 13년

황희는 세종의 왕위 계승을 반대했으니 일종의 반역자인 셈이었고, 세종에 대한 충성파는 황희를 좋아하지 않았다. 하지만 세종은 자신에게 반대하는 세력을 어떻게 끌어안을까 고민했고, 거기에 필요한 황희를 비호하고 적재적소에 활용했다. 황희는 이런저런 이유로 7번이나 사직을 청했지만 세종은 허락하지 않았다. 세종은 철저하게 황희를 지배했다.

황희가 말하기를, "성상께서 신이 늙었으매 혹시 병이나 날까 가엾게 여기셔서 고기 먹으라고 명하시니 어찌 감히 따르지 않으오리까." 하고, 머리를 조아리며 울고서 자리에 나아가 먹었다.

－『세종실록』9년 11월 27일

황희가 몸이 좋지 않고 모친상까지 당해 고기를 먹지 않고 소식하니 세종이 신하를 보내 고기 먹기를 권했다. 황희는 처음에는 소식을 고집했지만 신하가 공사가 아닌데 어찌 또 임금께 아뢰느냐고 하자 마침내 고기를 먹었다. 세종의 어질고 자상한 마음 씀씀이로 볼 수도 있지만, 철저하게 신하를 관리하고 지배하는 용인술로 보는 쪽이 더 타당할 것이다.

유교적 왕도 정치를 이상으로 하는 조선에서 세종은 이상적인 군주였다. 그것은 선천적 자질이 아니라 후천적인 노력 즉, 극진한 공부를 통해 이루어진 것이다. 이는 향후 조선 국왕을 평가할 때 중요한 기준이 된다.

세조: 준비되지 못한 왕의 비극

조선에서 왕이 된다는 것

조선의 이상적인 왕이 되려면 일단 군자라는 조건을 만족시켜야 했다. 그러려면 어릴 때부터 엄청나게 공부를 해야 했다. 영조는 아들 사도세자와 손자 정조를 3~4세 때부터 가르쳤고, 대개 세자는 늦어도 5세부터는 공부를 시작했다. 사가에서는 보통 7세 전후에 교육을 시작해서 '남녀칠세부동석'이라는 말이 생겼다.*

조선의 정치는 얼마나 장남이 안정적으로 왕위를 계승하는지에 성패가 달려 있었다. 그런데 불행히도 장남이 왕위를 잇는 경우는

---

* 남자와 여자는 배우는 것이 달랐다. 남자는 과거 시험을 위한 교육을 받았고 여자는 양반가를 경영할 교육을 받았다. 오늘날로 비유하면 남자는 공무원 시험이나 각종 고시 준비를 했고 여자는 교사가 되기 위한 교육을 받았다. 서로 배우는 과목이 다르니 처한 위치도 달라서 부동석이라는 말이 생겼다.

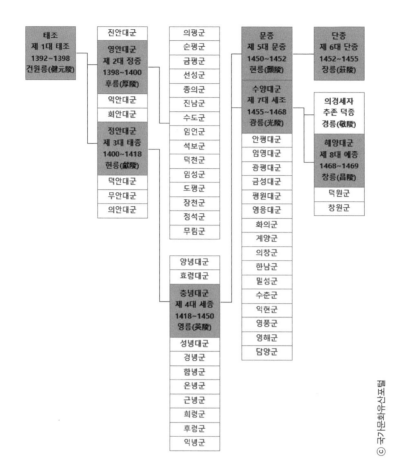

흔치 않았다. 2대 정종은 차남, 3대 태종은 5남, 4대 세종은 3남이었다. 5대 문종이 최초의 장남 왕이었다.

이 외에 장남이 왕위를 계승한 경우는 6대 단종, 10대 연산군, 12대 인종, 18대 현종, 19대 숙종, 20대 경종, 22대 정조(장손), 24대 헌종(장손), 27대 순종으로 총 27명의 왕 중 10명으로 37퍼센트에 지나지 않았다. 더군다나 10명의 장남 왕 중 문종, 단종, 인종, 경종은 단명했고 순종은 일제가 즉위시킨 왕이니 정상적인 왕은 5명에 지나지 않는다. 조선의 정치가 얼마나 혼란스러웠는지, 왕정이 얼마나 불안정한 체제인지 보여주는 통계다.

세조는 장남이 아닌, 준비되지 못한 왕이 집권했을 때 어떤 문제가 나타나는지 잘 보여주는 왕이다. 그는 세종의 차남으로 수양대군에 봉해졌다. 조선은 세자를 제외한 왕자들의 공부를 최대한 금지해 왕위 계승 갈등을 미연에 차단했다. 수양대군은 그런 제도의 혜택을 가장 많이 본 왕자처럼 보였다.

장남(뒤의 문종)은 지극히 성실하고 모범적인 세자로서 이미 세종이 병으로 몇 차례 대리청정을 맡겼을 때 훌륭하게 역할을 해냈다. 훈민정음 창제와 반포를 마무리해서 세종의 한글이 아니라 문종의 한글이라는 말이 있을 정도였다. 반면 수양대군은 큰아버지 양녕대군이나 증조부 이성계를 닮아 놀기 좋아하고 사냥 등 무예에 능했다. 어찌 보면 전형적인 전주 이씨 집안의 핏줄이었다.

그런데 세종이 죽고 즉위한 문종이 3년 만에 죽고 말았다. 문종의 나이는 고작 38세였다. 최초의 장남 왕이 너무 빠르게 사망하자, 왕위 계승 체제가 아직 정착되지 못한 조선은 위기에 휩싸였다. 문종을 제외한 선왕은 모두 기존 후계자를 제치고 왕이 된 이들이 아니던가?

어린 왕과 너무 쟁쟁한 신하들

문종의 뒤를 이은 단종은 겨우 11세였다. 그리고 쟁쟁한 삼촌이 5명이나 있었다(광평대군과 평원대군은 일찍 죽었다). 이 중 35세의

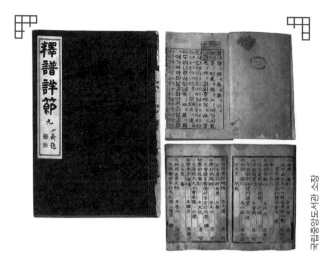

국립중앙서관 소장

『석보상절』은 최초의 한글 활자본으로, 1447년(세종 29년) 세종의
명으로 수양대군이 편찬한 것이다.

수양대군과 34세의 안평대군, 33세의 임영대군은 모두 세종과
문종 때 정사에 관여한 경험이 있었다. 수양대군은 활자 주조와
서적 간행 등 주요 문화 사업에 참여했고 안평대군은 1438년 6진
개척에 참전했고 임영대군은 화포와 화차 등 무기 제조를 맡고
있었다. 금성대군과 막내 영응대군은 세종이 말년에 그들의 사저
에서 지내고 임종했을 정도로 총애를 받았다.

　문종은 단종이 왕도 정치를 이루도록 학문이 높고 능력이 뛰어
난 대신들에게 정사를 맡겼는데 소위 고명대신들이다. 이 중 황보
인皇甫仁은 1440년대 우의정으로 영의정 황희, 좌의정 하연河演과
함께 의정부를 맡아 국정을 이끌었고, 황희가 물러난 후에는 영의
정 하연, 좌의정 황보인, 우의정 남지南智 체제로 국정을 이끌다 문

종이 즉위한 후 영의정이 된 최고 대신이었다. 김종서는 6진 개척의 공을 세운 문무에 고루 출중한 대신으로 일찍이 황희가 자신의 후계로 삼았던 사람이다. 이외에 정분鄭苯, 이양李穰, 조극관趙克寬 등이 의정부와 육조를 장악하고 단종을 보필했다.

세종 때부터 의정부서사제로 국정이 운영되고 있었다. 의정부 서사제는 대신 합의체인 의정부가 행정 부서인 육조를 관할하는 신권 우위 체제인데, 왕이 의정부를 확고히 장악하면 대단히 효율적으로 국정을 운영할 수 있다. 그러나 왕이 의정부를 장악하지 못하면 왕권이 위축되는 단점이 있었다. 어린 단종이 의정부의 고명 대신에게 의존하는 속에서 왕권은 상당한 위협을 받았다. 단종 시기 왕권은 순전히 고명대신의 충성에 의존할 뿐 자립하기 어려운 처지였다.

쿠데타를 기획하다

수양대군은 이를 위기로 인식했다. 이방원이 정도전 중심 체제를 비정상적 통치 체제로 인식한 것처럼, 수양대군도 단종 체제를 그렇게 본 것이다. 그러나 조선이 건국되고 벌써 60년, 그러니까 대한민국이 건국되고 이명박 정부가 출범할 정도의 시간이 흘렀다. 왕자에게는 사병이 없었고 가신도 없었다. 정변을 일으키려면 스스로 세력을 모아야 했고, 당연히 감시하는 눈길에 노출되기 마련이었다.

이용李瑢(안평대군)이 항상 가노家奴 상충尙忠 등으로 하여금 몰래 세조世祖의 집을 엿보게 하였는데, 권남權擥 등이 이를 방비하기를 청하니…….

32

-『단종실록』 즉위년 9월 12일

세조는 몇몇 가신에게 의존했는데 대표적 인물이 한명회韓明澮였다. 한명회는 변변한 관직이 없는 야인이었다. 이런 비공식적 인물은 자연히 검증되지 않은 문제적 인물들을 끌어들이게 된다. 아무튼 세조는 모든 비정상적 수단을 동원해 사람을 끌어들였고 마침내 1453년 10월 10일 정변을 일으켜 권력을 장악했다. 이것이 계유정난이다. 계유정난은 아슬아슬하게 단행되었다.

권남이 말하기를 "황보인이 공公이 거사하고자 한다는 것을 듣고 비밀히 김종서에게 편지를 주어 이르기를, '큰 호랑이가 이미 알았으니, 어찌하겠소?' 하니, 김종서가 이르기를, '큰 호랑이가 비록 알았더라도 마침내 어찌하겠소?' 하였습니다. 꾀가 누설된 것이 이와 같으니 장차 어찌할 것입니까?" 하니, 세조가 한참 동안 말이 없다가 말하기를…….

-『단종실록』 1년 10월 2일

서로 상대를 제거하려 했지만 먼저 선수를 친 쪽이 승리한 것이다. 세조는 황보인 등이 역모를 꾀했다며 10월 10일 밤 먼저 김종서의 집을 습격하고 이어 거짓으로 대신들을 출근시킨 후 궁문을 통과할 때 한명회가 작성한 살생부에 따라 죽였다. 세종과 문종 시대를 밝힌 수많은 명신이 이름 없는 무뢰배의 칼과 철퇴에 목숨을 잃었다.

공신이라는 양날의 검

권력을 잡은 세조는 2년 뒤 조카 단종을 제거하고 왕에 올랐다. 그는 의정부를 약화하고 육조를 장악하는 한편 법전(『경국대전』) 편찬을 통해 왕권을 강화하고 조선을 반석 위에 앉히려 했다.

문제는 정난을 일으킨 사람들 즉, 공신들이었다. 태종은 오랫동안 거느렸던 부하들을 이끌고 왕자의 난을 일으켰지만 세조는 급조된 무리들로 계유정난을 일으켰다. 태종은 부하들을 제어할 수 있었지만 세조는 그러지 못했다. 계유정난에 참가한 사람들에게 세조는 충성의 대상이 아니었다. 무엇보다 세조는 태종처럼 용인과 정치의 달인이 아니었다. 즉 준비된 왕이 아니었고 그에게 정난공신들은 버거운 존재였다.

정난에 참가한 사람들 상당수가 한명회가 끌어들인 사람인데 크게 두 부류로 나눌 수 있다. 하나는 신숙주申叔舟, 정인지鄭麟趾 같은 관리들로 고명대신과 입장이 달라 참가한 사람들이다. 또 하나는 홍윤성洪允成, 홍달손洪達孫 같이 권력에서 소외된 사람들이었다. 말썽을 부린 이들은 대부분 후자였다. 대표적인 이가 홍윤성이다. 실록에는 그가 저지른 죄악이 낱낱이 기록되어 있다.* 홍윤

 * 『성종실록』 6년 9월 8일, 「인산부원군 홍윤성 졸기」.

성은 가난했고 1450년 과거에 급제했기에 재물을 모을 틈이 없었다. 정난공신이 되자 세조가 재산을 많이 늘려주었는데 이에 만족하지 않고 재산을 모아 그의 농장에 엄청난 곡식이 쌓여 있었다고 한다. 그의 노복들도 그의 권세를 믿고 방자하게 굴어 거슬리는 사람을 때려죽이기도 했다. 윤덕녕尹德寧은 남편 나계문羅季文이 홍윤성의 노복에게 맞아죽었다고 세조에게 고했지만 노복만 처벌되고 홍윤성은 심문조차 받지 않았다. 홍윤성은 화가 나면 첩에게든 하인에게든 칼을 휘두를 정도로 포악했고, 양반·김자모金子謀의 딸을 강제로 취해 억지로 재혼하기까지 했다.

그가 이렇게 방자할 수 있었던 것은 공신의 면책특권 때문이었다. 어떤 죄를 지어도 처벌받지 않았으며 이 특권은 심지어 살인죄에도 해당되었다. 공신들은 세조를 즉위시킨 공으로 무소불위의 권력을 갖고 면책특권과 권력을 이용해 마음껏 치부致富했다. 나라의 조세를 운반하는 행렬을 습격한 도적 무리가 사실 공신이라는 주장이 있을 정도였다. 홍윤성처럼 폭력으로 남의 재물을 빼앗는 이가 비일비재했다.

왕조차 무시한 공신들

이들은 왕에 대한 충성도 부족했다. 양정楊汀은 계유정난 때 활약한 무사로 공신에 봉해졌는데 오랫동안 국경 지방에서 야전군 사령관으로 근무했다. 세조 12년 오랫만에 서울에 올라온 양정을 위해 세조가 위로연을 베풀었는데 여기서 양정이 세조를 받아버렸다.

양정이 대답하기를,

"전하께서 임어臨御(왕위에 오르다)하신 지가 이미 오래되었으니, 오로지 한가하게 안일安逸하심이 마땅할 것입니다."

……임금이 말하기를,

"내가 평소부터 왕위에서 물러나 스스로 편안하려고 했으나 감히 하지 못하였다."

하니, 양정이 말하기를,

"이것이 신臣의 마음입니다."

하였다.……임금이 말하기를,

"……양정은 정직한 신하인 까닭으로 말하는 바가 이와 같은데 내가 어찌 감히 임금의 자리에 오래 있겠는가?"

-『세조실록』12년 6월 8일

신하가 자신을 홀대한 왕에게 대놓고 물러가라고 말하는 초유의 사건이 터진 것이다. 결국 양정은 참수형을 당했다. 이는 그만큼 왕권이 위축되었다는 뜻이다.

세조가 전국을 돌아다닌 이유

세조는 공신의 등쌀에서 벗어날 수 없었다. 그들에 의해 옹립된 왕이고, 그들을 제어할 실력이 없어서였다. 세조의 처지를 보여주는 전설이 있는데, 그중 하나가 상원사 목조문수동자좌상(국보 221호)에 얽힌 이야기다.

상원사에 행차한 세조가 종기 때문에 잠을 자지 못하다가 새벽에 몰래 나와 냇가에서 목욕을 했다. 한참 목욕을 하는데 마침 동자가 지나가길래 등을 씻겨달라고 했는데 아주 시원했다. 세조는 동자를 칭찬하며 농을 던졌다.

"너 어디 가서 왕의 등을 씻겨주었다고 말하지 말거라."

그러자 동자가 빙긋 웃으며 대꾸했다.

"임금도 어디 가서 문수동자가 등을 씻어주었다는 말을 하지 마시오."

홀연 동자가 사라지고 종기가 씻은 듯이 나았다. 이에 세조가 공주에게 문수동자좌상을 만들게 하고 상원사에 안치했다.

목조문수동자좌상은 복장 유물에서 공주의 발원문이 나와 세조와 연관된 불상이라는 것이 입증되었다(물론 전설의 사실 여부는 알 수 없다). 하지만 실제로 세조는 상원사에 행차했고, 관음보살을 만났다고 하여 큰 화제가 되었다.

임금이 상원사에 거둥할 때에 관음보살이 현상現相하는 이상한 일이 있었기 때문에 백관들이 전箋을 올려 진하陳賀하고, 교서敎書를 내려……죄를 용서하도록 하였다.

－『세조실록』 8년 11월 5일

세조는 1462년(세조 8년)과 1466년(세조 12년)에 상원사에 거둥했다. 여기서 주목할 것은, 왜 세조가 강원도 평창 오대산까지 행차했느냐는 것이다. 왕은 수도를 비우지 않는 것이 원칙이다. 그래

강원도 오대산 상원사에 있는 목조문수동자좌상.

서 왕이 피난을 가는 파천播遷은 국가의 최대 위기 상황이다. 이는
동서양 모두 마찬가지여서 프랑스혁명 당시 왕비였던 마리 앙투
아네트는 평생 프랑스 바다를 보는 것이 소원이었지만 끝내 이루
지 못했다. 그녀가 파리를 떠난 것은 오스트리아로 탈출하려 했던
바렌 사건이 유일하다.

그런데 세조는 한반도 곳곳을 돌아다녔다. 속리산 정이품송 전
설도 세조로 인한 것이다. 세조는 강원도와 충청도까지 다양하게
다녔다. 그가 이토록 돌아다닌 것은 공신의 횡포에 고통받는 백성
을 직접 챙겨야 했기 때문이다. 홍윤성의 노복에게 남편이 맞아죽
은 윤덕녕도 세조가 온양 온천에 거둥했을 때 왕에게 남편의 죽음

을 호소해 분이나마 풀 수 있었다.

왕의 자질이 없는 사람이 비정상적인 방법으로 왕이 되었을 때의 처지는 이토록 비참했다. 비단 세조뿐만 아니라 중종반정으로 왕에 오른 중종은 공신 박원종朴元宗을 서서 맞이했고 갈 때는 따라가 배웅했다고 한다. 인조반정으로 왕에 오른 인조도 그를 왕위에 올려준 서인에게 항상 굴복해서 결국 병자호란 때 삼배구고두례三拜九叩頭禮의 치욕을 겪었다.

제대로 준비되지 못한 차남 왕도 마찬가지였다. 광해군은 신하들에게 쫓겨났고, 효종은 스승 송시열宋時烈의 등쌀을 견디지 못해 기해독대라는 초유의 정치적 장면까지 연출했다. 방계인 선조와 철종은 신하들의 대립 속에 자리를 지키는 데 급급했다. 우수한 학자 신하들을 제어하지 못하면 왕 노릇하기 어려웠던 것이 조선의 정치였던 것이다.

정조:
야심만만한 젊은 왕의 진짜 모습을 찾아서

· · ·

계몽 군주 정조

정조가 논쟁적 인물이 된 것은 이인화의 소설 『영원한 제국』부터
다. 이 소설은 영화로도 만들어졌다. 이전까지 사극의 주요 소재
는 단종(계유정난), 명종(정난정), 숙종(장희빈), 영조(사도세자 사건)
등이었는데, 이때부터 정조도 다양하게 콘텐츠화되었다.

콘텐츠로서 정조는 주로 노론(귀족)에 대항해 과감하게 근대적
세상을 건설하려 했던 계몽 군주로 그려진다. 『영원한 제국』에서
는 노론을 제거할 큰 음모를 꾸미다 의문의 죽음을 당하는 존재고,
영화 〈역린〉에서는 노론의 암살 위협을 극복하고 반격의 계기를
만들어내는 카리스마적 군주이며, 영화 〈조선명탐정: 각시투구꽃
의 비밀〉에서는 탐정을 위기에서 구해주는 유쾌하지만 과단성 있
는 왕이다. 드라마 〈이산〉이나 기타 작품에서도 정조의 캐릭터는
대개 비슷해서 식상할 정도다.

베스트셀러 『영원한 제국』을 영화화한 1995년의 동명 영화 속 정조의 모습. 배우 안성기가 정조 역을 맡았다. 이 이후 정조는 다양하게 다루어졌으나, 캐릭터로서의 성격은 크게 달라지지 않았다.

픽션을 만들려면 갈등 구도가 있어야 하니 노론이라는 적이 필요하다. 하지만 실제 역사에서는 아군과 적군, 선과 악의 구도가 뚜렷하지 않다. 역사에서의 정조는 어떤 왕인가? 그리고 노론은 어떤 세력인가? 가장 기본적인 설명은 '같은 편'이라는 것이다. 노론이나 정조나 조선의 양반 지배 체제 수호라는 입장에서 벗어날 수 없었다. 왜냐하면 왕은 그 사회 지배 체제의 지도자이기 때문이다. 결국 노론과 정조의 갈등은 그들이 원하는 지도자에 대한 섭섭함, 혹은 그가 원하는 신하에 대한 섭섭함이라고 할 수 있다.

정조는 계몽 군주가 될 수 없었을까? 그러나 예카테리나 2세, 프리드리히 2세 등 정조와 비슷한 시기 활동한 서양 계몽 군주들

도 결국 귀족 지배 체제를 지키기 위한 황제였을 뿐이다. 19세기
러시아와 독일은 황제 지배 체제의 모순에 몸부림치다 극단적인
혁명과 전쟁의 수렁에 빠져들었다. 그렇다면 정조가 메이지 천황
같은 존재가 될 수는 없었을까? 하지만 시기적으로 너무 이르다.
당시 동아시아에는 메이지유신을 가능하게 한 제국주의 침략과
그로 인한 국제적 긴장이 없었다.

결국 정조의 미화는 픽션일 뿐이다. 정조라는 근대적 독재자가
무지몽매한 백성을 위해 전근대적 귀족들을 상대로 외로이 투쟁
하다 실패한다는 서사 구조는 일제강점기 식민 사학이 유포한 '외
로운 조선의 영웅' 캐릭터의 재현처럼 보인다. 홀로 대동여지도를
만들지만 희생된 김정호金正浩와 당파 싸움에 미인계까지 동원하
는 장희빈 이야기가 적당히 섞인 것이 정조 스토리가 아닐까? 정
조를 다룬 작품을 만든 작가 중에 일본 근대화나 박정희 근대화를
찬양하다 구설에 오른 이가 있는 것도 이런 배경을 의심하게 한다.

정조와 연산군의 차이

정조는 연산군이 될 뻔한 왕이었다. 연산군은 성종의 장남이지만
왕이 되기 어려운 환경에 처해 있었다. 성종은 처음에 한명회의
딸과 결혼했지만 그녀가 일찍 죽자 함안 윤씨*와 재혼해서 연산

---

* 파평 윤씨에서 남원 윤씨가 갈라져 나오고, 이어 남원 윤씨에서 함안 윤씨가 갈라져
  나왔다.

군을 낳았다. 그런데 성종이 왕비가 아닌 파평 윤씨 후궁과 사랑에 빠지면서 문제가 생겼다. 왕의 사랑은 개인적이면서 정치적이다. 외척은 왕의 동맹 집단이기 때문에 왕이 누구를 사랑하느냐는 동맹 관계를 어떻게 바꿀 것이냐는 문제가 된다. 따라서 왕비나 후궁의 사랑은 사적인 사랑도 되지만 정치적 갈등과도 밀접한 연관이 있다.

성종은 왕비의 질투와 강짜가 도를 넘자 결국 폐비시킨 뒤 사약을 내려 죽이고 후궁 윤씨를 왕비로 맞아들였다. 연산군은 폐비의 아들이니 엄격한 의미에서 장남이 아니고 세자가 될 수도 없었다. 그러나 새로운 왕비 정현왕후의 아들이 되어 왕위를 계승할 수 있었다. 왕이 된 후 폐비 사건이 결국 연산군을 폭군으로 만들고 말았다. 연산군은 폐비 윤씨 사건에 연루된 신하를 모두 죽이고 심지어 폐비를 주장한 할머니 인수대비마저 머리로 받아 죽여버렸다. 정현왕후는 생명의 은인이라 죽일 수 없어 그녀 처소에 칼을 꽂는 것으로 마무리했다.

정조도 아버지가 억울하게 죽었으니 복수를 한다며 한바탕 칼춤을 출 수도 있었다. 그랬다면 또 한 명의 폭군으로 남았을 것이고, 18세기 말 조선 정치는 대혼란에 빠졌을 것이다. 그러나 그는 그렇게 하지 않았다. 왜일까?

연산군은 공부를 하지 않았다. 공부 잘하는 학자들이 지배하는 나라에서 지도자의 학문적 능력은 절대적이다. 연산군은 조선 왕들 중 가장 늦은 나이에 공부를 시작했다(13세부터라는 이야기도 있다. 성종이 공부에 질려서 그렇게 했다는데, 세자감인지 살펴보느라 그랬을 수도 있다).* 연산군은 공부가 부족한 상태로 18세에 왕위에 올랐는데 그를 둘러싼 신하들은 성종 치세를 주도한 당대 명신들이었다. 신하들에게 기가 죽은 연산군은 간신배들과 손을 잡고 두 차례 사화를 통해 왕권을 강화했다. 이것이 바로 연산군의 폭정이다.

그에 비해 정조는 혹독한 수업을 받았다. 그가『소학』을 읽은 것이 3세 때였다. 어린아이에게 너무 가혹하다고 할 수도 있지만 그나마 사도세자보다 약간 늦게 시작한 것이라고 한다. 할아버지 영조는 후궁 소생인데다 어머니가 천한 궁녀 출신이라 왕이 될 가망이 없었다. 그가 왕이 된 것은 순전히 경종의 외척인 남인 때문이었다. 노론은 경종에 대한 대안으로 만만한 영조를 골랐고, 경종이 즉위 4년 만에 죽자 영조를 왕위에 앉혔다.

실력으로 신하들을 휘어잡다

노론의 꼭두각시 신세인 영조가 왕 노릇을 하려면 그들보다 우월한 실력을 갖추는 것밖에 방법이 없었다. 영조는 자신도 엄청나게 노력했고, 자식도 엄청나게 가르쳤다. 아들 사도세자가 노론과 충돌해 죽은 뒤에는 손자를 혹독하게 가르쳤다. 사도세자와 정조는 조선에서 가장 일찍 공부를 시작한 장남이었고, 영조의 교육은 다양한 일화를 남길 정도(대부분 적당히 넘어간 것을 엄하

---

* 박영규,『한 권으로 읽는 조선왕조실록』(들녘, 1996). 성종이 연산군을 탐탁하게 생각하지 않았지만 아들이 하나뿐이라 세자로 책봉했다고 주장했다(세자 책봉 후에 정현왕후가 진성대군을 낳았는데 그가 중종이다).

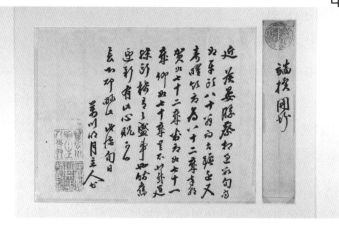

정조는 심환지에게 300여 통의 편지를 보냈다. 이 편지는 정조의 욕설부터 병증에 대한 토로까지 『정조실록』이나 『승정원일기』에서는 찾아볼 수 없는 내용을 많이 담고 있다.

게 꾸짖었다는)였다.

아무튼 그 덕에 정조는 영조와 사도세자를 잘 섞은 우수한 왕으로 성장했다. 정조는 영조의 탕평을 계승해서 노론을 견제할 다양한 정치 세력을 등용했다. 단순히 소론이나 남인 같은 야당을 등용한 것이 아니라 정약용丁若鏞 같은 진보적 학자나 유득공柳得恭 같은 서얼을 당파와 상관없이 등용했다.

2009년 발견되어 화제가 되었던 심환지沈煥之에게 보낸 정조의 편지 역시 이런 면모를 보여준다. 한가람연구소장 이덕일이 심환지를 정조 독살의 주범으로 지목했는데, 학계에서 정조와 심환지가 주고받은 편지를 통해 반박했다. 이 편지들은 심환지와 정조가 밀접한 정치적 파트너였음을 보여준다. 이는 정조가 우월한 능력으로 신하들을 제압하고 능수능란하게 그들을 조종했다는 뜻이다. 정조는 당파를 넘어선 탕평을 추진했던 것이다.

그것이 가능했던 이유는 바로 정조와 노론의 목표 즉, 양반 지배 체제를 지켜야 한다는 목표가 일치했기 때문이다. 마치 유럽 절대왕정이 귀족과 부르주아의 갈등을 수습해 궁극적으로 왕과 귀족의 정치를 지키기 위해 발전했던 것처럼(그래서 결국 시민혁명으로 타도될 수밖에 없었던 것처럼) 지배 체제의 사수를 위해서는 유능한 왕이 권력을 쥘 필요가 있었다.

정조의 지배 체제 사수 노력을 잘 보여주는 것이 문체반정이다. 문체반정에 대한 평가 중에는 너무 과장되었다는 즉, 별것 아닌데 너무 중요하게 평가한다는 의견도 있지만, 문체반정은 정조 치세를 이해하는 중요한 키워드다.

문체반정의 이유

문체반정은 정조가 문체에 대해 신하들과 토론하거나 주의를 주고 일부를 금지시키려 한 일이다. 어느 날 일어난 사건이 아니라 꽤 오랫동안 지속된 일로, 특히 정조 후반기인 1790년대에 기록이 많이 남아 있다. 18세기 후반에는 새로운 사회·경제적 환경에서 새로운 한문체가 유행했다. 특히 박지원朴趾源은 『열하일기熱河日記』의 「허생전」 등에 소위 패관소품체를 활용해 시대 비판 정신을 잘 구현해내었다. 정조는 이를 맹렬히 비판했다.

"근래 문체文體가 날로 더욱 난잡해지고 또 소설을 탐독하는 폐단이 있으니, 이 점이 바로 서학에 빠져드는 원인이다. 우리나라의 문장은 나라를 세운 이후로 모두 육경六經과 사자四子에 오랫동안 노력을 쌓은 속에서 나왔으므로, 비록 길을 달리한 때가 있었지만 요컨대 모두 경학經學 문장의 선비들이었다. 그런데 근일에는 경학이 쓸은 듯이 없어져서……또 이러한 이학異學의 사설邪說에 빠지고 있으니 어찌 크게 탄식할 만한 일이 아닌가."

-『정조실록』 12년 8월 3일

정조는 문체를 사상과 유학의 문제로 보았다. 문체가 문란해지면 사상이 문란해지고 백성을 교화할 수 없다는 것이다. 그래서 문체를 바로잡고 사상을 바로잡는 데서 개혁 정치가 시작된다고 보았다. 혹자는 문체반정을 정조가 보수파의 공격에서 진보적 학자들을 보호하려 한 것이라고 해석하지만, 그보다는 왕도 정치의 뜻을 세우고 유교적 논쟁을 통해 신하들을 제어하려 한 것으로 보인다. 문체반정으로 심환지 같은 노론 보수파부터 정약용·박지원 같은 진보적 학자들까지 그의 권력 밑으로 아우를 수 있었다. 정조는 문체에 대해 이러한 이야기를 했다.

"시라는 것은 세상 풍속을 교화시키는 것과 관계가 있으니, 보여주는 것이 있고 하소연하는 것이 있어야 감동을 불러일으키고 잘못을 바로잡을 수가 있는 것이다. 그리하여 가까이는 아비를 섬기고 임금을 섬기며 멀리로는 사방에 사신으로 가서 역할을 수행하는 것이 모두 이 시의 효능이라 할 것이다. 그런데 근세의 시들을 보면 슬프고 울적한 음조를 띠고 있으니 모두 시를 배우는 본뜻을 잃었다 하

ॐ   겠다."

-『정조실록』19년 11월 7일

이 말은 세종이 한글을 창제하며 최만리와 논쟁한 것을 연상시
킨다. 유교의 해석과 왕도 정치의 길을 왕이 장악함으로써 신하들
을 꾸짖고 감히 글로 왕에게 도전하지 못하도록 한 것이다. 정조는
유학의 권위자로서 왕권을 강화하며 당쟁을 잠재우고 통치 체제
를 안정화시켜 18세기 후반 조선 왕조의 위기를 수습하려 했다.

정조의 한계

하지만 정조의 시대는 세계적인 혁명의 시대였다. 정조 치세
(1776~1800년)는 영국 산업혁명, 미국독립혁명(1776년)과 프랑스
혁명(1789년)으로 이어지는 혁명의 격동기였다. 서양이 주도하는
무역망이 전 세계를 연결하고 특히 은의 유통망은 청을 통해 조
선과 일본까지 들어왔다. 이는 조선 유학자들에도 영향을 끼쳐
북학파가 탄생하는 계기가 되었고, 북학파의 핵심이 박지원이었
다. 문체반정이 박지원의『열하일기』와 관련 있다는 사실은 세계
적 변화의 소용돌이가 조선에 영향을 미치고 있었고, 이에 대한
대책 마련에 정조와 양반들이 모두 심각하게 고민했다는 의미다.

정조는 1800년 갑작스레 죽었다. 정조는 사도세자를 본받아 문
무를 겸비한 유학자가 되고자 했다. 사도세자도 활쏘기를 즐겼다
고 하지만 정조는 명사수로 유명했다. 비교적 건강한 왕으로 알려
져 있어서 그의 갑작스러운 죽음은 많은 의혹을 낳았다. 이덕일의

『조선 왕 독살사건』은 이를 다룬 가장 대중적이고 훌륭한 저작으로 꼽을 수 있다.

정조의 죽음을 둘러싼 많은 의혹이 있지만 기록만으로는 그가 독살되었는지 알 수 없다. 영조, 사도세자, 정조 모두 우울증이 있었다.* 특히 두통이 심했다고 하고 조울증에 가까운 변덕도 있었다. 거기에 사도세자는 정서 불안이, 정조는 종기가 있었다. 이것들이 실제로 얼마나 건강에 영향을 미쳤는지는 알 수 없으나, 급사急死를 야기할 기저 질환이 있었을지도 모른다.

하지만 무엇보다 중요한 것은 정조를 죽여야 할 동기다. 정조 독살설의 가장 중요한 동기로 정조가 노론, 특히 사도세자의 죽음과 관련된 노론 벽파를 제거하려 했다는 것을 꼽는다. 그러나 벽파 제거는 과정이지 목적이 아니다. 정조가 그들을 제거함으로써 이루고자 한 목적이 무엇이었을까? 이것이 확실치 않으면 벽파가 정조를 죽이려 한 동기도 불분명해진다. 정조를 근대 개혁 군주로 규정하지 않는 한 이런 추론은 무리다. 그러나 정조를 근대 개혁 군주로 보기는 힘들다.

18세기는 왕정 타도의 시대였다. 정조는 타도의 대상이지 혁명의 주체가 아니었다. 정조는 유교 세계의 마지막 성군이었고 시대적 변화에 따라 실패할 수밖에 없는 군주였다. 그는 독살이 아니라

---

* 사도세자가 정신병을 앓았다는 주장이 있지만 이는 혜경궁 홍씨의 『한중록』에 나온 일방적인 주장일 뿐이다. 『한중록』의 기록이 얼마나 확실한 사실이냐에 대해서는 논란의 여지가 있다.

영국의 찰스 1세나 프랑스의 루이 16세처럼 사형당할 운명이었을지도 모른다. 그러나 그는 타도되지 않았고 혁명도 일어나지 않았다. 그리고 조선은 암울한 19세기를 맞이하게 된다.

철종: 조선은 왜 망했는가?

조선 패망의 원인

"조선이 왜 망했는가?"라는 질문은 조선사 최대의 화두다. 이에 대한 가장 일반적인 대답은 "조선이 약해서"라는 것이다. 하지만 이것은 대답이 아니라 결과다. 약육강식의 국제 질서에 따라 약한 나라는 망하는 것이 당연하다. 그런데 약하다는 것은 지극히 상대적인 개념이다. 상대가 강하면 망하는 것이니 상대가 누구냐에 따라 기준이 달라진다. 약해서 망했다는 논리는 세계 제1의 국가가 될 때까지 강해져야 한다는 팽창주의, 침략주의로 귀결된다. 그리고 우리는 일본과 독일의 패망을 통해 이 논리의 말로를 똑똑히 지켜보았다.

조선의 패망에 대해서는 외부 요인론과 내부 요인론이 있다. 외부 요인론은 조선이 서구적 근대화를 이룩하지 못했기 때문에 망했다는 주장이다. 내부 요인론은 그 이유를 조선이 근대적 시민 국가를 이룩하지 못한 데서 찾는다. 외부 요인론은 지지하는 사람이 많지만 오리엔탈리즘의 함정이 있다. 즉, 서양=선진, 동양=후진이라는 논리로 후진적 동양 문화를 버리고 선진적 서양 문명을 받아들이지 못해서 망했다는 것이다. 전형적인 승리자 중심 역사관이자 강자에 대한 사대적 세계관이다. 그리고 이는 근대화는 곧 서양화이며, 서양 문명이 언제 어떻게 한국에 들어왔느냐는 논리로 발전한다. 당연히 식민지 근대화론으로 이어진다. 무엇보다 외부 요인론은 서양 문명과 자본주의의 모순에 대한 무비판적 태도라는 큰 약점이 있다.

내부 요인론은 조선이 스스로 근대적 시민 국가를 이루지 못한 데서 이유를 찾는다. 그런데 이 논리를 전개하려면 먼저 또 하나의 질문에 대답해야 한다. '근대적 시민 국가'가 무엇이냐는 것이다.

> "만약 한국·일본·중국이 그렇게 변화에 둔감했다면 그들은 어째서 이렇게 짧은 기간 동안 이렇게 엄청나게 변화했는가? 아마 요컨대 동아시아의 역사는 그렇게 변함없는 것이 아니었을 것이다.*"

우리가 아는 근대 시민 국가는 서양을 모델로 삼는다. 르네상스-종교개혁-신대륙 발견-절대왕정-시민혁명-산업혁명과 자본주의 발전-민주주의 등의 순서를 밟아 이루어진다. 하지만 이는

---

* 브루스 커밍스, 김동노 외 옮김, 『브루스 커밍스의 한국현대사』(창비, 2001), 58쪽.

서양사의 특수성일 뿐 보편적인 것이 아니다. 또 특정 국가의 발전 과정도 아니다. 이탈리아-독일-스페인-프랑스-영국-미국으로 이어지는 각 나라의 사건을 이어 붙인 것이다. 실제로 국가별로 보면 서양 국가들 역시 근대사 전개 과정에 어떤 부분은 부족하고 어떤 부분은 아예 없기도 하다. 그러니 조선에는 왜 르네상스도 없고 절대왕정도 없고 시민혁명과 자본주의가 없었느냐는 질문은 적절하지 않다. 각각의 요소들을 조금이라도 찾으려 하면 모든 요소가 조선에도 존재하고, 전형적인 예를 찾으려면 하나도 없는 것처럼 보이기도 한다.

오리엔탈리즘에서 벗어나 진지하게 조선 패망의 원인을 찾으려면 조선 후기 경제의 변화, 지배층의 성격 변화, 서양 침략에 대한 응전, 민중의 동태 등 굉장히 복잡한 당시 상황을 이해하고 분석해야만 한다. 이는 19세기 세도정치와 왕의 역할을 이야기할 때도 필요하다.

왕위를 이을 아들이 귀했던 나라

조선 왕조는 항상 아들 생산이라는 전쟁을 치러야 했다. 특히 조선 후기에는 아들 자체가 귀했다. 선조는 왕비 소생 아들이 영창대군 하나였고, 광해군은 하나(폐세자), 인조는 넷, 효종은 하나, 현종도 하나, 숙종도 하나(장희빈을 왕비로 보았을 때), 경종·영조·정조 모두 없고, 순조도 하나(효명세자), 헌종과 철종은 없었고 고종은 하나였다. 왕비가 낳은 아들이 13대에 걸쳐 겨우 11명이다. 효종부터 계산하면 10대에 걸쳐 아들은 5명뿐이다.

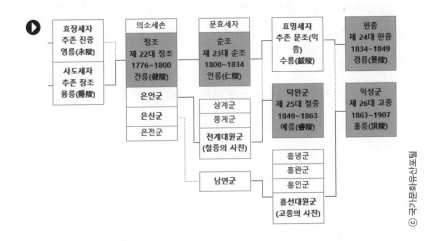

아들이 없으니 왕위 계승은 항상 난제였다. 정조는 후궁 선빈과 수빈에게서 각각 아들 하나씩 얻었는데 선빈 소생은 일찍 죽었고 수빈 소생이 살아 왕위를 계승했다. 하지만 늦게 얻은 아들이라 즉위했을 때 순조는 겨우 10세였다. 왕실의 큰 어른인 영조의 두 번째 왕비 정순왕후가 섭정을 했고 뒤이어 외척(순조비 순원왕후 집안)인 안동 김씨가 세도정치를 했다. 순조의 유일한 아들 효명세자가 일찍 죽는 바람에 순조가 죽은 후 효명세자의 아들 헌종이 즉위했다. 왕위에 올랐을 때 헌종은 겨우 7세였고, 역시 섭정과 외척의 세도정치가 이어졌다.

특히 고약한 것이 헌종 사후였다. 왕의 핏줄을 찾는 것이 아주 힘들었다. 헌종과 순조는 후궁과의 사이에서도 아들이 없었다. 아들을 구하려면 사도세자와 후궁 사이에서 태어난 은언군恩彦君과 은신군恩信君까지 거슬러 올라가야 했다. 그런데 은언군이나 은신군 모두 벽파와 연관되어 귀양 가고 죽고 난리가 아니었다. 그래서 살아남은 자손은 강화도에 귀양 간 은언군의 후손 이원범李元範과 이경응李景應뿐이었다. 왕위 계승자는 왕실 큰 어른이 결정하는데, 순조비 순원왕후가 이원범을 선택하니 그가 바로 '강화 도령' 철종 이었다.

정원용이 아뢰기를,

"신은 이틀 동안 모시고 오면서 전일에 무슨 책을 읽으셨는지 알고 싶었으나 노차路次라서 감히 여쭈어 보지를 못했었는데, 이제는 여 쭈어 볼 수 있습니다."

하니⋯⋯임금이 답하기를,

"일찍이 『통감』 두 권과 『소학』 1, 2권을 읽었으나, 근년에는 읽은 것 이 없오."

하였다. 조인영이 아뢰기를,

"⋯⋯만약 이미 배운 몇 편에 항상 온역溫繹을 더하여 힘써 행하고 게을리 하지 않는다면 옛부터 지금까지 성현의 천언만어가 어찌 『소학』 한 편의 취지에 벗어남이 있겠습니까?"

하니, 임금이 답하기를,

"그러나 어렸을 때에 범연히 읽어 넘겼으니, 지금은 깜깜하여 기억할 수가 없소."

하였다. 대왕대비가 이르기를,

"만일 글을 읽는다면 어떤 책부터 읽어야 하겠소?"

-『철종실록』 즉위년 6월 9일

준비되지 못한 왕, 리더십의 부재

『철종실록』은 『조선왕조실록』의 마지막 실록이다. 『고종실록』과 『순종실록』은 일제가 편찬해서 우리의 사서가 아닌 것으로 치부된다. 기록상 마지막 조선 왕은 철종인 셈이다. 그런데 『철종실록』은 분량도 적고 내용도 철종에 대한 칭찬 일색이다. 왜 그럴까? 철종이 한 일이 없어서였다. 그는 왕 노릇을 할 그릇이 아니었다.

리더십의 부재는 19세기 조선 왕조의 가장 큰 약점이었고 이는 특히 위기 시 대응을 더디게 했다. 19세기는 전 세계적으로 혼란과 갈등의 시기였다. 유럽은 19세기 초 나폴레옹전쟁을 겪었고 이어 1830년 7월 혁명, 1848년 2월 혁명, 1871년 프랑스-프로이센 전쟁과 파리코뮌을 연이어 겪었다. 미국은 19세기 초 영국과 전쟁을 치러 수도가 불타기도 했고 1861년 남북전쟁이라는 최악의 내전을 5년이나 겪었다.*

---

* 남북전쟁의 사상자는 70만 명으로 남북전쟁은 당시까지 서양 역사상 가장 사상자가

철종은 왕으로서 준비가 전혀 되어 있지 않았다. 때문에 신하들에게 휘둘릴 수밖에 없었고, 이는 어지러운 국제 정세 속에서 조선을 취약하게 하는 치명적인 약점으로 작용했다.

중국, 인도, 아프리카에서 제국주의의 깃발이 휘날릴 때 유럽과 미국은 내부적으로 전쟁과 폭동의 소용돌이에 빠져 있었다. 어느 때보다 공산당의 투쟁이 격렬했던 것도 19세기였다. 그런 의미에서 혼란과 분열이 문제가 아니라 국가의 위기관리 능력이 문제라고 할 수 있다. 19세기는 누가 위기관리에 최적화된 정치체제를

많이 난 전쟁이었다.

구축하느냐가 승패의 관건이던 시대였다.

가장 모범적인 답을 내놓은 것은 서양이었다. 사실 현대 기준으로 보면 19세기 서양의 민주주의는 한심한 수준이었다. 영국은 19세기 내내 전체 인구의 4.5퍼센트(1차 선거법 개정)~19퍼센트(3차 선거법 개정)만이 유권자였다. 여자·외국인·일부 노동자에게는 투표권이 주어지지 않았다. 이는 고대 아테네의 유권자 추정 비율 20퍼센트 내외(여자·외국인·노예를 제외한 시민) 수준에도 미치지 못하는 것이었다. 종종 아테네 민주주의는 소수 시민에게만 투표권이 주어진 가짜라고 비판하지만 19세기 내내 유럽 민주주의는 아테네보다도 못했다.

그럼에도 19세기 서양 민주주의는 상당한 힘을 발휘했다. 토론과 표결을 통해 국론을 통일하고 국가의 이익을 위해 힘을 모았다. 그때그때 선거를 통해 적절히 지도자를 뽑았고, 왕이나 원로가 중심을 잡아주었다. 진정한 민주주의는 아니지만 혼란을 수습하고 외국을 침략하는 데는 아주 능률적인 체제였다. 영국은 식민지가 늘어날수록 노동자와 빈민까지 유권자의 범위를 확대했고, 새로 유권자가 된 프롤레타리아들은 침략을 열렬히 찬양했다. 20세기 전체주의로 발전할 전조가 있었지만 19세기에는 아주 효율적인 체제였다.

19세기 전 세계에서 자본과 노동, 귀족과 평민의 대결이 펼쳐졌다. 곳곳에서 폭동과 반란이 만연했다. 영국의 러다이트 운동, 프랑스의 2월 혁명이나 파리코뮌, 미국의 메이데이 투쟁, 중국의 태평천국운동, 조선의 임술 농민 봉기 등은 모두 근대화의 진통이라는 점에서 본질적 차이가 없다. 단지 농담濃淡의 차이 즉, 정도와 수준의 차이가 있을 뿐이었다. 그리고 이에 대한 해결책으로 민주주의는 매우 적절했던 것이다.

조선에서 민주주의가 발전하지 못한 이유

그런데 조선과 중국에서는 민주주의가 발전하지 못했다. 청나라는 민주주의가 불가능한 딜레마가 있었다. 소수 만주족이 다수 한족을 지배하고 있었기 때문에 민족별 투표권 배분 문제가 있었다. 19세기 민주주의는 민족국가를 토대로 발전했기 때문에 다민족 국가는 고려되지 않았다. 다민족 국가가 평등하게 투표권을 부여한 것은 제2차 세계대전 이후인 20세기 중반부터였고, 미국의 흑인 투표권은 1960년대에야 완전하게 보장되었다.

조선의 문제는 리더십이었다. 어차피 19세기 민주주의는 국민의 민주주의가 아니라 지배층 내부의 민주주의였다. 당시 양반 인구가 크게 증가해, 대구 지역의 경우 양반이 인구의 70퍼센트까지 차지했다. 서류상으로는 양반이지만 사회·경제적으로 양반이 아닌 사람을 제외하더라도 양반은 9~16퍼센트 정도로 추정할 수 있다.[*] 이는 동일 시기 영국 유권자 수와 크게 다르지 않다. 문제는 이 양반 유권자들이 어떻게 정치를 하고 국론을 이끌어나가느냐다.

유럽의 의회정치는 왕에게서 봉건 영주의 권리를 지키려는 데

---

[*] 브루스 커밍스, 앞의 책, 73쪽.

서 발전했다. 19세기에는 부자들이 자신의 권력을 확대하려고 의회를 발전시켰다. 의회는 노동자와 무산자의 투표권을 막기 위해 단합했다. 마르크스Karl Marx는 의회정치를 소수 부르주아의 독재라고 규정하고 타도를 외쳤다. 그런 의미에서 지주이자 부자인 양반이 의회를 만들어 절차적 민주주의를 만들었다면 조선의 조정도 유럽의 의회보다 뒤지지 않았을 것이다. 일본 의회도 그렇게 시작했다.

그러나 조선에는 양반을 의회정치로 재편할 리더십이 없었다. 일단 왕이 그 역할을 할 수 없었다. 독일의 빌헬름 1세와 비스마르크Otto von Bismarck, 이탈리아의 에마누엘레 2세와 카보우르Camillo Benso di Cavour, 일본 메이지 천황과 이토 히로부미伊藤博文 같은 지도력을 기대할 수 없었다. 헌종이나 철종이 너무 어려서였을까? 꼭 그런 것은 아니다. 메이지 천황이 메이지유신을 천명했을 때 16세였다. 철종이 18세에 즉위했으니 나이의 문제가 아니었다. 자질의 문제였다.

19세기 왕의 자질을 착실히 연마한 이는 순조의 아들 효명세자가 유일했다고 평가한다. 효명세자는 18세에 무기력해진 아버지 순조 대신 섭정을 맡아 개혁 정치를 추진했다. 하지만 불과 4년 만에 급사하는 바람에 뜻을 이루지 못했다. 그 외에 유능한 왕이 나오지 않았다는 것이 19세기 조선의 가장 큰 아쉬움이다. 물론 양반 중에서 비스마르크 같은 훌륭한 지도자가 나왔다면 가능했겠지만, 이는 조선을 지배하는 유교의 개혁이 전제되었어야 했다. 훗날 임시정부 2대 대통령 박은식朴殷植은 조선의 유교가 변하지 않

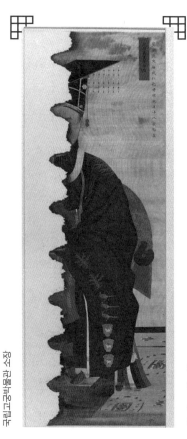

문조(효명세자)의 어진이다. 효명세자는 1812
년 세자로 책봉되어 1827년부터 대리청정을 했
으나 1830년 갑자기 사망했다. 그의 아들 헌종
이 즉위한 뒤 익종으로 추존되었다.

은 것을 개탄하며 유교 개혁을 주창했지만 너무 늦은 후회였다.

　왕이 지배하는 왕정은 리스크가 분산되지 않는다는 약점이 있
다. 왕은 세습되기에 능력을 검증할 수 없는데 검증되지 않은 한
사람에게 너무 많은 결정권을 부여하기 때문이다. 민주주의는 리
스크를 분산하고 합리적 결정을 도출한다는 점에서 근대의 가장
위대한 발명품이라고 할 수 있다.

　좋은 정치는 사회·경제적 토대에 입각해 그 시대가 요구하는

최적의 체제를 구축하는 것이다. 19세기 조선 왕정은 토대 위에 굳건히 서 있지도 못했고 시대가 요구하는 정치체제로 변신하지도 못했다. 뿌리 없이 허공에 뜬 조선 왕정의 꼭대기에 선, 현실에 대한 위기의식도 대응 능력도 없던 철종은 19세기 조선의 운명을 가장 정확하게 보여준 존재였다.

보수와 진보

1993년 발표된 이인화의 소설 『영원한 제국』이 정조 관련 논쟁을 촉발시키고, 이덕일이 정조 독살설을 유포하면서 정조가 노론 벽파에 맞서 싸운 개혁 군주라는 이미지가 널리 퍼졌다. 벽파는 정조의 아버지 사도세자의 죽음에 관련된 세력인데, 이들의 악행과 음모를 그린 것으로는 영화 〈역린〉만한 것이 없다. 은전군, 정순왕후, 구선복, 갑수, 강월혜 등 벽파 관련 실제 인물이 다수 등장하는 데다 1777년 정조를 살해하려 정조의 거처인 존현각에 갑수가 침입한 존현각 사건을 소재로 다루었기 때문이다.

그런데 과연 18세기 후반 조선의 정치는 정조를 중심으로 한 개혁 세력과 노론 벽파로 대표되는 수구 세력 간의 목숨을 건 갈등 구조였을까? 이에 대한 반박으로 유명한 것이 심환지의 편지 논쟁이다. 2009년 성균관대학교와 한국고전번역원이 공개한 정조가 심환지에게 보낸 어찰을 보면, 벽파의 리더인 심환지가 정조의 국정 파트너였음을 알 수 있다. 이는 정조와 노론 벽파가 양립할 수 없는 갈등 관계가 아니었음을 보여준다.

그렇다면 정조는 개혁 군주가 아니었던 말인가? 그렇지 않다. 정조는 탕평 군주로서 조선 후기 가장 중요한 개혁 군주였음은 틀림없다. 중요한 것은 정조에 투영된 현대인의 욕망이다. 『영원한 제국』이나 정조 독살설에서 그려지는 정조는 250년 전 개혁 군주가 아니라 현대 정치에 대한 이미지로서의 정조라고 할 수 있다.

널리 퍼져 있는 정조의 이미지를 분석해보자. '정조＝근대화의 지도자↔노론 벽파＝기득권에 안주하는 반대파'다. 이 구도 속에는 근대화 지도자 박정희와 반대를 위한 반대를 일삼던 야당이라는 관념이 존재한다. 그리고 정조의 독살에는 부하의 총에 맞아 죽은 미완성의 지도자 박정희라는 이미지가 있다.

또 하나는 '정조＝개혁적 지도자↔노론 벽파＝기득권층'인데, 이때 정조는 노무현, 노론 벽파는 보수 기득권층으로 오버랩된다. 위와 같은 대립 구도지만 정반대의 정치적 입장에서 정조가 해석되는 것이다. 개혁 군주라는 정조의 이미지가 어느 세력이 집권하는지와 상관없이 생명력을 갖고 유행하는 이유가 여기 있다.

이렇게 오늘날의 보수-진보나 개혁-수구의 입장에서 해석되고 유포되는 조선의 인물이나 사건은 이외에도 여럿 있다. 드라마 〈정도전〉에서의 정도전, 영화 〈광해, 왕이 된 남자〉에서의 허균도 마찬가지이며, 정조 관련 콘텐츠에 항상 같이 등장하는 정약용은 말할 것도 없다.

그러나 이러한 보수와 진보의 대립 구도에는 결정적 문제가 있는데, 실제 역사에서는 같은 양반 지배층이었으며, 그 안에서의 대립이었다는 것이다. 현대에 나타나는 독재와 민주, 개혁과 수구, 진보와 보수의 갈등 구조는 조선에서는 존재할 수 없었다. 현대 사회의 정치적 대결 구도는 국민의 참여라는 민주주의 원칙을 전제로 하기 때문이다. 조선 시대 정치적 대립 구도 속에서 백성은 어디까지나 시혜의 대상, 능동적인 정치적 주체가 아니라 수동적인 수혜와 복종의 대상일 뿐이다.

조선은 왜 그랬을까? 조선만이 아니라 19세기까지 백성, 신민, 국민이라 불리는 존재는 계몽의 대상이자 복종의 대상이었다. 프랑스혁명 당시 제3신분이었던 '평민'은 재산을 가진 부르주아로서 지배층의 일원이었고 링컨의 게티즈버그 연설에서 나오는 'people'* 역시 일정 이상 재산세를 납부하는 자산가를 의미했다. 국민이 정치의 주체로 우뚝 선 것은 보통선거권이 부여된 20세기부터였다.**

따라서 오늘날 같은 민주적인 개념에 입각해 조선 시대 정치 개혁을 바라보고 그 반대 세력을 기득권층 혹은 개혁에 반대하는 세력으로 비판하는 것은 타당하지 않다. 예를 들어 정약용 등 정조 시대 개혁을 추진한 영남 남인은 노비제 폐지를 주장하는 노론에 결사적으로 항거했다. 이는 영남 남인들이 노비의 노동에 경제적

---

* "of the people, by the people, for the people(국민의, 국민에 의한, 국민을 위한 정치)."
** 이때부터 "국민을 위한 종"(프리드리히 2세) 같은 미사여구가 점차 사라져간다. 반면 "국가가 국민을 위해 무엇을 할 것인지를 묻지 말고 국민이 국가를 위해 무엇을 할 것인지를 물으십시오"(케네디 대통령) 같은, 국민에게 정치 주체로서의 역할을 요구하는 말이 많아진다.

기반을 둔 지주였기 때문이다. 노비제 폐지에 관해서는 오히려 노론이 더 진보적이었다. 정도전 역시 마찬가지였다. 정도전 등 조선 건국 세력은 노비제를 적극 찬성했다. 당시 지주들이 노비라는 고용 형태에 입각해 자신의 농토를 경작했기 때문이다.

그렇다면 조선 시대 정치적 갈등 구조는 무엇인가? 왜 양반들은 죽음까지 무릅써가며 투쟁한 것일까? 바로 역사 정신, 즉 시대적 요구 때문이다. 정조는 상공업의 발전으로 기존 신분 질서가 무너지는 속에서 기성 체제의 지도자인 왕이 되었다. 만약 내가 18세기에 조선의 왕이 되었다면, 자신의 지지 기반인 양반 체제를 지키기 위해 무엇을 해야만 했을까? 파도 앞에 무너지는 모래성 같은 형국에서 체제를 지키려면 먼저 개구리처럼 떠들기만 하는 잘난 신하들부터 제어해야 할 것이다. 불난 집에서 "신고해라", "탈출하자", "불을 끄자"며 우왕좌왕하는 사람들을 앞에 두고 토론으로 해결하자는 것은 말이 되지 않는다. 역사적으로 보면 18세기 노론과 소론 혹은 남인과의 대립은 결국 불난 집의 내부 소동 같은 것이었다. 영조와 정조의 탕평은 그 난국을 헤쳐나가기 위한 강력한 리더십의 요구 속에서 나온 것이다.* 그러면 왜 노론이 영조와 정조에게 복종했는지도 설명된다.

조선 시대 정치적 갈등을 이해하려면 그 시대가 요구하는 개혁

---

* 유럽은 이를 중상주의와 절대왕정으로 돌파하려 했지만 결국 시민혁명으로 무너지고 말았다.

과 그에 대한 반대를 이해해야 한다. 조선 건국을 둘러싼 논쟁, 양반이나 노비 등 조선 신분제의 성격에 대한 논쟁, 임진·병자 양란 이후 사회·경제적 변동에 대한 논쟁 등을 이해해야 하는 이유가 바로 여기 있다. 그래야만 정도전과 정약용과 정조가 무엇을 그리고 추진했는지 이해할 수 있다. 그리고 이것이 바로 역사와 콘텐츠의 차이 아닐까?

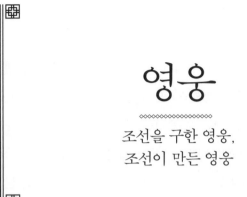

영웅

조선을 구한 영웅, 조선이 만든 영웅

영웅은 시대를 반영하고 논쟁을 유발한다. 오늘날 정치적 갈등의 정점에 있는 박정희는 보수에게는 영웅Hero, 진보에게는 간웅Anti-Hero이다. 박정희라는 역사적 인물을 어떻게 평가하느냐에 따라 정의관과 가치관이 뒤집힌다. 심지어 역사적 평가에도 영향을 미친다. 박정희 시대 찬양받았던 김유신, 이순신, 신사임당은 박정희 사후 덩달아 비판을 받았고, 그들의 대척점에 있던 연개소문, 원균, 허난설헌이 주목받았다. 삼국통일과 무신 정권, 민란에 대한 역사적 평가도 극적으로 엇갈렸다.

역사에서 영웅은 우연적 요소다. 역사는 복잡한 인과관계에 따라 필연적으로 전개되지만, 그 필연성의 연못에 파문을 일으키는 돌이 있는 법이고, 그 우연성이 바로 인간, 특히 영웅이다. 영웅은 역사적 논리를 파괴하고 역사에 끊임없이 가정을 던지게 하며, 심지어 역사를 왜곡하기도 한다. 역사는 수많은 인간과 환경의 끊임

없는 상호작용으로 만들어지는데 영웅은 다른 요소들을 가리기 때문이다.

때로 영웅은 시대를 두드러지게 보여주는 역할도 한다. 우주 관측을 할 때 행성의 존재를 발견하려면 항성의 빛을 가려주어야 한다. 항성의 빛이 번지면서 행성의 관찰을 방해하기 때문이다. 영웅은 역사에서 일종의 가림막 역할을 해줌으로써 조금 더 그 시대를 뚜렷하게 보게 해주는 역할을 한다. 즉 영웅이 역사를 만들지는 않지만, 역사를 이해하는 데 큰 도움을 준다. 조선이라는 시대를 이해하는 중요한 키워드가 되는 영웅 몇 사람을 살펴보자.

---

* 영화 〈데드풀 2〉 엔딩 쿠키 영상에는 과거로 간 데드풀이 갓난아기 히틀러를 죽이려는 장면이 나온다. 그때 누군가 히틀러를 죽였다면 역사가 바뀌었을까? 타임머신을 타고 과거로 돌아가 역사를 바꾼다는 영화나 소설은 모두 영웅을 중심으로 이야기가 진행된다. 인간이 선택할 수 있는 역사적 요소가 한두 가지에 불과하기 때문이다.

유성룡: 사기꾼에서 애국자로

영웅과 간웅은 종이 한 장 차이

어느 점쟁이가 조조의 운명을 "치세에 능신能臣 난세에 간웅奸雄"
이라고 했다지만, 역사에서 영웅과 간웅은 종이 한 장 차이인 경
우가 많고, 시대에 따라 평가가 달라지는 경우도 허다하다. 많은
조선의 인물이 다양하게 평가받아왔지만 유성룡柳成龍만큼 극적
으로 평가가 달라진 인물도 흔치 않을 것이다. 처세에 능한 닳고
닳은 정치인에서 나라를 지극히 사랑한 애국자로 평가가 뒤바뀐
그의 이야기를 해보자.

　유성룡은 1542년에 태어났다. 그가 태어난 때는 훈구파의 국정
농단에 대항해 개혁파 사림이 투쟁하던 시기였다. 일찍이 사림은
조광조를 중심으로 강력한 개혁 정치를 시도했지만 1519년 기묘사
화로 숙청당한 뒤 침묵의 나날을 보내고 있었다. 1544년 중종이 죽
고 인종이 즉위하자 사림은 인종의 외삼촌인 윤임尹任의 대윤과 손

조선 시대 인물 중 유성룡만큼 비난과 찬사가
극적으로 오간 이도 드물다.

을 잡고 다시 한 번 개혁의 고삐를 죄었다. 그러나 인종이 겨우 8개
월 만에 죽고 명종이 즉위하자 명종의 외삼촌인 윤원형尹元衡의 소
윤이 권력을 잡고 대윤과 사림을 숙청하는 을사사화가 일어났다.

유성룡의 아버지는 사림이었기에 지방관으로 이곳저곳을 전전
하는 신세였다. 집안 형편이 뻔해서 유성룡은 외가에서 나고 자랄
수밖에 없었다. 외가는 안동 김씨였고 유성룡은 영남 사림의 대표
자인 퇴계 이황李滉 밑에서 공부했다. 그래서 학파적으로 유성룡
은 동인, 그중에서도 남인에 속했다.

신동, 천재 소리를 듣던 유성룡은 서울 건천동으로 올라와 공
부하며 과거를 준비했는데 이때 같은 동네 사람인 이순신李舜臣을
눈여겨보았고 후에 그를 수군 지휘관으로 천거했다. 이는 훗날 유
성룡이 임진왜란 극복을 위해 세운 공 중 하나가 되었다.

1566년 윤원형의 죽음과 함께 훈구가 물러나고 사림이 집권할

때 유성룡도 문과에 급제해 벼슬길에 올랐다. 유성룡은 실무 능력이 우수하고 성격이 원만해서 벼슬길이 평탄했다. 육조에서 좌랑과 정랑을 지냈고 1575년 동·서인 분당 때 동인이 되었지만 선조의 사랑을 받으며 평탄하게 승진했다. 대사헌과 대사간을 지내면서 왕의 비서실장인 도승지도 지내는 등 두루두루 요직을 거쳤다. 유성룡은 마침내 1590년 우의정에 올랐다. 이때 영의정은 동인 이산해李山海였고 좌의정은 서인 정철鄭澈이었다.

이 무렵이 임진왜란의 전야에 해당하는 시기로, 유성룡이 본격적으로 활약한 때다. 일본을 통일한 도요토미 히데요시豊臣秀吉가 조선 침공을 추진하자 쓰시마 도주는 조선에 통신사를 파견해 외교로 풀어줄 것을 요청했다. 이에 정사正使 황윤길黃允吉, 부사副使 김성일金誠一을 대표로 하는 통신사 일행을 1590년 3월 파견했다. 유성룡은 그 직후인 5월에 우의정에 올랐는데 서인 정권에서 원만하게 처신해 선조의 비호를 받았다.

1590년 전후 조선 정치 상황은 대단히 복잡했다. 1589년 정여립鄭汝立의 난이 일어나자 정철이 앞장서서 동인 1,000여 명을 숙청했다. 많은 이가 고문 끝에 비명횡사했지만 평소 선조의 총애를 받은 이산해와 유성룡은 숙청의 피바람을 피할 수 있었다. 이를 계기로 동인은 온건한 남인과 강경한 북인으로 나뉘었다. 남인은 이황의 문하가 많고 개혁적이고 원칙적인 경향이었으며, 북인은 조식曺植의 문하가 많고 정치적이고 실리적인 경향을 띠었다. 서인은 남인보다 북인을 싫어했는데, 북인이 상업에 관심이 많았기 때문이다. 오늘날 관점에서 보면 북인은 상공업 세력으로 급진 진보

파라고 할 수 있지만, 서인이 보기에는 돈을 밝히는 비루한 자들이었다. 북인은 이산해를 중심으로 서인에 대한 복수를 꿈꾸었다. 이산해는 음모가로 묘사되는데, 정치 갈등을 주도하고 서인에 반격을 가하는 데 성공했기 때문이다.

처세의 달인

통신사가 일본에 가 있는 동안 조선 정부는 일본의 침략설로 뒤숭숭했다. 이럴 때 왕위 계승 문제가 불거진다. 선조는 후궁 소생 아들만 있어 아직 세자를 정하지 못했다. 총애하던 인빈 소생 정원군을 마음에 두고 있었으나 아직 어려서 분위기만 살피는 중이었다. 신하들은 후궁 소생으로 장성한 임해군과 광해군 중 총명한 광해군을 마음에 두고 있었다.

의정부 삼정승은 세자 문제를 논의하기로 하고 선조에게 나아갔다. 그러나 세자 책봉은 차기 왕을 결정하는 문제이므로 자칫하면 역모로 몰릴 수 있는 예민한 문제였다. 막상 선조를 대하니 망설일 수밖에 없었는데 결국 성질이 급한 정철이 나섰고 선조의 진노를 샀다. 이 사건을 계기로 정철은 한직으로 밀려났고, 곧이어 파직당했으며 서인 숙청이 이어졌다.* 새롭게 동인 정권이 들어서

---

* 이 사건은 『선조실록』이나 『선조수정실록』에는 없다. 단지 『광해군일기』의 「이산해 졸기」(광해 1년 8월 23일)에 "김 귀인金貴人과 결탁하고 선왕의 뜻을 받들어 세자를 세우는 일을 방해하고 막은 것은 바로 이산해가 주모자였는데, 왕만이 유독 깨닫지 못하였다"라는 기록에서 언급하고 있다.

면서 서인 대숙청을 주장하는 북인과 반대하는 남인이 갈등했다. 그때 통신사가 돌아왔다.

통신사가 일본에 갈 때는 서인 정권이었으므로 서인이 정사, 동인이 부사였다. 그러나 돌아왔을 때는 동인 정권이었다. 게다가 정여립의 난이 아직도 그림자를 드리우고 있었다. 종사관으로 통신사 일행의 삼인자였던 허성許筬(허균의 형)이 귀국하자마자 정여립 일당으로 몰려 투옥되었다. 살벌한 정치 투쟁의 살얼음판이 통신사들을 기다리고 있었다. 핵심은 일본이 쳐들어올지 여부였다. 이때가 1591년 3월,* 정철이 한직으로 밀려난 것이 2월이었다. 여기서 그 유명한 공방이 일어난다. 황윤길은 "필시 병화兵禍가 있을 것이다"라고 했고, 김성일은 "그러한 정상은 발견하지 못하였는데 윤길이 장황하게 아뢰어 인심이 동요되게 하니 사의에 매우 어긋납니다"라고 했다. 실록은 이를 이렇게 설명하고 있다.

이는 성일이, 일본에 갔을 때 윤길 등이 겁에 질려 체모를 잃은 것에 분개하여 말마다 이렇게 서로 다르게 한 것이었다.……대체로 윤길의 말을 주장하는 이들에 대해서 모두가 "서인들이 세력을 잃었기 때문에 인심을 요란시키는 것이다"라고 하면서 구별하여 배척하였으므로 조정에서 감히 말을 하지 못하였다.

－『선조수정실록』24년 3월

---

* 『선조수정실록』은 월별로 기록하고 있다.

통신사로서 황윤길은 일본의 위압적인 태도에 기가 꺾인 반면 김성일은 당당하게 맞섰다. 김성일은 일본에 끌려다니는 황윤길이 못마땅했고 그의 판단을 신뢰하지 못했다. 또 서인이 정권을 되찾기 위해 안보 장사를 한다는 의견도 있었다. 이런 것들이 김성일의 주장에 힘을 실어주었다. 그런데 여기서 유성룡의 진가가 발휘되기 시작한다. 처세에 능한 유성룡이 국난 극복의 영웅으로 나서는 순간이었다.

> 유성룡이 성일에게 말하기를,
>
> "그대가 황의 말과 고의로 다르게 말하는데, 만일 병화가 있게 되면 어떻게 하려고 그러시오?"
>
> 하니, 성일이 말하기를,
>
> "나도 어찌 왜적이 나오지 않을 것이라고 단정하겠습니까. 다만 온 나라가 놀라고 의혹될까 두려워 그것을 풀어주려 그런 것입니다."
>
> -『선조수정실록』24년 3월

『선조수정실록』의 이 기록은 유성룡이 지은 『징비록』의 내용과 일치한다. 행정과 처세의 달인인 유성룡은 일본에 대한 자존심과 서인의 정치적 선동에 대한 불만을 앞세우는 김성일을 누그러뜨리고 전쟁 준비로 정책 결정을 되돌렸다.

일본 침략에 대비하다

이때부터 조선은 일본의 침략에 대비했다. 남부 지방의 성을 수리하고 지방관을 무인이나 능력이 우수한 사람으로 교체했다. 동래부사 고경명高敬命은 평소 술을 많이 마신다고 해서 파직되고 그 자리를 송상현으로 대체했다. 군 지휘관도 실전 경험이 많은 이들로 교체되어 북방에서 여진족과 싸우던 원균元均, 이억기李億祺, 이순신 등이 수군 지휘관으로 부임했다. 특히 이순신의 기용은 파격적이어서 양사에서 반대했으나 유성룡이 밀어붙여 성사되었다.

당시 조선은 분명 일본 침략을 대비했다. 문제는 국제 정세에 어두워 일본의 군사력을 과소평가했다는 점이다.

> "아마도 우리나라에 머지않아 변이 있을 듯싶소.……막아낼 자신이 있으시오?"
>
> "걱정할 것 없소이다以爲不足憂."
>
> "조총이 있다는데 어찌 만만히 볼 수가 있겠소?"
>
> "쏠 적마다 맞는답디까豈能盡中?"
>
> ―『징비록』*

유성룡이 신립申砬과 나눈 대화다. 조선은 그때까지 일본과의 전쟁을 이토록 진지하게 준비한 적이 없었기에 그만큼 자신만만했다. 그러나 임진왜란의 일본은 역사상 한 번도 본 적이 없는 대

---

* 유성룡, 이민수 옮김, 『징비록』(을유문화사, 2014), 48쪽.

적大敵이었다. 임진왜란의 참화는 지피지기知彼知己면 백전불태百
戰不殆라는 병법의 기본을 망각한 당연한 결과였다.

임진왜란 기간의 활약

일본군이 몰려오고 한양이 함락 위기에 처하자 모두 도망가는데
급급해서 왕도 끼니를 거르고 굶는 판이었다. 이때 충성스러운
신하들의 눈물겨운 에피소드가 이어진다. 캄캄한 그믐밤 왕의 피
난 행렬이 너무 어두워 가마꾼들이 발을 헛디디자 오성대감 이항
복李恒福은 촛불 하나를 들고 와 길을 밝혔다. 귀양 갔던 서인의
지도자 윤두수尹斗壽는 왕을 도우려고 귀양지에서 피난지 벽제
로 달려왔다. 파주에서 왕을 위해 준비한 음식을 일꾼들이 먹고
도망가버리자 유성룡이 밤새 식량을 구해 새벽 2시에 겨우 밥 한
그릇을 바쳤다. 이외에도 수없이 많은 사건이 피난길에 일어났으
나 이항복과 유성룡 등이 나서서 수습했다. 그러면서도 유성룡은
반격을 주장했다.

> 상이 이항복을 돌아보며 이르기를,
> "승지의 뜻은 어떠한가?"
> 하니, 대답하기를,
> "거가가 의주에 머물 만합니다. 만약 형세와 힘이 궁하여 팔도가 모
> 두 함락된다면 바로 명나라에 가서 호소할 수 있습니다."
> ……상이 이르기를,
> "승지의 말이 어떠한가?"

하니, 성룡이 아뢰기를,

"안 됩니다. 대가大駕가 우리 국토 밖으로 한 걸음만 떠나면 조선은

우리 땅이 되지 않습니다."

……성룡이 물러나와 항복을 책망하며 말하기를,

"어떻게 경솔히 나라를 버리자는 의논을 내놓는가. 자네가 비록 길

가에서 임금을 따라 죽더라도 궁녀나 내시의 충성밖에 되지 못할

것이다. 이 말이 한번 퍼지면 인심이 와해될 것이니 누가 수습할 수

있겠는가."

하니, 항복이 사과하였다.

-『선조수정실록』25년 5월

평양성에서 의주로 피난 갈 논의를 할 때도 그랬다. 정철이 의

주 피난을 주장하자 유성룡과 윤두수가 이를 비난했다.

"의주로 가버린다면 다시 버틸만한 지세가 없어 어찌하지 못할 것

이니 나라가 망할 것이다."

윤두수는 "내 칼을 빌려 아첨하는 신하를 베고 싶다"라는 문산의 시

를 읊었다. 이에 정철은 크게 노하여 뛰쳐나가버렸다.

-『징비록』

조명 연합군이 평양을 탈환하고 남하할 때도 유성룡의 활약은

대단했다.

조명연합군이 평양성 탈환에 성공한 1593년 1월 전투를 그린 병풍의 일부다. 명군이 평양성을 공격하고 있고 왜군이 대항하고 있다. 평양성 탈환은 임진왜란의 전세가 역전되는 중요한 계기였다.

제독(이여송)이 대군을 이끌고 남쪽으로 내려갔는데, 유성룡이 먼저 가서 군량과 마초를 서둘러 마련하였기 때문에 다행히 공급에 부족함이 없었다. 임진강의 얼음이 녹았기 때문에 얼음이 엷은 상류를 따라 칡으로 만든 밧줄을 연결하여 다리를 만들어 군사를 건넜다. 열읍列邑의 사민士民이 비로소 산골짜기에서 나와 힘을 다해 운반하였으므로 일이 모두 제때에 처리되었다.

－『선조수정실록』26년 1월

간신과 영웅의 차이는 무엇일까?

전선에서 싸운 장수와 군사들의 활약도 대단했지만 그들이 싸울 수 있도록 사기를 진작하고 행정 지원을 하고 백성을 살피고 외교전을 해낸 신료들의 힘도 대단했다. 그런 신하들을 대표하는 이가 유성룡이었다. 그러나 처음에는 그에 대한 평가가 좋지 않았다.

규모規模가 조금 좁고 마음이 굳세지 못하여 이해가 눈앞에 닥치면 흔들림을 면치 못하였다. 그러므로 임금의 신임을 얻은 것이 오래였지만 직간했다는 말을 들을 수 없었고 정사를 비록 전단專斷하였으나 나빠진 풍습을 구하지 못하였다.

–『선조실록』 40년 5월 13일 「유성룡 졸기」

국량局量이 협소하고 지론이 넓지 못하여 붕당에 대한 마음을 떨쳐버리지 못한 나머지 조금이라도 자기와 의견을 달리하면 조정에 용납하지 않았고 임금이 득실을 거론하면 또한 감히 대항해서 바른대로 고하지 못하여 대신다운 풍절風節이 없었다. 일찍이 임진년의 일을 추기追記하여 이름하기를 『징비록』이라 하였는데 세상에 유행되었다. 그러나 식자들은 자기만을 내세우고 남의 공은 덮어버렸다고 하여 이를 나무랐다(譏).

–『선조수정실록』 40년 5월, 「유성룡 졸기」

실록뿐만이 아니다. 중국은 임진왜란을 기록한 『양조평양록兩朝平壤錄』에서 유성룡을 간신이라고 했고, 17세기까지 일본도 중국 사서의 영향으로 유성룡을 그렇게 생각했다.* 유성룡은 아첨하고 당파적인 간신의 전형이었다.

이를 보여주는 사건을 몇 개 살펴보자. 임진왜란 당시 김수金睟

* 김시덕, 『그림이 된 임진왜란』(학고재, 2014).

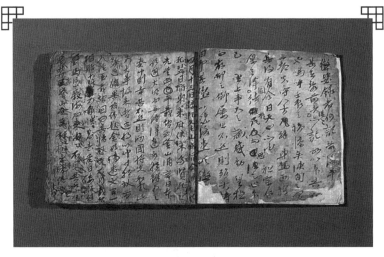

『징비록』은 유성룡이 임진왜란의 상황을 기록한 것으로, '미리 징계하여 후환을 경계한다'는 뜻이다. 이순신의 『난중일기』와 함께 임진왜란의 주요 자료로 꼽힌다.

는 경상우감사였지만 일본군이 쳐들어오자 그대로 도망쳐버렸다. 이때 도망친 사람 중 경상좌병사 이각李珏은 훗날 처형당했다. 김수 역시 방어 책임자 중 한 명이었으므로 중형을 받아야 했지만 유성룡이 같은 동인이라고 비호해 처벌받지 않고 고위직을 계속역임했다. 또 정여립의 난으로 동인이 무리죽음당할 때, 이순신이기군죄*로 잡혀 들어가 사경을 헤맬 때 한 번도 이순신을 변호하지 않았다. 이 행동은 실록에서도 비난받았다.** 왕에게 아부하고

---

* 임금을 기만한 죄. 반역죄에 해당하는 중죄로 사형이나 고문치사당하는 죄였다.

** "산림山林의 착한 사람들이 잇따라 죽었는데도 일찍이 한마디 말을 하거나 한 사람도 구제하지 않고 상소하여 자신을 변명하면서 구차하게 몸과 지위를 보전하기까지 하

바른말을 하지 않아 동인과 서인 모두 유성룡을 비난했고, 그의 처신은 국제적으로도 알려졌다. 그의 행동은 전형적인 간신배의 것이었다.

그러나 그에 대한 평가는 시간이 흐르면서 점점 바뀌었다. 『징비록』의 내용은 반대 당파인 서인의 기록과도 많이 일치한다. 『선조실록』에 없고 『선조수정실록』에만 있는 내용도 『징비록』에서 자주 볼 수 있다. 유성룡은 패배를 만회하고 왜적을 몰아내기 위해 자신의 능력을 백분 발휘했다. 그리고 『징비록』을 통해 후대에 교훈을 남겨 같은 잘못을 되풀이하지 않도록 기록하는 자로서 최선을 다했다. 그의 행동과 기록은 후세에 큰 영향을 미쳤다. 18세기 일본에까지 『징비록』이 전해지면서 유성룡은 일본에도 영향을 미쳤다.

애국의 길이 무엇이고 역사가 원하는 영웅은 무엇일까? 유성룡은 치세에는 간신이고 난세에는 영웅이었다. 이 아이러니한 평가는 우리에게 시대를 읽는 힘과 시대가 원하는 역할을 하는 것이야말로 애국의 핵심이라는 것을 일깨워준다.

였다."(『선조실록』 40년 5월 13일 「유성룡 졸기」).

이순신:
여전히 부족한 평가를 받는
22전 22승의 영웅

임진왜란의 넘버원 영웅

상이 승지 이경억李慶億에게 이르기를,

"아침에 이순신의 비문碑文을 보았는데, 죽을힘을 다하여 싸우다가 순절한 일에 이르러서는 눈물이 줄줄 흘러내리는 것을 깨닫지 못하였다. 이는 하늘이 우리나라를 중흥시키기 위하여 이런 훌륭한 장수를 탄생시킨 것이다."

-『효종실록』 10년 윤3월 30일

"또 생각해보면 충무공의 그 충성과 위무威武로서 죽은 뒤에 아직까지 영의정을 가증加贈하지 못한 것은 실로 잘못된 일이었다. 유명 수군 도독 조선국 증 효충 장의 협력 선무 공신 대광 보국 숭록 대부 의정부 좌의정 덕풍 부원군 행 정헌 대부 전라좌도 수군절도

경상남도 창원시 진해 해군사관학교에 있는 이순신 장군의 동상. 이순신은 조선 시대부터 지금까지 꾸준히 구국의 영웅으로 추앙받고 있다.

사 겸 삼도통제사 충무공 이순신에게 의정부 영의정을 가증하라."

−『정조실록』17년 7월 21일

임진왜란이 끝난 후 조선의 왕들은 왜란을 물리치는 데 큰 공을 세운 충신과 장군들에게 벼슬을 주고 사당을 세우고 제사를 지내주고 후손에게 관직을 주었다. 이 중에는 오늘날 역사 바로 세우기 같은 일들도 있었는데 가령 정조는 이몽학의 난에 연루되어 억울하게 죽은 김덕령金德齡을 재평가해주기도 했다.

그러나 임진왜란의 영웅 중 꾸준히 언급되는 이는 극히 몇 사람뿐이다. 그중 한 사람이 이순신이다. 이순신은 권율權慄, 유성룡 같은 당파의 영수급이 아닌데도 꾸준히 칭송받았고, 단지 칭송만 받는 것이 아니라 수군 운영이나 명나라와의 관계 등 주요 현안에 전례로 자주 언급되었다.

> 비변사에서 아뢰기를,
>
> "……전선의 체제의 척수尺數를 줄이는 것에 대해 전후 갑론을박이 한두 번이 아니었으나, 필경 옛날 체제대로 하기로 한 것은 이것이 충무공 이순신이 남긴 제도로서 충무공이 적군을 깨뜨린 공이 대부분 큰 배에 있었기 때문입니다."
>
> -『정조실록』 10년 10월 4일

우리는 왜 이순신에 대한 호평을 경계할까?

종종 우리는 근시안적으로 역사적 평가를 하는 실수를 범하는데, 현대의 평가를 지나치게 강조하기 때문이다. 이순신도 마찬가지다. 박정희 정권이 이순신을 특히 강조했기 때문에 이순신이 공연히 과장된 것이 아닌지 의심하는 사람을 종종 볼 수 있다. 그러나 이순신은 그렇게 단순히 평가할 인물이 아니다. 북벌을 논할 때, 해군력 증강을 추구할 때, 독립운동할 때 등등 역사적으로 중요한 시점마다 이순신은 다양한 형태로 언급되었다. 심지어 인조는 인재를 넓은 풀에서 두루 구해야 한다며 이순신의 추천 사례를 언급했고, 영조 때는 사람은 때를 만나야 공을 이룬다며 이순신 사례를 언급하기도 하는 등 조선 후기 내내 그는 자주 언급되었다.

큰 인물을 평가할 때는 크고 넓게 보아야 한다. 이순신은 그가 죽은 후 400년 동안 다양한 평가와 연구의 대상이었던 큰 인물이다. 특정 시기, 특정 당파의 평가에 연연해서는 그의 진면목을 볼 수 없다. 이제 이순신이 왜 위대한 인물이었는지 살펴보자.

육군 장교 이순신이 해군에 배치된 이유

이순신은 무과에 급제한 후 줄곧 육군 장교였다. 최전방인 두만 강에서 여진족과 수차례 전투를 치러 실전 경험을 쌓는 동안 항상 말을 타고 적진을 누볐을 뿐 전함은 구경도 못했다. 그가 수군 지휘관이 된 것은 순전히 조선이 수군에 무관심하고 수군을 무시했기 때문이다. 이는 조선뿐만 아니라 세계적으로 그랬다.

많은 나라가 수군에 무관심한 이유는 돈이 많이 들기 때문이다. 전함을 건조하는 데는 육군을 운영하는 것보다 몇 배 많은 비용이 든다. 지금도 가장 비싼 무기는 해군의 항공모함이고 육군 무기가 가장 저렴하다. 이를 잘 보여주는 일화가 있다.

그리스-페르시아전쟁 당시 그리스는 페르시아에 절대 열세였다. 페르시아가 그리스에 상륙하는 순간 승패가 결정 난다는 것은 너무나도 자명했다. 그리스의 희망은 바다에서 페르시아를 격파하는 것뿐이었다. 그러나 전함 건조는 돈이 많이 들어 귀족에게 세금 폭탄을 안기는 것 말고는 비용을 마련할 방법이 없었다. 귀족들은 반대했고 심지어 페르시아와 내통하기도 했다. 영화 〈300〉에 스파르타와 내통한 귀족이 나온 이유다.

해군 증강 논의는 시민 민주주의가 발달한 아테네에서만 가능했다. 다수결에서 귀족이 밀리기 때문이다. 귀족은 전함 건조가 통

살라미스해전의 그리스 삼단노선을 그린 19세기의 판화. 페리클레스가 밀어붙인 전함 건조는 살라미스해전의 승리로 이어졌고, 그 덕에 그리스 도시 국가 연합은 페르시아 제국을 막아낼 수 있었다.

과될 것 같자 아폴론의 신탁을 받자고 제안했다. 아폴론의 신탁을 받았는데 신관이 우물거리며 "나무로 된 벽" 운운했다. 아테네의 지도자 페리클레스Perikles는 이를 전함을 건조하라는 신탁이라고 우겨서 결국 함대를 만들 수 있었고, 그 결과가 살라미스해전이다.

16세기까지 세계에서 가장 강한 해군은 명나라 정화鄭和의 함대였다. 하지만 명나라는 해군의 재정 지출을 감당하지 못해 결국 대외 진출과 해군 양성을 포기했다. 2류 해군 국가인 스페인이 이후 세계로 진출한 것은 참으로 아이러니한 일이었다.

조선이 수군 양성을 등한시하고 외면한 것은 당연했다. 수군이 없다시피 한 나라이니 수군 지휘관이 있을 리 없고, 전쟁을 준비하면서 육군 지휘관을 수군 지휘관으로 발탁하는 것도 이상할 것 없었다. 원균이 경상도로 밀려오는 일본 수군에 대항해 제대로 싸워보지도 못하고 패한 것도 당연한 일이었다. 이는 일본도 마찬가지였다. 영화 〈명량〉에서 일본의 두 수군 대장 와키자카 야스하루脇坂安治와 구루지마 미치후사來島通総가 대립하는 장면이 나온다. 와키자카는 정통 사무라이 출신이고 구루지마는 해적 출신이다. 한명은 육군, 또 한명은 해적이라는 것은 섬나라인 일본조차 해군 양성에는 무관심했다는 것을 보여준다.

이런 속에서 이순신이 수군 지휘관이 되었다. 이순신은 전라좌수사로, 본진이 여수에 있는 후방 지휘관이었다. 일본이 쳐들어오면 경상좌수사 박홍朴泓(역시 여진족과 두만강 변에서 싸운 육군 지휘관 출신)이 1진이고 경상우수사 원균이 2진으로 싸우게 되어 있었다. 그렇기 때문에 전쟁 준비에 적극 나설 이유가 없었다.

눈치 보지 않는 뚝심, 탁월한 전략

이순신은 전라좌수사로 부임하고 나서 두 가지를 준비했다. 하나는 새로운 전함의 건조, 또 하나는 진법의 고안이었다. 이순신은 전쟁 준비를 위해 부임했으니 전쟁 준비를 해야 한다고 생각했다. 이순신의 장점은 맡은 역할에 충실할 뿐 눈치를 보지 않는다는 점이다.

조선이 수군 양성을 추진한 것은 태종 때였다. 태종은 고려 말부터 극성을 부리던 왜구를 막기 위해 거북선을 제작하고 전함을 건조하며 화포를 개량하는 등 노력을 다했고 그 결과가 1418년 쓰시마 토벌이었다. 이후 조선은 한동안 평화를 누렸고 수군 양성을 잊어버렸다.

이순신은 태종 때의 수군 양성을 검토하고 새로운 전략 전술을 개발했다. 먼저 화포를 이용한 함포전을 구상했다. 원래 화포는 육지에서 적군을 타격하는 용도로 쓰였다. 하지만 조선에서 화포는 고려 말 최무선崔茂宣이 개발할 때부터 해전용이었다. 조선은 원래부터 원거리 사격전을 선호했다.* 유럽이나 일본처럼 직업군인이 높은 지위를 차지하는 사회에서는 일대일로 겨루는 근접전을 선호하지만, 조선처럼 직업군인의 지위가 낮고 전시에 일반 농민을 징병하는 나라는 원거리 사격전을 선호한다. 근접전에는 잘 훈련되고 정신적으로도 무장된 군인이 필요하기 때문이다.**

함포전은 적선이 접근하기 전에 멀리서 함포로 타격하는 전법이다. 이를 위해서는 대구경 장거리포를 전함에 탑재해야 하고 발사 시 충격으로 갑판이 뚫리지 않도록 튼튼한 대형 전함을 건조해야 한다. 조선은 이미 함포전이 가능한 대형 판옥선을 건조해왔다. 이순신은 이를 개량하고 정비하도록 독려했다.

또 하나는 거북선의 개발이다.*** 해전은 배와 배의 거리 때문에

---

* 자세한 내용은 임용한, 『한국 고대 전쟁사 1』(혜안, 2011) 참조.

** 아서 페릴Arther Ferrill, 이춘근 옮김, 『전쟁의 기원』(인간사랑, 1990).

*** 태종 때 선보인 거북선은 일종의 시제품이었고 크기도 작았다. 물론 대구경포를 탑재할 만큼 튼튼하지도 않았다. 이순신의 거북선은 거의 새로 만든 전함이라고 보아도 무방할 것이다.

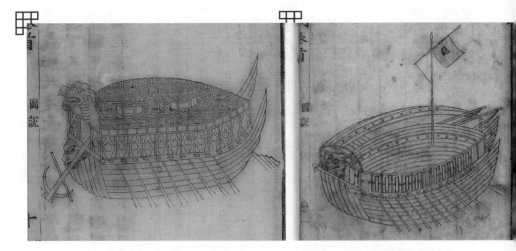

1795년(정조 19년) 정조의 명으로 『이충무공전서李忠武公全書』가 편찬되었다. 이 책의 도설圖說 부분에 두 장의 거북선 그림과 설명이 남아 있다. 전라좌수영귀선(좌)과 통제영귀선(우)으로, 통제영귀선이 임진왜란 당시 거북선에서 유래한 것이라고 한다.

지휘에 어려움이 많다. 그렇기에 돌격선이 적진을 돌파해 혼란을 일으키면 적들은 지리멸렬하게 된다. 거북선은 적진을 돌파할 돌격선으로 만들어졌다. 적진 돌파용이니 배 위에 덮개를 씌우고 화공에 대비해 덮개에 철갑을 입혔다.* 문제는 시야를 가린다는 점이다. 그래서 거북선은 2척이 1조로 움직였다. 영화 〈명량〉에는 한 척 남은 거북선에 큰 기대를 거는 장면이 나오는데 이는 잘못된

---

* 이 때문에 거북선을 최초의 철갑선이라고 한다. 물론 19세기 등장한 철갑선에 비하면 조잡한 수준이지만, 최초는 원래 그렇다. 라이트 형제의 비행기는 글라이더에 가까웠고 에디슨의 활동사진은 슬라이드에 가까웠다. 최초라는 데 의미가 있고 그로 인한 변화가 중요한 것이다.

고증이다. 한 척의 거북선은 장님이나 다름없어서 실전에서 오히려 걸리적거린다.

거북선이나 특수 임무를 맡은 배가 적진을 혼란에 빠뜨리면 판옥선들이 원거리에서 적을 넓게 둘러싸고 일제사격을 가해 격멸한다. 가장 대표적인 것이 한산대첩에서 이순신이 사용한 학익진이다. 진법은 원래 육지 전투에서 쓰는 전술이고 해전에서는 사용하지 않았다고 한다. 그러나 이순신은 함포전, 즉 원거리 사격전을 사용했으므로 진법이 필요했다. 또 그는 육군 지휘관 출신이라 진법에 능했다.

진법은 일사불란한 움직임이 필수 조건이다. 평소에 충분히 훈련해두지 않으면 성공하기 어렵다. 이순신은 평소에는 아주 엄격한 장수로서 상과 벌이 칼 같은 사람이었다. 이를 보여주는 대표적 일화가 바로 황옥천黃玉千 사건이다.

출정 전야, 불리한 전황으로 군심이 동요하고 결국 황옥천이라는 병사가 도망치다 잡혀왔다. 이순신은 그를 다독이고 격려해서 용감하게 싸우도록 했을까? 그렇지 않았다. 그냥 목을 잘라 효수했다. 탈영은 참수斬首라는 법을 엄격하게 지킨 것이다.* 이순신은 명령을 어기거나 근무를 소홀히 하는 사람은 용서하지 않았다. 엄격하고 용맹한 장수로서 병사들을 혹독하게 훈련시켰다. 파도치는 바다에서 나무배로 그런 진법을 펼칠 수 있었던 것은, 이순신이

---

* 『난중일기』 임진년 5월 3일 자.

그렇게 훈련을 시켰기 때문이었다.

싸울 때와 후퇴할 때를 아는 장수

이순신은 불패의 장수였다. 그가 불패의 장수인 이유는 질 것 같은 전투는 아예 하지 않았기 때문이다. 이순신은 군령을 어긴 병사의 목은 잘라도 전투에서 헛되게 병사가 죽는 일은 없게 했다. 그가 백의종군의 벌을 받은 이유도 바로 이 때문이었다.

1597년 정유재란이 임박하자 조정에서는 이순신에게 일본이 점령하고 있는 부산을 공격하라고 명령했다. 일본군이 상륙하지 못하도록 하라는 의도였다. 그러나 부산 공격은 불가능했다. 일본군이 경상도 남해안을 점령하고 곳곳에 요새를 만들었기 때문에 부산으로 쳐들어가는 것은 스스로 함정에 빠지는 꼴이었다. 패전하고 모든 수군이 몰살당할 것이 분명했다. 이순신은 이 명령을 거부했고, 선조는 이를 중대한 도전으로 받아들였다.

> "이순신이 조정을 기망한 것은 임금을 무시한 죄이고, 적을 놓아주어 치지 않은 것은 나라를 저버린 죄이며……. 이렇게 허다한 죄상이 있고서는 법에 있어서 용서할 수 없는 것이니 율律을 상고하여 죽여야 마땅하다."
>
> ─『선조실록』30년 3월 13일

이것이 원균과 이순신의 차이였다. 이순신 대신 삼도수군통제사가 된 원균은 부산으로 출정하라는 명령에 복종했다. 그에게는 왕에 대한 충성이 병사의 목숨이나 승패보다 중요했다. 그리고 부산 앞바다에서부터 일본 수군에 공격당하고 쫓기다 결국 칠천량에서 최후의 일격을 당했다. 원균도 죽었고 조선 수군도 전멸했다. 이순신과 함께했던 수군 장수들, 그가 애써 키워낸 병사들, 거북선과 판옥선 모두 바닷속에 수장되었다.

이순신이 다시 삼도수군통제사가 되었지만 전함이 거의 남지 않았다. 칠천량해전 직전에 배설裵楔이 도망치며 끌고 나온 판옥선 12척이 전부였다. 배설은 원래 탈영과 명령 불복종으로 사형을 당해야 했지만, 조선 수군이라고는 그의 배와 부하밖에 남지 않았기 때문에 살려줄 수밖에 없었다. 이순신은 배설 휘하의 12척을 장악하기 위해 노력하며 병사들을 다시 조련시켰다. 많은 병사가 도망쳐서 다시 병사를 모집하고 훈련시켜야 했다.

이순신은 싸우지 않고 도망쳤다. 12척으로 수백 척이나 되는 일본 수군과 싸우는 것은 무모한 일이었다. 게다가 배설이 또 도망치는 등 지휘관들도 믿음직스럽지 못했다. 그렇다고 포기한 것도 아니었다. 조정에서 수군을 폐하고 육지에서 싸우라고 명하자 유명한 장계를 올리며 싸울 의지를 보였다.

> "임진년부터 5, 6년 동안 적이 감히 충청·전라를 바로 찌르지 못한 것은 우리 수군이 그 길목을 누르고 있었기 때문입니다. 신에게는 아직 12척의 전선이 있사옵니다. 죽을힘을 다해 싸우면 우리가 할 수 있는 일입니다.……신이 죽지 않는 한 적이 우리를 업신여기지 못할 것입니다."
>
> —『이충무공전서』권9, 부록1, 「이분李芬 찬撰 행록行錄」

이순신은 불리하면 후퇴하고 유리하면 나가 싸우는 병법의 기본을 충실히 지켰다. 전쟁에서 이기려면 천시天時·지리地利·인화人和가 있어야 한다.* 이 중 으뜸은 인화이며 그다음이 지리다.**

이순신은 수군을 통솔하며 불리함을 극복할 지리적 이점을 찾아 남해안을 샅샅이 뒤졌다. 남해에서 서해로 나가는 길목인 진도 명량해협이 가장 적합했다. 밀물과 썰물 때 물이 대단히 빠른 속도로 좁은 지역을 통과하기 때문에 길목을 막고 공격하면 일본 수군이 얽히고설켜 질 수밖에 없는 지형이었다.

게다가 조선 판옥선은 무겁고 육중하지만 일본 전함은 가볍고 날렵했다. 전함은 수보다 크기가 중요하다. 1만 톤 급 전함이 1,000톤 급 구축함 여러 척을 물리칠 수 있다. 12척이라 해도 판옥선은 대형 전함이라 그 이점을 살리면 충분히 전세를 역전시킬 수 있었다. 이순신은 이를 정확하게 파악했던 것이다.

우리는 아직도 이순신을 모른다

임진왜란도 정유재란도 일본군을 좌절시킨 것은 이순신의 수군이었다. 남해의 제해권을 조선 수군이 장악하는 바람에 일본군은 보급에 차질이 생겼고 원활한 전투가 불가능해졌다. 배고프고 무

---

* 天時地利人和三者不得雖勝有殃(천시·지리·인화 세 가지를 얻지 못하면 이겨도 재앙이 있다), 『손자』.

** 孟子曰天時不如地利地利不如人和(맹자 가로되 천시가 지리만 못하며 지리는 인화만 못하다), 『맹자』.

기 없는 군대는 손쉬운 먹잇감에 지나지 않았다. 이를 가능하게 한 것이 이순신이었다.

이순신이 거듭해서 이길 수 있었던 것은 뚜렷한 목적의식, 충분한 준비, 병법에 충실한 전략 전술, 목숨을 걸고 지키는 소신이 있었기 때문이다. 이런 사람이 우리 주위에 얼마나 있을까? 의식·준비·이론·추진력 이 네 가지를 동시에 지닌 사람은 매우 드물다. 목표에 급급해 준비를 소홀히 하거나, 현실에 따라 이론을 적당히 수정하는 것은 흔히 볼 수 있다. 이 네 가지를 두루 지니는 것은 인간의 힘으로 거의 불가능하다. 이순신조차도 전쟁이라는 특수한 상황이었기에 가능했을지 모른다.

이순신이 이룩한 업적은 이순신이 다시 태어나도 이루기 어려울 것이다. 그만큼 그는 위대한 장수였고, 역사상 최고의 연구 대상이 아닐까 생각한다.

그런 의미에서 우리는 오히려 이순신을 너무 홀대하고 있을지도 모른다. 역사적 위인은 숭배의 대상이 아니라 연구의 대상이다. 파고 파서 완벽하게 이해하고 우리 것으로 만들어야 한다. 일본제국 해군은 일찍부터 이순신을 연구했다. 러일전쟁 당시 도고 헤이하치로東鄕平八郎 제독은 이순신의 학익진을 응용한 T자진으로 러시아 함대를 격파했다. 심지어 이순신을 일본 해군의 수호신으로 추앙하기도 해서, 패망 직전인 1944년까지 이순신의 제사를 거르지 않고 지냈다. 많은 나라의 해군 교범에 이순신이 실려 있고, 미국 MIT 박물관에도 거북선 모형이 전시되어 있다.

이순신을 일본 해군의 이순신, 미국 해군의 이순신으로 만든 것

은 누구인가? 우리는 왜 역사적 위인을 공부하고 연구하는 데 소
홀했는가? 고작 이순신의 애국심을 배우자는 말은 너무 초라하지
않은가?

의적: 조선 사회를 비추어준 영웅

임꺽정, 홍길동, 장길산

"비리 섰거라. 의적 임꺽정 떴다."

1996년 11월 10일 첫 방송된 SBS 드라마 〈임꺽정〉을 소개하는 『동아일보』 기사 제목이다. 〈임꺽정〉은 초반부터 시청률 30퍼센트를 웃돌면서 지속적으로 인기를 끌었다.

의적이란 의로운 도적, 즉 가진 자들의 재물을 털어 못 가진 자들을 도와주는 도둑을 말한다. 의적이라고 하면 떠오르는 인물은 홍길동, 임꺽정, 장길산 등이다. 그런데 실제로 의적이 존재했을까?

의적의 대표적 이미지는 『수호전』의 양산박 108영웅에서 찾을 수 있다. 소설 『수호전』은 명나라 때 유행했으며 현재의 내용은 대

1996년 SBS 드라마 〈임꺽정〉의 한 장면. 홍명희의 동명 소설 등을 원작으로 했다.

략 16세기 초에 완성되었을 것으로 보인다.* 수호전의 108영웅은 송나라 귀족의 횡포가 극에 달할 때 민중을 위해 영웅적으로 싸웠고 이후 여진족이 쳐들어오자 민중과 힘을 합쳐 여진족을 물리친 구국의 영웅들이다.

그로부터 100년 뒤 조선의 허균許筠이 『홍길동전』을 지었다. 홍길동은 서자로서 도술과 학문에 도통했는데 계모의 구박을 피해 가출해 의적으로 활약하다 이상 사회인 율도국을 건설하고 그곳의 왕이 되었다. 『홍길동전』은 『수호전』의 의적 이미지에 조선에 대한 사회 비판까지 겸한 의적 문학의 최고봉이었다.

---

　*　그전에는 공연물 대본으로 부분 부분 존재했을 것으로 추정한다.

조선 후기 의적에 대한 사람들의 인식에는 소설 속 홍길동의 이미지가 크게 작용했다. 이때부터 홍길동을 차용한 각종 도적 무리가 생겨났는데 대표적인 것이 1900년대 활약한 활빈당이다. 동학 농민군 패잔병과 그 지지자들로 추정되는 활빈당은 이름부터 『홍길동전』에서 가져왔으며 반反봉건·반反외세의 기치하에 일제와 맹렬히 싸웠다. 소설 속 의적이 현실로 나타난 대표적 케이스일 것이다.

그렇다면 실제 홍길동, 실제 임꺽정, 실제 장길산은 의적이었을까? 의적이 아니었다면 왜 그들은 소설 속 의적의 모델이 되었을까? 한 사람씩 짚어보자.

역사 속 홍길동, 소설 속 홍길동

영의정 한치형韓致亨·좌의정 성준成俊·우의정 이극균李克均이 아뢰기를,

"듣건대, 강도 홍길동洪吉同을 잡았다 하니 기쁨을 견딜 수 없습니다. 백성을 위하여 해독을 제거하는 일이 이보다 큰 것이 없으니, 청컨대 이 시기에 그 무리들을 다 잡도록 하소서."

-『연산군일기』6년 10월 22일

홍길동은 연산군 때의 도적 두목이다. 그와 관련한 기록은 거의 없지만, "옥정자玉頂子와 홍대紅帶 차림으로 첨지僉知라 자칭하며 대낮에 떼를 지어 무기를 가지고 관부에 드나들면서 기탄없는 행

동을 자행하였다"(『연산군일기』 6년 12월 29일)라는 것을 보아, 그가 고위 관료를 참칭하고 사기 행각을 벌였음을 알 수 있다. 고전문학 연구자들 중에는 홍씨 성을 가진 이름이 비슷한 사람을 찾아 그의 출신이나 행적 등을 추론하기도 하지만 신뢰할 수준으로 보기는 어렵다.

『성호사설星湖僿說』에서 홍길동을 조선 3대 도적이라고 평가했다는 말이 있지만 이 역시 과장이다. 『성호사설』은 "옛날부터 서도西道에는 큰 도둑이 많았다"라며 황해도 도적 임꺽정과 장길산을 소개할 뿐이고 홍길동에 대해서는 "홍길동洪吉童이란 자가 있었는데, 세대가 멀어서 어떻게 되었는지는 알 수 없으나 지금까지 장사꾼들의 맹세하는 구호에까지 들어 있다"(『성호사설』 14권 「인사문 임거정」)가 전부다. 한마디로 홍길동에 대해 아는 것이 없다는 것인데, 아는 것 없는 인물을 어떻게 3대 도적으로 꼽는가?

허균이 『홍길동전』이라는 소설을 쓰는 바람에 실제 홍길동도 유명해졌을 가능성이 높다. 허균이 홍길동을 주목한 이유는 그가 고위 관료를 참칭하고 다닌 것 때문으로 보이는데, 이는 소설 속 홍길동의 도적 행각으로도 묘사되었다. 또 중종반정 공신들이 그들의 기득권을 정당화하려고 홍길동을 연산군 시대 혼란상을 보여주는 인물로 활용했을 가능성도 있다. 홍길동이 중종 이후로는 거의 언급되지 않는다는 점이 이를 뒷받침한다.

기록만으로는 홍길동을 의적으로 보기 어렵다. 그보다는 권력을 조롱하고 능멸한 도적이라는 점에서 그 대담함과 통쾌함이 문학이나 민간 설화에 좋은 소재가 되지 않았나 싶다.

조선 최고의 도적, 임꺽정

임꺽정은 기록의 빈도나 당시 사회에 끼친 충격 등으로 볼 때 조선 최고의 도적이라 할 수 있다. 『성호사설』도 "명종 때 임거정이 가장 큰 괴수였다"라며 임꺽정을 중시했다. 실록에도 임꺽정은 총 23회 검색되어 홍길동의 10회, 장길산 3회에 비해 압도적으로 많다. 물론 그 외 고전에서도 임꺽정은 다른 도적의 기록을 압도한다. 홍길동은 『성호사설』, 『옥오재집玉吾齋集』 등에서 이름만 언급되는 수준이고 장길산도 그보다 약간 많은 수준이지만 임꺽정은 다양한 문헌에서 언급되고 있다.

묘사도 다르다. 홍길동은 강도로 "기탄없는 행동을 자행하였다"가 기록의 전부다. 장길산은 실록에 이렇게 기록되어 있다.

> 극적劇賊 장길산은 날래고 사납기가 견줄 데가 없다. 여러 도로 왕래하여 그 무리들이 번성한데, 벌써 10년이 지났으나, 아직 잡지 못하고 있다.
>
> -『숙종실록』 23년 1월 10일

그렇다면 임꺽정은 어떨까?

> 지금 도적의 세력이 성하여 적국의 군대와 같으니, 지금 만약 힘을 다하지 않으면 몇 도의 백성들이 모두 도적의 손에 넘어갈 것이다.
>
> -『명종실록』 16년 10월 6일

임꺽정, 홍길동, 장길산의 기록이 왜 차이가 나는지 이해될 것이다. 홍길동이나 장길산은 도적이었으며 그들의 행동은 권력을 비판하고 새로운 세상을 지향하는 문학의 소재로 적합한 것이었다. 하지만 임꺽정의 활약은 민란의 형태를 띠었다. 당시 조정에 위기감을 줄 정도였던 것이다.

도적 두목인가, 민란의 지도자인가?

임꺽정은 경기도 양주에 살던 백정이었다. 그는 형 가도치와 모사 서림 등을 거느리고 도적질했는데 개성 청석령 등 경기도 북부와 황해도 일대가 주 무대였다. 임꺽정에 대한 기록은 매우 부정적이다.

> 민가를 불사르고 마소를 닥치는 대로 약탈하되 만약 항거하는 사람이 있으면 살을 발라내고 사지를 찢어 죽여 잔인하기가 그지없었다.
>
> —『대동야승大東野乘』「기재잡기寄齋雜記 3」「역조구문歷朝舊聞」

그런데 실록에 범상치 않은 기록이 자주 보인다.

> 곤궁한 백성들은 하소연할 곳이 없으니, 도적이 되지 않으면 살아갈 길이 없는 형편이다.
>
> —『명종실록』 14년 3월 27일

"내(임금)가 임꺽정의 공초를 보니 그 흉계를 꾸며 역적질을 한 정상

-『명종실록』16년 9월 7일

황해도의 도적이 비록 방자하다고 하지만 그들의 무리는 8~9명에
지나지 않으며, 모이면 도적이고 흩어지면 백성이다.

-『명종실록』16년 10월 6일

특히 "모이면 도적이고 흩어지면 백성聚則盜也散則民也"이라는
말은 심상치 않다. 마치 근대 민중의 지지를 받는 파르티잔을 연상
시키는데, 이를 통해 임꺽정이 당시 민중의 분노를 반영하고 있다
는 것을 알 수 있다.

민란이 일어날 수밖에 없었던 이유

명종 시대는 섭정의 시대였다. 명종이 어린 나이에 즉위하자 문
정왕후가 섭정했다. 그런데 계유정난 이후 세력을 확장해온 훈구
파는 점점 왕의 외척 가문으로 권력을 강화했다. 사림이 집권한
뒤 척결 대상으로 지목한 척신 세력은 이런 배경이 있었다.

가장 강력한 권력을 잡은 외척은 문정왕후와 그녀의 남동생 윤
원형이었다. 이들은 섭정을 통해 권력을 잡은 뒤, 윤임 등 대윤 세
력과 남동생 윤원로尹元老 세력까지 제거한 뒤 견제받지 않는 절
대 권력을 구축했다. 문제는 이 절대 권력의 유지 방법이었다.

조선은 외척의 횡포를 막기 위해 섭정을 엄격하게 규제했다. 단
종 때 고명대신, 성종 때 원상 제도 등을 운영해 모후의 섭정은 이

문정왕후는 보우를 봉은사 주지로 삼고, 불교 중흥의 중심으로 삼았다. 보우는 중종의 능인 정릉을 선릉 옆으로 옮기고 봉은사를 지금 위치로 옮겨 중창했다. 서울 삼성동 봉은사 전경.

름뿐이고 실제로는 신하들이 협의해서 끌고 가도록 했다. 이는 비정상적 체제였기 때문에 오래갈 수 없었다. 그래서 섭정을 꺼리는 분위기가 있었다. 심지어 숙종은 13세에 즉위했는데도 섭정 없이 바로 직접 통치했다.

　문정왕후와 윤원형이 외척 권력을 오래 유지했다는 것은 기존의 체제를 넘어서는 비정상적 통치가 장기간 지속되었다는 의미다. 당연히 나라가 무너질 수밖에 없고 이에 대한 저항이 일어났다. 어지러운 시대, 백성들의 저항이 모여 드러난 것이 임꺽정의 난이다.

명종 때는 내수사의 권력이 강했다. 내수사는 왕실 재산을 관리하는 기구로 황무지를 개간하거나 사유지를 매매할 수 있는데 권력을 이용해 백성을 강탈하기도 했다. 통치에 필요한 재원을 마련하기 위해 문정왕후는 내시 박원종을 시켜 지방의 노른자위 땅을 매수하거나 강탈하게 했다. 이 때문에 백성들의 원성이 자자했다. 이렇게 빼앗은 토지는 보우普雨에게 시주해 불교 중흥에 사용되었다. 불교는 왕비의 권력 기반이 되었지만 유학자와 백성들의 비난을 받았다. 문정왕후 집안-내수사-불교로 이어지는 권력의 커넥션과 수탈은 서울 인근 황해도와 경기도에 집중되었다.

황해도에 갈대밭이 있었다. 백성들은 갈대를 잘라 소쿠리 같은 생활용품을 만들어 장에 내다 팔았다. 갈대밭은 춘궁기같이 어려울 때 아사를 면하게 해주는 아주 중요한 수입원이었다. 그런데 내수사가 이 갈대밭을 내수사 토지로 삼고 백성들이 갈대를 채취할 때마다 세금을 받았다. 이 사건은 황해도 주민들을 크게 자극했다.

임꺽정이 정부의 적이 된 이유

청석령에서 임꺽정이 도적질을 한 것은 오랜 일이었고 정부도 관심이 없었다. 그런데 갑자기 정부가 1560년부터 민감하게 반응하기 시작했다.

"풍문으로 들으니 황해도의 흉악한 도적 임꺽정의 일당인 서임이란 자가 이름을 엄가이嚴加伊로 바꾸고 숭례문 밖에 와서 산다고 하므로 가만히 엿보다가 잡아서 범한 짓에 대하여 추문하였습니다."

-『명종실록』15년 11월 24일

　　서림은 임꺽정의 측근 중 하나로 이 무렵 체포된 뒤 임꺽정 일당을 일망타진하는 데 큰 공을 세웠다. 그런데 그가 체포되기 전 남대문 근처에서 활약했다는 점이 중요하다. 아마도 임꺽정이 도적질한 장물을 서울의 시장에 내다 파는 역할을 했을 것이다. 당시 권세가들이 시장의 가격 조작으로 폭리를 취했는데 장물이 들어와 시장이 교란되면서 이를 심각한 위협으로 생각했을 것이라고 주장하는 이들도 있다. 가격 조작에 따른 폭리까지는 아니어도 서울 시전은 권력과 밀접하고 또 서울 물가가 민심에 미치는 영향이 크기 때문에 권세가들은 위기의식을 느꼈을 것이다. 이때부터 임꺽정 일당에 대한 토벌이 강화되었다.

　　지금 외적이 침입해 온 듯이 장수에게 명하여 군대를 동원하였으므로…….

-『명종실록』16년 1월 3일

　　그러나 임꺽정이 잡히는 데는 1년 이상의 시간이 걸렸다. 그동안 임꺽정은 파옥破獄해서 잡혀간 동료나 처를 구하기도 하고, 토벌군에게 큰 패배를 안기거나 토벌군 장교를 죽이기도 했다. 심지어 지방 수령까지 죽였다. 이는 지역민들이 관군의 토벌에 비협조적이었기 때문인데 그 영향으로 토벌군의 진압은 한층 난폭해졌고 이것이 또 물의를 일으켰다.

> 일단 혐의쩍은 사람을 잡으면 진위를 따지지 않고 중장重杖으로 협박해 자복을 받음으로써 위임받은 책임을 메우고 외람되어 상을 받으려 하였으니, 그 거짓이 극도에 이르렀다.……백성들이 곤궁하여 재물이 떨어지게 되면 모여서 도둑이 되는 것인데……양민이 해를 입어 마을이 텅 비게 되었으니, 아, 참혹스럽다.
>
> ─『명종실록』16년 1월 3일

결국 임꺽정은 체포되어 죽었고 토벌군은 큰 포상을 받았다. 그러나 그가 일으킨 저항은 역사적으로 중요한 것이었다.

> 권간들이 서로 잇달아 용사하여 착한 사람들을 원수로 삼고 조정을 어지럽히자, 탐풍貪風이 크게 일고 공도公道가 행해지지 않아 국사가 날로 그릇되어 거의 구할 수 없게 되었다.…… 나라가 망하지 않은 것만도 다행이라 하겠다.
>
> ─『명종실록』22년 6월 28일

나라가 망할 직전까지 간 비정상적 통치에 대한 민중의 적극적인 저항이 바로 임꺽정의 난이었고, 임꺽정의 난에 대해 실록에 많은 사론을 달아놓은 것처럼 후대에 큰 충격과 교훈을 주었다. 그런 의미에서 임꺽정은 가장 의적에 가까운 도적이었다고 할 수 있다.

현실의 주인공은 아니었던 장길산

장길산은 숙종 때의 도적으로서 기록은 홍길동만큼이나 미미하다. 오히려 장길산보다 그와 결탁했다는 이영창李榮昌이 많은 기록을 남기고 있다. 이영창은 서얼로서 승려 운부雲浮, 도적 장길산과 함께 역적모의를 하다 체포되었다. 그가 꾸민 음모는 마치 『홍길동전』을 보는듯한데 숙종 때의 북벌운동과 실학운동 등 다양한 현실 비판의 분위기에 영향을 받은 것으로 보인다.

정부는 장길산에 대해서는 별 관심이 없었다. 실록에서는 이영창 사건을 언급하면서 "극적 장길산은 날래고 사납기가 견줄 데가 없다.……벌써 10년이 지났으나, 아직 잡지 못하고 있다"(『숙종실록』 23년 1월 10일)라고 말하고 있다. 또 장길산을 잡았다는 기록도 없다. 이는 장길산이 당시 정부나 체제에 별다른 위협이 되지 못했음을 보여준다. 현실의 주인공은 장길산이 아니라 이영창이었던 것이다.

홍길동, 임꺽정, 장길산 세 도적에 대한 기록을 비교해보면, 각자 대표적인 의적이자 영웅으로 그려졌으며, 그 소설이 유행했을 때 민중의 속을 후련하게 해준 허구적 인물임을 알 수 있다. 그중 임꺽정만이 현실에서도 정권을 위협하고 민중과 함께했다. 그러나 임꺽정의 활동이 민란의 성격을 띠었다 해도 실제 민란을 주도한 것은 아니었다. 그런 의미에서 보면 의적은 허구적 존재라고 할수 있을 것이다. 현실에서 의적은 존재할 수 없으며, 세상을 바꾸는 것은 민중과 그 지도자의 직접적 저항뿐이라는 생각을 한다.

임경업과 박씨 부인: 만들어진 영웅

'캡틴 코리아'로 다시 태어난 임경업

임경업林慶業과 박씨 부인은 조선 후기의 히어로와 히로인이다. 물론 실존 인물은 아니고 소설 주인공이다. 박씨 부인은 순수하게 창작된 인물이고, 임경업은 실존 인물을 모델로 창조된 캐릭터다. 이들은 병자호란의 치욕과 오랑캐 여진족(만주족)에게 사대해야 했던 조선인의 굴욕감을 치유해주는 영웅이었다.

임경업은 병자호란의 치욕을 씻고자 일으킨 북벌운동의 주역이다. 먼저 실존 인물 임경업에 대해 정리해보자. 임경업은 1594년생으로 무과에 급제한 후 1623년 인조반정에 참가했고 역쿠데타였던 이괄의 난 때 큰 공을 세워 공신이 되었다. 1627년 정묘호란 때는 전라도에 있어서 참전하지 못했지만 이후 서인 정권의 반청 정책에 중요한 역할을 했다. 청의 침략에 대비해 백마산성을 쌓고 방어를 강화하는 한편 명나라와의 군사 협력도 추진했다. 명나라

호피가 깔린 교의에 앉아 있는 임경업의 관
복전신좌상의 일부분. 임경업은 친명배금
파의 상징적인 인물이었으며, 그의 무용담
을 소재로 한 소설이 지어져 인기를 끌었다.

에서 군사 반란이 일어나자 명나라 정부군과 함께 이를 토벌해 황
제에게 칭찬을 받고 총병 벼슬을 받았다. 이로써 임경업은 친명반
청의 대표 주자가 되었다.

　임경업은 1636년 병자호란이 일어나자 백마산성을 굳게 지켰
으나 청군이 우회해 서울을 직격하는 바람에 패전을 막지 못했다.
백마산성은 외진 곳에 위치해 있었기 때문에 침략군을 요격하거
나 수송로를 타격할 수 없어서 역할에 한계가 있었다. 인조가 항복
한 이후 임경업도 항복하는 수밖에 없었고, 청의 요구에 따라 지원
병을 이끌고 명나라를 공격하는 신세가 되었다. 그러나 임경업은
명과 내통하고 명군과 싸우지 않았다. 마침내 발각되어 조선으로
압송당했는데 탈출한 뒤 명에 망명, 명나라 부흥군의 장수가 되었
다. 그러나 이마저도 실패해서 다시 조선으로 압송당했다. 조선은
반청 강경파 임경업의 존재가 껄끄러워 결국 죽이고 말았다. 하지

만 숭명반청으로 정권을 유지한 노론의 영수 송시열은 임경업을
극찬했다.

> 장군이 성취한 것은 더욱더 우뚝하고 위대하여 고금에 찾아보아도
> 실로 장군과 짝할 이가 드물다. 공자가 『춘추』를 지어 만세에 법을
> 드리웠는데, 『춘추』를 끝마친 때부터 지금에 이르기까지 2,000년 동
> 안에 걸쳐 이 글을 읽은 자는 많지만, 빛나는 그 대의를 능히 아는
> 자는 대체로 적었다.······실로 천백 년 만에 하나나 있을 수 있는 사
> 람이었다.
>
> ―『송자대전宋子大全』 제213권 「임경업장군전」

송시열은 "전傳을 만들어 야사野史를 집필하는 자에게 고하
고······"라 함으로써 임경업을 대중 영웅으로 만들 것을 적극 권장
했다. 소설 『임경업전』이 정권 차원에서 만들어지고 유포되었을
가능성을 보여주는 것이다.

이렇게 해서 만들어진 『임경업전』의 내용은 그의 실제 삶과 크
게 다르지 않다. 단지 명나라 군사 반란을 진압한 것을 가달의 침
략으로 위기에 처한 호적(청나라)을 구원한 것으로 바꾸었고, 백마
산성 방어를 백마산성에서 청군을 공격해 섬멸할 수 있었는데 왕
이 항복하는 바람에 실패했다고 바꾸었고, 명나라와의 연합작전
을 과대 포장했다. 그의 실패는 모두 간사한 자의 배신 때문인 것
으로 설정했다. 마지막은 호왕이 임경업의 인품에 감복해 조선으
로 보내주었으나 간신 자겸이 때려죽인 것으로 마무리되었다. 『임

경업전』에서 강조하는 것은 명나라에 대한 의리와 사대로, 북벌 실패는 부정의(배신)가 정의(충성)에 대해 거둔 일시적 승리로 규정하고 있다.

조선에 원더우먼이 있었다면?

『임경업전』이 반청운동의 영웅담이라면, 『박씨전』은 병자호란에 대한 복수극이다. 내용은 다음과 같다.[*] 이득춘과 박 처사는 서로의 인품에 감복해 아들 이시백과 딸 박씨를 결혼시켰다. 그런데 박씨는 얼굴이 심하게 얽어 보기가 무서울 지경에 암내까지 심했다. 이시백은 아내를 꺼렸고 박씨는 서러운 세월을 보내야 했다. 그러던 어느 날 박씨는 홀연히 껍질을 벗고 미녀가 되었다. 껍질은 전생의 업보 때문이었으며 그녀는 신비한 도술 능력까지 있었다. 이시백은 반성하고 아내의 도움으로 정승까지 올랐다.

병자호란이 일어나 청나라가 남한산성에 피신한 인조를 포위 공격하는 동안 청나라 장수 용율대는 박씨 부인을 공격했지만 그녀의 도술에 죽임을 당했다. 용율대의 형 용골대가 인조의 항복을 받고 왕대비와 왕자, 수많은 백성을 포로로 잡고 귀국하다 동생의 죽음 소식을 듣고 복수를 위해 박씨 부인을 공격했다. 그러나 역시 그녀의 도술에 혼쭐이 나고 왕대비를 돌려주고 겨우 돌아갈 수 있었다. 용골대는 귀국 길에 임경업에게 또 한 번 혼이 난 뒤 다시는

---

111   * 김종광, 『박씨 부인전』(창비, 2003).

『박씨전』의 박씨 부인의 남편인 이시백의 모델로 추정되는 이시백의 초상. 이시백은 정묘호란 때 인조의 강화도 피난을 돕고, 병자호란이 일어나자 남한산성에서 인조를 맞이했다.

조선을 침략하지 않으리라 마음먹는다.

『박씨전』의 전반부는 여성을 외모로만 평가하는 남성을 꾸짖는 이야기고, 후반부는 본격적인 전쟁과 도술 이야기다. 마치 슈퍼맨과 배트맨에 지친 할리우드가 원더우먼과 블랙 위도우를 주인공으로 내세운듯한 느낌이다. 홍길동과 전우치로 이어지던 도사 이야기가 여자 도사 이야기로 넘어왔으니 말이다.

『박씨전』은 전체적인 흐름이 『임경업전』과 유사하다. 먼저 박씨 부인의 남편 이시백李始白은 인조반정과 반청운동의 주요 인물인 이시백李時白과 흡사하다. 실존 이시백은 인조반정에 참가해 공신에 봉해졌고 이괄의 난을 진압하는 데도 공을 세웠다. 정묘호란 때 인조의 강화도 피난길을 수행했고 병자호란 때는 성을 지키는 수성장으로 활약했다. 척화파로 귀양을 갔고 효종이 북벌을 추진할 때 영의정을 지냈다. 전형적인 척화주전 숭명반청 인물로 이괄의 난, 병자호란 등 임경업의 군사 활동과 자주 겹치는 것을 볼 수 있다. 이런 점에서 임경업과 박씨 부인은 숭명반청의 영웅 캐릭터라고 할 수 있다.

숭명崇明은 선조 시대의 국가 기조

임진왜란이 끝난 후 선조는 위기를 맞이했다. 민심은 늙고 비겁하게 도망친 왕보다 젊고 용감하게 싸운 세자(광해군)에게 쏠렸고, 늙은 왕을 지지하고 모셨던 서인보다 광해군을 지지하며 의병을 일으켰던 북인을 지지했다. 게다가 북인의 의병이나 남인의 지지를 받는 이순신의 수군은 국가의 통제권 밖에 있었다.

위기를 극복하기 위해 선조는 두 가지 일을 했다. 하나는 후궁이 아닌 왕비 소생의 아들을 얻어 광해군을 몰아내는 것이고, 또 하나는 임진왜란의 승리를 의병이나 수군 때문이 아니라 명나라 덕으로 돌리는 것이었다. 이를 재조지은再造之恩(나라를 다시 세운 은혜)이라 한다.

명나라가 우리를 도와준 것은 의주에서 적극적으로 청병한 선조의 덕이니 곧 선조가 나라를 살린 셈이다. 그래서 임진왜란이 끝난 후 공신의 상을 받은 이들은 주로 선조를 모신 내시, 의사들이었다. 『동의보감東醫寶鑑』으로 유명한 허준許浚도 그 덕에 호성공신 3등을 받았다. 전쟁에서 공을 세운 장수들이 내시보다 공신으로 덜 임명되었다.

그리고 선조는 32년 연하의 왕비(인목대비)와 재혼했고 소원하던 아들(영창대군)을 낳았다. 적장자가 나왔으니 후궁 소생 광해군은 물러나야 했다. 그런데 영창대군이 겨우 2세일 때 선조가 죽는 바람에 광해군이 왕에 즉위했고 북인 정권이 수립되었다. 그러나 선조가 뿌린 적장자와 재조지은의 씨앗은 광해군을 계속 옭아맸다. 광해군이 실리적 외교 노선을 취하고 서인과 대립할수록 그 씨앗은 점점 커져갔다. 마침내 광해군은 폐위되고 인조가 즉위하는 인조반정이 일어났다. 인조의 서인 정권은 처음부터 외교·안보 정책에 선택의 여지가 없었다. 병자호란은 필연이었다.

'국뽕 영웅'의 역기능

서인 정권이 무조건 정권 유지를 위해 친명배금 혹은 숭명반청**을 한 것은 아니었다. 당시 국제 정세는 매우 유동적이었다. 우선 유목 민족이 한족漢族을 지배한 전례는 오직 몽골의 원나라뿐이었는데 남송 멸망 이후 겨우 90년(1279~1368년)에 지나지 않았다.

---

* 선조는 임진왜란과 관련해 3종의 공신을 책봉했다. 가장 많은 것은 선조를 모신 호성공신으로 총 86명인데 이 중 내시가 24명, 말을 관리한 이가 6명, 어의 2명, 호위군 수명이 있었다. 그 외에는 선조를 모시고 피난한 왕족과 신하들이었다. 그래서 군대를 모집하려 일본군에 붙잡힌 임해군과 순화군은 공신이 되지 못했다. 다음이 전쟁에 공을 세운 이를 포상한 선무공신인데 총 18명으로 이미 죽은 이가 여럿 포함되어 있었다. 선무공신 1등 3명 중 이순신과 원균은 이미 죽었고 권율만 생존해 있었다. 2등 5명 중에도 김시민, 이억기는 이미 전사했다. 산 사람보다 죽은 이를 위한 포상으로 보일 정도였다. 청난공신은 5명인데 이는 이몽학의 난을 진압한 데 대한 포상으로 엄격한 의미에서 임진왜란 관련 포상으로 보기 어렵다.

** 여진족이 세운 후금이 청나라로 국호를 바꾼 1636년을 기준으로 명칭이 바뀐다. 우리 입장에서는 병자호란 전과 후의 명칭 변화로도 볼 수 있다.

역사적으로 보았을 때 여진족의 나라가 중국을 지배할 가능성이 별로 없었고, 설령 지배한다고 해도 장기간 유지할 것 같지도 않았다. 친명은 안전한 판단이었다.

1644년 명나라가 망하고 청나라가 중국을 지배한 뒤에도 마찬가지였다. 남명 정권, 대만 정권, 삼번 등 강남 일대에서 한족 왕조를 부활시킬 세력들이 힘을 기르고 있었다. 숙종 초(1674년) 남인 정권이 북벌을 추진했던 것도 삼번의 난(1673~1681년) 때문이었다. 삼번의 난은 청나라 강희제가 유도했다는 주장이 많지만 당시 강희제가 겨우 19세였고 삼번의 세력이 강해서 청나라 멸망을 예측하는 이도 많았다. 조선도 마찬가지였다. 당시 청나라가 1912년까지 유지되리라 예측한 이는 거의 없었다. 하지만 외교는 때로는 진취적이고 창조적이어야 한다. 기존의 질서에 의존하면 새로운 질서에 대처할 수 없다.

숙종 때 서인 정권이 정착하면서 반청 기조는 조선 조정에 확고하게 자리 잡았다. 반청 의식을 고취하기 위해 민중에 유포할 영웅적 전기가 필요했다. 수요도 충분했다. 병자호란은 당파와 상관없는 국가적 굴욕이었고 조선인이라면 누구나 복수하고 싶어 했다. 북벌을 남인과 서인 모두 추진했다는 점이 이를 웅변한다.

임경업과 박씨 부인은 정권의 지배 이데올로기를 대중화할 좋은 선전물이었다. 정권에도 유리하고, 상처받은 민족 감정을 달래기에도 좋았다. 재조지은은 19세기 말 고종 때까지 유지되었으니 『임경업전』과 『박씨전』은 조선 후기 가장 대표적인 영웅 서사라고 해도 과언이 아니다.

임경업과 박씨 부인은 조선 후기 병자호란으로 인한 정치 위기를 모면하고 국민의 상처를 위로하는 '국뽕' 영웅이었다. 그러나 이러한 국뽕 영웅은 현실을 은폐하고 변화를 가로막는 기능도 했다. 북벌과 북학, 재조지은과 실용적 개혁의 사이에서 순기능을 한 영웅이라고 보기는 어렵다. 그런 의미에서 이 영웅들은 우리가 반드시 기억하고 고민해야 할 역발상의 캐릭터임이 분명하다.

정치인

조선 시대 정치인은
무엇을 꿈꾸었는가?

〈어벤져스: 인피니티 워〉에서 타노스는 이상 세계를 위해 생명의
절반을 죽여야 한다고 생각하고 인피니티 스톤을 찾아 나선다.
그의 이상은 고매했으나 가는 길은 더러웠고 수단은 대학살이었
다. 마침내 그는 목적을 이루었고 세상은 평화로워졌다. 죽음의
슬픔 속에서.

영화일 뿐이라고 생각할 수도 있겠지만 실제로 그런 사람이 있
었다. 히틀러는 유대인이 모든 악의 근원이라고 생각하고 유대인
을 멸절하려고 했다.

"거대한 전쟁을 선전하는 힘을 북돋우는 것은 국제적 세계 유대인
이었다. 대부분의 나라는 자국의 이익이라는 관점에서 전쟁을 할
이유가 없지만 세계 유대인의 이익이라는 관점에서 의미 있고 논리
적으로 정당한 전쟁에 참가하였다.……유대인은 독자 생존 능력이

히틀러가 보기에 착취와 전쟁은 유대인의 탐욕과 음모가 원인이었고, 그들을 제거해야 세계 평화가 달성될 수 있었다. 그리고 신이 그 역할을 독일 민족에게 맡겼다고 생각했다. 히틀러는 나치 독일 패망의 날 자살을 결심하며 신의 소명을 저버린 독일 민족은 멸종 당해도 싸다고 비난했다.

20세기 초 대한제국에도 이런 사람이 있었다. 바로 이완용李完用이다. 이완용은 조선 민족은 열등하고 그중에서도 왕과 신하들이 가장 열등하다고 생각했다. 그래서 백성은 혁명을 일으키지 못하고 위정자는 나라를 이끌지 못한다고 생각했다. 못난 조선 민족은 유능한 민족의 지배를 받는 것이 살 길이었다. 그는 3·1운동이 일어나자 조선의 독립을 요구하는 것은 당치 않은 주장이라고 비난했다.

권력을 이용해 개인의 탐욕을 추구한 부패 관료는 역사에 흔적을 남기지 못한다. 좋은 이름이건 나쁜 이름이건 역사에 이름을 남긴 정치인은 신념과 이상을 추구한 인물이다. 이제 조선의 유명한 정치인 3명의 삶과 생각을 들여다보자. 그들의 이상과 수단이 오늘날 어떤 평가를 받는지 생각하며.

---

*   히틀러, 황성모 옮김, 『나의 투쟁』(동서문화사, 2014), 1054~1055쪽.

한명회: 왕을 세운 신하

수양대군의 책사이자 오른팔

여러 왕자가 다투어 손을 맞아들이는데 문인 재사는 모두 안평대군에게로 돌아가 당시 수양대군이었던 세조도 그보다 나을 수가 없었다. 한명회가 찾아가 뵈오매, 크게 인재 없는지라 비밀히 헌책獻策하기를, "세상에 변동이 있으면 문인으로서 대우를 받음은 쓸모가 없으니, 나리는 모름지기 무사와 결탁하여 두소서" 하였다.

－『연려실기술燃藜室記述』 제4권 「단종조 고사본말」, 「세조의 정난靖難」

이런 기록을 토대로 한명회를 다룬 영화나 소설 등에서는 한명회의 주장을 다음처럼 묘사하곤 한다.

"아무리 태평성대여도 세상에 불만 세력은 반드시 있습니다. 세종 치세에도 마찬가지요. 지금도 그렇습니다. 신권이 강하면 왕권 세력이 불만이요. 문이 흥하면 무가 불만이요. 연공서열이 강하면 젊고 능력 있는 사람이 불만입니다. 나리께서는 이런 사람들을 모아 대사를 도모하십시오."

앞이 보이지 않아 답답하던 수양대군은 한명회의 말을 듣고는 "자네가 나의 장자방이야"*라며 평생의 신하로 삼았다. 한명회는 어떻게 이런 생각을 하게 된 것일까?

정치에 뜻이 없던 한량

한명회는 개국 공신 한상경韓尚敬의 조카이자 관찰사 등 고위직을 지낸 한상질韓尚質의 아들이다. 명문가인 청주 한씨 집안 출신으로 공신의 맛을 아는 환경에서 자랐다. 공신은 수조권**이 세습되는 공신전을 받고 각종 형벌에 면책특권이 있기 때문에 귀족으로서의 삶이 보장된다. 조선은 귀족적 특권을 줄이기 위해 공신 책봉을 엄격하게 제한했다. 개국공신도 52명으로 최소화했고 왕

---

* 　장량張良을 말한다. 한고조 유방을 도와 한나라 창업을 이룩한 인물이다. 말년에 속세를 떠나 신선이 되었다는 전설의 주인공이기도 하다.

** 　수조권은 관리가 지급받은 토지에서 조를 수취할 권리다. 예를 들어 경기도 안성의 농토 10결의 수조권을 받았다면, 그 토지에서 낼 조 80두가 관리의 수입이었다. 그러나 관리들은 수조권만 행사하지 않고 권력을 이용해 토지 소유주를 다양한 명목으로 수취했다. 조를 더 받기도 하고 선물을 요구하거나 심지어 노동 봉사를 강요했다. 이러한 폐단 때문에 16세기 수조권 제도는 폐지되었다.

자의 난으로 봉해진 정사공신과 좌명공신 이후 50년 이상 공신 책봉이 없었다.

공신이 없는 세상은 지배층 입장에서는 그만큼 팍팍한, 열심히 공부하고 열심히 일만 하는 세상을 의미한다. 정직한 세상일지 모르지만 한명회가 원하는 세상은 아니었다. 그는 세상에 뜻을 버리고 친구를 사귀고 세상을 유람하며 유유자적 살았다. 공부에는 뜻이 없었기에 과거 시험을 치러도 합격하지 못했다. 나이가 들어 가장으로 생계 문제도 있고 해서 문음으로 경덕궁직을 맡아 일했다. 경덕궁은 개성에 있는 옛 이성계의 집으로 번잡한 곳이 아니니 한명회는 그저 세월을 낚을 뿐이었다.

그와 친한 친구는 권람權擥이었다. 학문이 뛰어났지만 그 역시 세상에 뜻을 두지 않고 세상을 주유하며 세월을 엮었다. 권람은 마음을 고쳐먹고 문종 즉위 직후 과거에 응시해 장원급제하고 집현전과 사헌부 등에서 일했다. 집현전에서 수양대군이 주관하는 편찬 사업에 참여하다 그의 측근이 되었다고 한다.

비상한 책략으로 서열을 뛰어넘다

문종이 일찍 죽고 어린 아들 단종이 즉위하면서 신권이 강화되자 수양대군이 반발했다. 그러나 왕자의 정치 참여는 엄격하게 금지되었기에 수양대군 주변에는 사람이 없었다. 고심하던 수양대군에게 권람이 한명회를 추천했다.˙ 한명회가 인재 등용에 대해 진언하고 수양이 흔쾌히 받아들이면서 둘의 관계가 성립되었고, 한명회의 시대, 그리고 훈구의 시대가 열렸다.

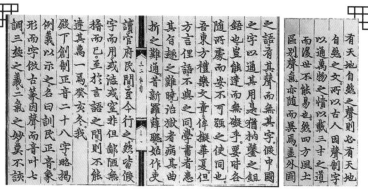

정인지는 집현전 학사들을 대표하여 『훈민정음』 '해례'의 서문을 썼다. 그가 얼마나 뛰어난 학자이며, 세종대왕의 신임을 받았는지 보여준다. 그러나 그는 단종이 즉위한 후 황보인과 김종서 등의 배척을 받아 한직으로 밀려났다.

한명회는 수양대군의 이름을 팔아 불만 세력을 끌어들였다. 이때 끌어들인 세력은 크게 두 가지 부류로 하나는 관료 세력, 또 하나는 무사들이었다.

정인지, 신숙주는 집현전 학사이자 유능한 실무형 관료로 맹활약했지만 황보인, 김종서 등 노장층에 밀렸다. 정인지는 단종 즉위 직후 병조판서에 올랐지만 견제를 받다가 얼마 후 한직으로 밀렸다. 신숙주 역시 계속 집현전, 춘추관 등 연구직에 있었다. 자존심 강하고 유능했던 그들은 노회한 고명대신에게 불만이 컸다. 그래서 신숙주는 수양대군이 명에 사신으로 갔을 때 서장관으로 수행

---

* 실록에는 이 과정이 희한하게도 자세히 기록되어 있는데 계유정난의 과정을 얼마나 공식 기록으로 정당화하고 싶었는지 반증하는 것이라고 생각된다. 단종 즉위년 7월 23일, 7월 28일 기사 참조.

한 인연으로 수양대군에게 붙었고 이어 정인지를 끌어들였다.

문제는 그토록 자존심 강하고 도도한 이들이 왜 한명회 같은 모사꾼과 손을 잡았는지다. 병조판서 정인지나 집현전 직제학(종3품) 신숙주는 8품 경덕궁직과는 하늘과 땅의 차이였다. 회사로 치면 대기업 이사와 팀장이 하청기업 경비원을 상사로 모신 격이다. 경비원이 회장님 아들이라면 모를까 왜 그런 선택을 한 것일까? 쿠데타라는 비상 상황에서 한명회의 비상하고 실용적인 책략을 인정했기 때문이다. 게다가 한명회는 정난 이후 이들을 인척 관계로 엮었다. 한명회의 딸들은 신숙주의 아들, 세조의 아들(예종), 손자(성종)와 결혼했다. 또 정인지의 아들이 세조의 딸과 결혼했고 신숙주의 서녀는 세조의 후궁으로 들어갔다. 처음에는 혁명 동지였지만 권력을 잡은 후에는 충성과 인척 관계로 엮인 운명 공동체가 되었다.

이와 관련된 일화가 있다. 권람과 신숙주가 동시에 한명회의 딸을 며느리로 들이려 하자 한명회가 권람과 의가 상할까 두려워 신숙주에게 물었다. 그러자 신숙주는 이렇게 말했다.

> "우리 세 사람은 공로가 같으니 신申의 집안과 혼인하고 또 그대의 집안과 혼인한다면 임금이 혹시 우리 세 사람이 지나치게 가깝다고 여겨 의심하지 않으리오. 하면 되지 않겠소."
> –『연려실기술燃藜室記述』제5권 「세조조 고사본말」, 「세조조의 상신相臣 한명회」

권력을 잡는 과정에서 맺어진 관계가 권력을 잡은 후에도 지속

적으로 이어져 신숙주 등이 더 적극적으로 한명회와 관계를 굳히
려 했음을 보여준다.

한명회의 의리 리더십

무사들을 끌어들이는 것은 이보다 쉬웠다. 홍달손이 "우림위의
미천한 군사였는데 위계가 1품에 이르고 나이 60에 가까웠으니,
무엇이 아쉬우랴"라고 말한 것처럼, 문신 우위 사회에서 무인들
의 불만이 컸다. 한명회는 수양대군에게 무인 세력을 곁에 둘 것
을 조언했다. 또한 여기에 그치지 않고 한명회는 이들의 보스로
서 평생 이들을 이끌고 책임졌다.

> "명공明公의 위령威靈을 힘입어 호걸들을 결납結納하니 마음을 돌린
> 자가 많습니다.……그들에게 진실하고 정성스러움을 보여 주어서
> 신의를 굳게 하소서."
> 하였다. 세조가 말하기를,
> "좋다"
> 하니, 한명회가 틈을 타서 먼저 양정楊汀을 데리고 와서 알현하게 하
> 고, 다음은 유수柳洙, 다음은 유하柳河를 데리고 와서 알현하니, 세조
> 가 충심을 기리어 후하게 대우하여 모두 환심을 가졌다.……양정
> 등이 사례하기를,
> "……진퇴에 오직 명을 따르고 두 마음이 없을 것을 맹세합니다."
> 하였다.
>
> −『단종실록』1년 3월 23일

상이한 두 그룹이 등용됨으로써 한명회의 역할은 더욱 중요해 졌다. 이들 사이의 갈등을 조절할 사람이 한명회밖에 없기 때문이 다. 예를 들어 신숙주도 영의정을 했고 홍윤성도 영의정을 했다. 서로 영의정을 하고자 할 때 누가 먼저 하고 누가 다음에 할까? 그 래서 실록에 이런 기록이 나온 것이다.

> 일시一時의 재상들이 그 문에서 많이 나왔으며, 조관朝官으로서 채 찍을 잡는 자까지 있기에 이르렀다.
>
> -『성종실록』18년 11월 14일 「한명회 졸기」

조관은 아침 조회에 참여하는 3품 이상 당상관을 말한다. 말을 부리는 채찍은 원래 하인이 잡는 것인데, 한명회 덕에 조관이 된 고위 관료들이 그에게 복종하고 채찍을 잡았다는 뜻이다. 그의 권 세가 어느 정도이고 그가 인사에 끼친 영향이 어느 정도인지를 잘 보여준다.

반역을 일으킨 것은 누구인가?

실록에서는 계유정난을 반역의 음모를 분쇄한 구국의 행동이라 고 강변한다. 안평대군이 고명대신과 결탁해 반역을 꾀하는 것을 수양대군이 적발해 먼저 주동자들을 처단하고 사후 왕에게 아뢰 어 재가를 받았다는 것이다. 즉, 단종 즉위년 7월부터 10월까지 어린 왕을 걱정하며 수양대군과 한명회, 권람 등이 모이고, 10월 부터 단종 1년 3월까지 안평대군과 고명대신을 염탐한 뒤, 3월 이후 확신을 갖고* 세력을 모아 10월에 거사를 일으켰다는 것이다.

하지만 실록의 기록을 보아도 거사의 명분은 부족해 보인다. 어떤 쿠데타 세력이 1년 동안 모의만 하다 역습을 당한단 말인가? 음모를 꾸몄을 수도 있지만 그것의 실행 여부는 알 수 없다. 더군다나 안평대군 주위에 모인 인사는 대부분 문인이었다. 왕자는 정치 참여가 금지되었기에 왕자 주변에는 풍류객이 많았는데 딱 그정도 수준이었다. 술 먹고 물주를 찬양하는 수준의 말이 무슨 위협이었겠는가? 실록을 통해 유추할 수 있는 계유정난의 동기는 겨우 고명대신들이 수양대군이 자기들을 제거하려 한다는 것을 눈치채고 수양대군을 제거하려 하자 수양대군이 먼저 선수를 쳤다는 정도다. 여기서도 중요한 것은 수양대군의 준비를 눈치챘다는 것이다.

계유정난의 목적, 왕권 강화

계유정난은 수양대군과 한명회가 권력을 잡기 위해 꾸민 사건이다. 그리고 그 목적은 왕권 강화였다. 조선 건국 때 잉태되었던 정도전의 신권정치와 이방원의 왕권정치의 갈등이 왕자의 난에 이어 계유정난으로 불거진 것이다. 그런 의미에서 한명회의 지향

---

* 이양은 항상 이용(안평대군)을 부를 때, '상전上典'이라 하며, 혹은 오래도록 뜰에 꿇어 앉기도 하였다. 일찍이 이용에게 이르기를, "금상今上(단종)께서는 어리고 병이 많으시니, 비록 자란다 하더라도 반드시 시원치 못할 것입니다. 상전께서 만약 임금이 되신다면 진실로 물의物議에 화합할 것이니, 우리들의 뜻은 항상 거기에 있습니다." 하였다 (『단종실록』 1년 3월 21일).

점은 왕권 강화와 강력한 중앙집권이라고 할 수 있다. 한명회가 수양대군을 등에 업고 신숙주 같은 지식인 그룹까지 포섭해 세력을 모은 뒤 정난을 성공시키고 권력을 유지할 수 있었던 것은 조선 건국부터 이어져온 정치체제 논쟁에 기반을 두고 있었기 때문이다.

> 명나라에 이르자, 황제가 공이 온다는 말을 듣고는, "충성스럽고 정직한 노한老韓이 또 온다는구나" 하고는 서대犀帶·채단綵緞을 하사하고 공이 돌아오니 중사中使를 보내어 통주通州까지 전송하였다. 우리나라 사신에게 이처럼 우대한 적이 일찍이 없었다.

『연려실기술』의 이 기록은 한명회가 얼마나 충직한 신하였는지를 보여준다. 그가 죽은 후 성종이 그에게 내린 시호가 충성忠誠이었다. 한명회에 비판적인 사신史臣조차도 사론에서 잔뜩 한명회를 욕해놓고서 마지막에 "여러 번 간관諫官이 논박論駁하는 바가 있었으나, 소박하고 솔직하여 다른 뜻이 없었기 때문에 그 훈명勳名을 보전할 수 있었다"라고 기록했다. 왕에 대한 한명회의 충성심만큼은 모두 높이 평가했는데, 이는 그가 자신의 정치적 신념에 충실했음을 웅변하는 것이다.

그럼에도 한명회를 긍정할 수 없는 이유

그러나 한명회는 긍정적인 정치인이 아니었다. 첫째는 도덕성, 둘째는 역사성 때문이다. 계유정난 이후 관료 인사는 철저하게 공신 위주로 이루어졌다. 한명회는 의리를 강조해 자신이 신세진 사람들 즉, 뇌물을 준 사람들은 반드시 챙겼다. 조관이 채찍을 잡은 이유도 그 때문이다.

> 추부趨附하는 자가 많았고, 빈객賓客이 문에 가득하였으나, 응접하기를 게을리하지 아니하여……재물을 탐하고 색을 즐겨서, 전민田民과 보화寶貨 등의 뇌물이 잇달았고, 집을 널리 점유하고 희첩을 많이 두어, 그 호부豪富함이 일시에 떨쳤다.
>
> ─『성종실록』18년 11월 14일

한명회는 외교에도 뇌물을 적절히 활용했다.

> 명나라에 갔을 때에도 명나라의 늙은 환자宦者 정동鄭同에게 아부하여, 가지고 갔던 뇌물을 사사로이 황제에게 드렸으나 부사가 감히 말리지 못하였다.
>
> ─『연려실기술』,「한명회」

그의 유명한 정자 압구정도 그런 면모를 보여준다. 『연려실기술』에 따르면 그가 압구정을 짓자 성종과 조정 문사들이 수백 편의 시를 지어주었다고 한다. 이토록 그를 따르는 이가 많았던 것은, 그가 그만큼 잘 챙겨주었기 때문이었다.

이렇게 해서 형성된 거대한 정치 세력이 훈구파다. 훈구파는 한명회를 중심으로 계유정난 공신들과 그 추종 무리가 만들어낸 권

정선鄭敾이 한명회의 정자 압구정狎鷗亭을 그린 그림이다. 압구정은 당대에도 서울에서 손꼽히는 명승지였다고 한다.

력 집단으로, 처음에는 왕에게 충성을 바치고 중앙집권을 강화하며 다양한 업적을 남겼지만[*] 임의적으로 형성된 집단이기 때문에 시간이 흐르면서 부패하고 정부 운영에 어려움을 끼쳤다. 이 때문에 조선은 세조 말부터 심각한 위험에 빠지게 된다. 이것이 바로 한명회가 끼친 역사적 죄과다.

---

[*] 마음속에 항상 국무國務를 잊지 아니하고, 품은 바가 있으면 반드시 아뢰어, 건설建設한 것 또한 많았다(『성종실록』18년 11월 14일 「한명회 졸기」).

훈구의 시대가 지속되면서 훈구 내부에서도 파벌 갈등이 일어났다. 세조는 말년에 한명회 등 정난공신 세력을 견제하기 위해 구성군 이준李浚, 남이南怡 장군 등을 등용했는데 이들을 신공신파라고 부르기도 한다. 이시애의 난을 진압한 공으로 적개공신에 봉해진 세력들로, 세조가 죽고 예종이 즉위하자 곧 남이의 옥사로 숙청당했다. 한명회의 사위였던 예종이 아무래도 장인의 편을 든 것이 아닐까?

예종이 일찍 죽자 성종이 즉위했다. 성종은 나이가 어린 데다 한명회가 장인이어서 처음에는 훈구에 의존하는 듯했다. 하지만 성인이 된 후에는 개혁파 사림을 등용해 훈구를 견제하고 한명회도 밀어내려 했다. 결국 한명회는 말년에 쓸쓸히 은퇴 생활을 하다 병들어 죽었다. 한명회의 죽음과 함께 훈구의 시대도 막을 내리는 것처럼 보였다.

그러나 성종이 죽고 연산군이 즉위한 후 정치적 혼란이 일어났다. 연산군은 훈구를 이용해 사림을 제거한 후(무오사화), 폐비 윤씨 사건*을 트집 잡아 훈구 일부도 제거했다. 이때 한명회도 부관참시당했다. 부관참시는 죽은 사람을 관에서 꺼내 참수하는 형벌이다. 그러나 연산군의 폭정은 훈구의 반발을 일으켰고 결국 훈구는

---

* 연산군의 생모 윤씨가 폐비되고 사사된 사건. 이 사건에 연루된 인수대비 등 왕실과 신하들이 갑자사화 때 큰 화를 입었다.

연산군을 몰아내고 중종을 즉위시켰다.

중종반정 공신들은 한명회 등 정난공신들이 갖고 있던 정치사상이나 통치 기술이 없었다. 그들에게는 선배 공신들이 누렸던 특권과 재산만 보였던 것 같다. 정치는 극심하게 혼란해졌고 명종 시대에 이르자 정치 문란은 극에 달했다.

한명회는 태조부터 세종 대까지 이어져온 왕권과 신권의 조화, 왕도 정치를 위한 권력의 책임과 견제의 틀을 무너뜨렸다. 대신 견제받지 않는 비대한 권력과 권모술수에 입각한 임기응변의 정치를 만들었다. 그가 의도한 것은 아닐지 모르지만 그는 그런 방식으로 세조부터 성종까지의 시대를 헤쳐 나가며 부와 영광을 누렸다. 많은 이가 그가 누렸던 부귀영화를 흠모했고 그의 처세를 배우고 실천했다. 한명회는 그렇게 훈구의 시대를 열었다.

한명회는 죽을 때까지 영화를 누렸지만 결국 부관참시라는 모욕을 당했다. 당장은 존귀해도 미래는 참담하다는 점에서 그의 부관참시는 그가 만든 훈구의 미래를 상징적으로 보여준다고 할 수 있다. 그리고 그것이 그가 받은 정당한 역사적 평가일 것이다.

송시열:
위대한 정치인과 적폐는 한 끗 차이

송시열이라는 조선의 거인

송시열은 조선 후기 가장 중요한 학자이자 신하지만 욕도 가장 많이 먹은 사람이다. 지금은 거의 비판 일색인데 한마디로 송시열이 당쟁을 격화시켜 조선을 망쳤다는 것이다. 이덕일은 『송시열과 그들의 나라』에서 송시열이 만든 주자학 유일사상 체제, 그리고 노론 일당 독재가 결국 노론의 마지막 당수 이완용에 의한 조선 멸망으로 이어졌다고 혹평했다. KBS 역사스페셜 〈송시열, 실록에 왜 3,000번 올랐나?〉에서도 "조선은 송시열의 나라가 되었다"라며 "그는 정치적 독단으로 빠졌고 조선 후기까지 그 부작용을 남겼다. 이것이 노론에 의해 자신들의 독주 체제를 합리화하는 정치 이데올로기로 변질되면서 조선에 성리학 이외에 다른 사상이 들어올 여지를 없앴다"라고 비판했다.

하지만 이런 비판은 한 가지 의구심을 던져준다. 어떻게 한 사

복건幞巾에 유복儒服 차림을 한 송시
열의 반신상이다. 송시열의 사후 송시
열에 대한 숭모의 마음에서 생시진본
을 범본으로 하여 제작된 것으로 보인
다. 오른쪽 상단에는 1651년에 송시열
이 지은 제시題詩가, 위쪽에는 정조의
어제찬문이 있다.

람의 사상과 업적이 200년 이상 한 나라에 지속적으로 악영향을
끼칠 수 있단 말인가? 도대체 그 오랜 시간 조선의 지식인과 정치
인들은 무엇을 했단 말인가? 조선 후기를 대표하는 지식인들과
실학자들은 왜 송시열을 넘지 못했는가? 정약용이니 박지원이니
하는 쟁쟁한 인물들은 그저 이불 속 천재일 뿐이었던가?

　송시열은 1607년 태어났다. 광해군 시대에 어린 시절을 보내면
서 율곡 이이李珥의 제자인 김장생金長生에게 학문을 배워 서인의
학풍을 계승했다. 김장생은 예학의 대가로 송시열의 예학 사상에
초석을 놓아주었다. 송시열이 어릴 적 흠모한 이는 이이와 조광조
로, 도학의 세상 즉, 성리학이 추구하는 이상 세계를 만들기 위해
기득권과 비타협적으로 싸운 인물들이다. 송시열의 정의를 향한

비타협적 투사 기질은 어릴 적부터 체득한 것이다.

송실열은 1633년 생원시에 장원급제했는데 높은 학문적 성취로 이름을 떨쳤고 인조의 차남인 봉림대군의 스승이 되었다. 봉림대군은 고매하고 강직한 송시열을 존경했으며 왕에 올라서도 스승으로 모셨다. 반면 인조의 장남 소현세자는 이원익李元翼이 스승이었다. 이원익은 서인이지만 남인과 북인 모두에게 존경받은 개혁파 관료로, 광해군의 북인 정권과 인조의 서인 정권에서 모두 영의정을 지낸 대학자였다. 소현세자가 왕이 되었다면 이원익의 영향으로 현실적이면서도 강직한 왕이 되었겠지만 소현세자가 죽고 봉림대군이 효종으로 즉위했다.

송시열은 병자호란 때 남한산성에서 무력한 패배를 맛보았고, 이후 인조 정권이 친親청으로 연명하는 것을 치욕스럽게 생각했다. 침략자에게 패했는데 정신이 썩어 개혁하지 않고 정권 유지에 급급한 정부에 등을 돌리고 10년 동안 출사하지 않았다. 시대적 분위기도 마찬가지였다. 1637년부터 1649년까지 12년 동안 조선에서는 비겁한 인조 정권을 비판하는 여론이 거세게 일어났고 많은 이가 출사하지 않아 조정은 관리를 구하기 어려울 정도였다.

효종과 송시열

1645년 소현세자가 죽어 봉림대군이 세자가 되었다. 1649년 인조가 죽자 봉림대군이 즉위하니 효종이다. 효종이 개혁 정치와 북벌을 주창하자 많은 이가 호응했다. 송시열 역시 출사해 사헌부 장령 등을 역임했다. 하지만 그의 관직 생활은 오래가지 않았

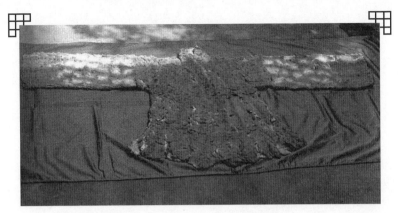

효종이 송시열에게 하사한 담비 가죽 저고리로, 원래는 효종이 입던 것이다. 효종이 북벌 때 청나라의 혹독한 추위를 이겨내라고 이 옷을 하사했다고 한다.

는데, 김자점 일파가 북벌의 동향을 청에 밀고해 북벌 세력이 밀려났기 때문이다. 이후 그는 칩거하며 학문을 닦고 민생을 관찰하며 오랜 시간을 보냈다.

1658년 효종의 간곡한 부탁으로 송시열이 다시 출사했다. 효종이 송시열을 아끼는 마음은 제자가 스승을 모시는 것과 같았다. 다음은 『효종실록』 9년 7월 12일의 기록이다.

송시열이 조정에 들어오니 상이 곧바로 불러 보았다. 상이 이르기를,

"내가 경을 보려고 하는 것은 교훈의 말을 들으려고 한 것인데 지금 병의 증세가 이와 같으니 자주 보지 못할까 염려된다."

…… 송시열이 아뢰기를,

"……전하의 학문이 높고 밝지만 이 공부에는 미진한 점이 있지 않

은가 여겨집니다. 선왕의 중요한 부탁을 받아 한 나라 백성의 주인
이 되셨는데, 스스로 경솔하게 해서야 되겠습니까."
하니 상이 이르기를,
"경의 말이 지극하다. 삼가 마음속에 새겨 두고 잊지 않겠다."

송시열은 말에 거침이 없었다. 그런데 이날 대화에서 송시열은
흥미로운 이야기를 한다.

> 상이 이르기를,
> "호서의 대동법은 백성들이 어떻게 생각하고 있던가?"
> 하니 송시열이 아뢰기를,
> "편리하게 여기는 사람이 많으니, 좋은 법이라고 하겠습니다."

송시열은 양반의 기득권에만 매달리는 사람이 아니었다. 그가
집권층의 기득권이나 개인의 이익에만 몰두했다면 결코 후대에
영향을 끼치는 대학자, 대정치인이 될 수 없었을 것이다. 당시 양
반들이 그들의 기득권을 위협한다며 반대했던 대동법을 송시열이
왕 앞에서 호의적으로 평가했다는 것은, 특히 그의 근거지인 호서
의 대동법 시행에 찬성했다는 것은 그가 진심으로 나라와 백성을
위했다는 것을 보여준다.

송시열이 북벌에 반대한 이유

그런데 송시열은 효종의 북벌에 반대 입장을 취했다. 효종은 북

벌에 대한 협조를 얻기 위해 송시열과 소위 기해독대를 했다. 독대는 사관까지 물리치고 단 둘이 대화하는 것으로, 조선 역사상 거의 찾아볼 수 없는 일이었다. 효종과 송시열은 흉금을 터놓고 대화했는데, 이를 통해 효종이 추진한 북벌의 문제와 송시열의 생각을 알 수 있다. 효종의 북벌은 군사적 북벌로써 세 가지 문제가 있었다.*

첫째로 군사적 북벌은 생업에 종사하는 백성들을 동원하는 일이다. 군인으로 동원할 뿐 아니라 무기를 만들고 군량미를 확보하려면 전 국민을 동원하고 착취해야만 했다. 조선은 임진·병자 양란을 겪으면서 산업이 피폐해져 민생이 엉망이었다. 거기에 청이 병자호란 이후 지속적으로 조선을 수탈해 경제를 약화시켰다. 자칫 군사를 일으키기 전에 백성이 굶어 죽을 판이었다. 더군다나 효종의 북벌은 중국을 지배하고 약탈해 조선 백성을 먹여 살리기 위한 전쟁인지도 명확하지 않았다. 사실 효종의 북벌이나 신하들의 북벌이나 관념적이고 비현실적이었다. 전쟁이 역사적으로 정당화되기 어려운 이유는, 명분이 무엇이든 현실적으로는 약탈과 정복을 해야만 민생을 살릴 수 있기 때문이다. 송시열은 효종의 "충분히 해낼 능력이 없지만 좋은 기회가 언제 닥쳐올지 모르기 때문"에 북벌 준비를 하자는 말에 반박하지 않을 수 없었다.

---

* 기해독대 내용은 『송자대전宋子大全』, 『송서습유宋書拾遺』 7권 「악대설화幄對說話」에 있다. 송시열 측의 자료이므로 주관적일 가능성이 있다.

"만에 하나 차질이 있으면 국가가 망할 수도 있습니다. 병력을 기르
는 일과 백성을 기르는 일은 반드시 서로 방해가 되는데 이는 주자
의 말입니다.*"

둘째로 당시 양반은 경영인이었다. 지주로서 전호를 고용해 지
대地代로 부를 축적하고 있었다. 경영인은 자기 고용인을 국가가
수탈하거나 동원하는 것을 좋아하지 않는다. 영화 〈쉰들러 리스
트〉의 주인공 쉰들러도 공장 노동자를 독일 정부가 동원하는 것을
막으려고 담당자와 뇌물 거래를 하다가 유대인까지 구해냈다. 고
용주가 피고용인을 국가 동원에서 지키는 것은 자유주의의 기본
으로 기득권 수호와는 별개의 일이다.

셋째로 유교는 평화의 사상이지 전쟁의 사상이 아니다. 유교 안
에서 전쟁은 어떤 의미로도 정당화될 수 없는 야만적 약탈 행위다.
사실 모든 위대한 철학과 종교는 평화를 주장한다. 송시열이 전쟁
이 아니라 평화를 주장하고 강제 동원과 수탈보다 민생을 주장한
것은 지극히 당연한 일이었다. 전쟁은 방어적 전쟁에 국한되어야
한다. 공격적·보복적 전쟁은 이상적 지식인이 할 말이 아니다. 그
런 의미에서 송시열은 앎과 실천이 합일한 참된 지식인이라 할 수
있을 것이다. 그는 효종에게 이렇게 말했다.

―――――――

* 기해독대 본문은 다음과 같다. "경이 전에 말하기를 '병력을 기르는 일과 백성을 기르
는 길은 반드시 서로 방해가 된다' 하였는데, 어떻게 하면 서로 방해가 되지 않겠소?"
하여, 응대하기를, "그것은 신의 말이 아니라, 바로 주자의 말씀입니다."

"격물치지를 하여 사리가 이미 통명해지고, 성의 공부를 하여 선을 좋아하고 악을 미워함이 분별되며, 정심 공부를 하여 마음의 본체가 항상 태연해서 누累가 없게 해야 합니다. 이와 같이 하면 모든 사물을 처리할 적에 올바른 이치를 얻게 될 것입니다."

간단히 정리하면, 우선 추구하는 정의가 무엇인지 명확히 한 뒤, 그것을 실천하고자 할 때 진실로 북벌이 가능하다는 뜻이다. 이것이 왜 문제가 될까? 유사한 논쟁을 다른 역사에서 찾아보자.

1940년대 인도에서는 네루Jawaharlal Nehru와 간디Mohandas Karam-chand Gandhi와 처칠Winston Churchill의 논쟁이 있었다. 네루는 전체주의를 물리치는 일이 급선무이므로 나치 독일과 싸우는 영국에 협조해야 한다고 했다. 간디는 인도가 독립하는 것이 급선무이므로 영국이 독일과 싸우는 것이 오히려 독립의 호기이며 협조해서는 안 된다고 했다. 처칠은 인도의 협조가 급하니 인도를 회유하라는 주위의 충고에 대해 인도의 식민 지배를 유지하는 것이 영국에 이익이므로 간디가 죽지 않는 한 대화는 없다고 했다. 이토록 국제 관계에서 추구하는 목적과 그것이 정의에 부합하는지 살피는 것은 무척 어려운 일이다.

효종의 북벌은 병자호란 전야 친명배금과 다르지 않았다. 청을 과소평가하고 명을 과대평가했으며 관념적이고 추상적인 정의관에 의존했다. 송시열은 북벌을 하려면 최소한의 현실 인식과 목적의식이 필요한데 효종에게는 그것이 없다고 질타했다. 송시열은 군사적 북벌이 불가능함을 인정한 것이다. 이후 송시열은 사상적

139

북벌로 넘어간다. 이를 내수외양內修外攘이라 하며 민생을 우선하고 평화 체제를 유지하는 방향으로 키를 잡은 것이다.

왕도 질서의 일부다

송시열의 이름이 유명해진 또 하나의 사건은 현종 때의 예송논쟁이다. 인조의 비 인열왕후가 1635년 죽자 인조는 1638년 장렬왕후와 재혼했다. 당시 장렬왕후는 14세로 효종보다 다섯 살 아래였다. 효종이나 효종비가 계모보다 일찍 죽을 확률이 높았고 실제로 그랬다.

1659년 효종이 죽자 계모인 장렬왕후의 상복 입는 기간이 문제가 되었다. 효종은 차남이므로 일반 사가라면 계모는 1년 동안 상복을 입어야 했다. 그런데 남인이 문제를 제기했다. 효종은 차남이기 전에 왕이므로 넘버원 대우를 해주어야 한다는 것이었다. 그러면 3년 동안 상복을 입어야 한다. 이렇게 상복 기간 문제는 왕권의 문제로 비화되었다.

예는 곧 위계를 말한다. 우리가 "예의를 다한다"고 하면 최대한 존경하고 대우한다는 뜻이고, 결국 누구를 어떻게 높이느냐의 문제가 된다. 예를 강조한다는 것은 결국 사회적 위계질서가 강조된다는 것이다. 이는 송시열이 주장한 공직 사회의 기강 확립과 연결된다. 이 속에서 정의관 싸움이 일어난 것이다. 과연 공직 사회 기강 확립을 위해서는 왕을 높여야 하는가, 아니면 질서를 강조해야 하는가?

송시열은 왕도 결국 질서의 일부라고 보았다. 조선은 건국할 때부터 맹자의 역성혁명, 즉 시원찮은 왕은 갈아치워야 한다는 사상에 입각해 있었다. 왕에 대한 신성시나 숭배를 엄격하게 금하는 기풍이 있었다. 그래서 연산군과 광해군이 쫓겨났다. 그러니 왕이라고 기존 질서를 넘어서는 대접을 해줄 수 없었다.

반면 남인은 난세에 카리스마적인 왕의 역할이 중요하다고 보았다. 당시 사회 변화가 일반적 통치로는 수습되기 힘들었기 때문이다. 이는 조선뿐만 아니라 세계적인 현상이었다. 17~18세기 유럽은 소위 절대왕정 시대였다.

결국 예송논쟁은 조선 정치의 정체성 논쟁이었다. 지금도 남인측의 주장을 지지하는 논조에는 왕권이 강해야 하고 왕은 일반 사족과 다른 우월적 존재로 대접해야 마땅하다는 정서가 들어 있다. 왕정=독재정으로 단순화시켜 이해하는 경향도 있다. 그러나 왕이라 해도 법과 제도의 틀 안에 있어야 하고 백성이 하늘이라는 생각을 갖고 있는 이들은 송시열과 서인의 주장이 결코 가볍지 않음을 이해한다. 왕이 다스리는 시대라 해도 중세 이후에는 고대 황제처럼 자기 마음대로 정치를 주무르지 않았다는 것을 명심해야 한다.

아무튼 두 차례에 걸친 예송논쟁은 남인의 승리로 끝났고 남인과 현종, 남인과 숙종의 정치가 이어졌다. 그리고 송시열의 나라는 3라운드로 넘어간다. 그 유명한 장희빈 사건이다.

성리학을 둘러싼 철학적 논쟁

숙종 시대는 강화된 왕권의 부작용을 혹독하게 겪었다. 숙종의 권력은 강했지만 그래 봐야 서인과 남인 사이에 끼인 상태였다.

왕권은 양반의 지지에서 나오므로 숙종은 양반의 다수를 차지하는 서인과 남인의 지지가 필요했다. 서인과 남인의 지지가 필요하다면 둘 사이의 균형이 필요하다. 한 당파만 존재하면 왕을 능멸할 정도로 당파의 힘이 커지기 때문이다. 그래서 숙종은 적절히 각 당파의 균형을 이루려 했다. 이런 정책을 숙종은 탕평이라 했는데 역사에서는 편당이라 한다. 편당은 약한 당에 힘을 실어서 균형을 맞추는 정치를 말한다.

송시열은 조선의 국교인 성리학을 연구하며 실천을 강조했다. 그가 보기에 성리학은 가장 이상적인 사상이고 손볼 것이 없었다. 학자들은 성리학을 어떻게 현실화할지 고민하면 되는 것이었다. 즉 문제는 사상이 아니라 실천하지 않는 양반들이었다. 양반들이 실천하지 않는 이유는 그들이 기득권에 빠져 있기 때문이었다.

반면 남인이나 소론은 성리학에 문제가 있고 이를 수정하거나 변혁해야 한다고 보았다. 심지어 성리학이 아닌 양명학이나 실학으로 나아가야 한다고 생각하기도 했다. 이들은 성리학을 고수하는 송시열과 그 추종자들과 대립했다.

과연 현실의 문제는 과거의 사상에 매몰되어 있는 보수파의 문제인가, 아니면 실천하지 않고 말로만 세상을 논하는 먹물의 문제인가? 이러한 보수와 먹물의 충돌에 숙종이 개입했다. 숙종은 남인 정권으로 출범했지만 남인이 왕권을 위협할 정도로 커졌다고 생각하자 경신환국(1680년)을 일으켜 남인을 축출하고 서인 정권을 수립했다.

서인은 남인을 사문난적이라며 이단으로 보았다. 환국과 함께 성리학의 세계는 정통과 이단의 투쟁으로 물들기 시작했다. 당시 정통과 이단을 구분할 성리학의 최고 권위자는 송시열이었다. 송시열은 환국의 한복판으로 뛰어들게 되었다. 송시열은 한사코 관직에 나가지 않았지만 시대의 흐름은 그를 정치의 한복판으로 끌어들였다. 관리가 아닌 야인 송시열이 정통과 이단 투쟁의 한복판에 서게 되면서 논쟁은 한층 더 과격해졌다. 정치적 타협의 여지가 좁아졌기 때문이다.

서인은 왕권을 인정하지 않아서 숙종과 부딪혔다. 숙종은 다시 한 번 남인을 등용해 권력을 강화하려 했다. 이때 터진 것이 장희빈의 왕비 책봉 문제였다. 첩을 본처에 앉히고 서자를 적자로 앉히는 것은 삼강오륜의 문제였다. 그러나 조선에서 후궁이 왕비가 되고 서자가 적자가 되는 일은 종종 있었다. 성종비 정현왕후는 후궁이었고 선조는 후궁 소생의 손자였지만 명종의 아들로 입양되어 왕이 되었다. 결국 장희빈을 둘러싼 논쟁도 예송논쟁의 재현인 셈이었다. 성리학적 질서가 우선이냐 왕권이 우선이냐 다툰 것이다.

결국 기사환국(1689년)으로 남인이 집권하고 송시열은 사사賜死 당했다. 송시열의 죽음은 사서에 따라 다르게 기록되고 있다. 『연려실기술』은 『명촌잡록明村雜錄』을 인용해 송시열이 사약을 먹지 않으려고 발버둥을 쳤다고 기록하면서 또 한편으로는 『조야회통朝野會通』을 인용해 송시열이 대학자답게 죽었고 하늘에서 징조를 보았다고 기록했다. 죽음을 두고 상반된 기록이 남을 정도로 송시열은 환국의 당사자로서, 당대에도 후대에도 논란의 대상이 되었던 것이다.

송시열이 꿈꾼 나라

송시열은 높고 고매한 학자였으며 선비들이 노력해 아름다운 이상 사회를 만들기를 희망했다. 어느 서양 학자는 조선을 가리켜 "여기 이상적인 철학자들의 나라가 있다"라고 했다는데 아마도 플라톤이 꿈꾸었던 철인정치哲人政治가 실현된 세계를 생각했을 것이며, 그것을 만든 이가 송시열이다.

하지만 높은 이상과 학문적 성취는 반대와 반박을 허용하지 않았고 이는 현실 속에서 반대와 이견을 허용하지 않는 독재정치로 나타났다. 송시열과 그 무리를 보면 현실 사회주의의 몰락이나 1980년대 운동권의 경직성을 떠올리게 된다. 내가 대학을 다니던 시절 운동권은 사회과학 서적을 많이 읽어 토론에서 지지 않았고, 민주주의를 위해 앞장서서 싸워 대의와 정의에서도 우위를 점했다. 하지만 반대 의견을 용납하지 않았고 후배들을 지배하려는 경향도 보였다. 대학 문화가 타락했다며 개조하려 했고 1990년대에는 후배들이 읽는 책을 검열하기도 했다. 이를 비판하는 소위 '후일담 문학'이 유행하고 학생운동의 경직성을 비판하는 신운동권이 등장하기도 했다. 결국 학생운동이 망한 현실을 보면 옳은 것이 항상 옳지는 않다는 생각이 든다.

송시열은 분명 대학자였고 그의 주장은 타당했다. 송시열을 죽이려 했던 남인조차도 그를 부정하지 못했고 송시열을 추종하던 서인, 특히 노론은 장희빈을 몰아낸 갑술환국 이후 조선이 망할 때까지 정권을 잡았다. 이상 사회를 향한 송시열의 열정은 후대 많은 학자에게 영향을 미쳤는데 정약용조차 송시열과 매우 흡사한 논리를 펼쳤다. 정약용이 송시열을 넘지 못한 이유는 송시열과 정약용이 추구한 사회가 같았기 때문이다. 유교에서 시조에 해당하는 대학자에게만 부여하는 '자子'를 부여해 송시열을 송자宋子라 부르도록 한 이가 정조라는 것도 마찬가지 지점에서 이해할 수 있다.

　이상 사회를 원하는 한 송시열을 넘을 수 없었다. 그러나 이상은 현실에 발을 붙일 때 비로소 의미가 있다. 현실을 초월한 이상은 아무리 높고 위대해도 결국 독재가 될 수밖에 없다. 이것이 역사의 교훈이다. 송시열의 잘못은 이상 사회 수립과 실천을 학문적으로 이룩했을 뿐 현실화하지 못했다는 것이다. 그러나 이상 사회의 현실화는 공자도 플라톤도 마르크스도 해내지 못했고 지금까지 누구도 이룩하지 못했다. 오히려 그 사상이 경직될 때 세상은 불행해졌다. 그런 점에서 중요한 것은 사상의 유연성이 아닐까?

김조순: 조선을 지탱한 마지막 정치인

세도정치가의 노력과 한계

"known known, known unknown, unknown known, unknown unknown"이라는 말이 있다. 우리말로 옮기면 "안다는 것을 안다, 안다는 것을 모른다, 모른다는 것을 안다, 모른다는 것을 모른다"이다.

진실과 지식을 탐구할 때는 이 네 가지 태도로 성찰할 수 있어야 한다. 우리는 19세기 세도정치가 조선 망국의 원인임을 잘 알고 있다. 그런데 당시 세도정치가들은 자신들의 정치가 그런 파멸적 결과를 야기할지 몰랐을까? 그들이 안 것은 무엇이고 그들이 모른 것은 무엇이었을까? 알고 있었지만 몰랐던 것일까, 아니면 모르고 있다는 것을 몰랐던 것일까? 세도정치의 중심인 안동 김씨, 그중에서도 핵심이었던 김조순金祖淳을 통해 알아보자.

"애통하고 애통하다. 이것이 웬일인가? 기억하건대, 지난 경신년에 영고寧考(정조)께서 소자의 손을 잡고 말씀하시기를, '지금 내가 이 신하에게 너를 부탁하노니, 이 신하는 반드시 비도非道로 너를 보좌하지 않을 것이다. 너는 그렇게 알라'라고 하셨는데, 어제의 일과 같아 아직도 귀에 쟁쟁하다.……오직 그는 부지런하고 충정하며 한결같은 마음으로 왕실을 위하여, 안으로는 지극한 정성으로 힘을 다해 나를 올바르게 돕고 밖으로는 두루 다스리어 진정시켜 시국의 어려움을 크게 구제하였으니, 국가가 오늘날이 있도록 보존한 것이 누구의 힘이었겠는가?……이제는 끝났다. 내가 애통해 하는 것 이외에 나라의 일을 장차 어디에 의뢰하겠는가?"

—『순조실록』32년 4월 3일 「김조순 졸기」

한 신하의 죽음에 왕이 이렇게 슬퍼한다는 것이 상식적일까? 순조 치세는 외척 김조순과 안동 김씨의 세도정치 시대였다. 역사는 순조를 김조순의 권력에 휘둘려 꼭두각시 왕 노릇을 한 불행한 국왕이라고 평가한다. 그런데 정작 그 왕은 김조순이 죽자 "이제는 끝났다而今焉已矣"라고 한탄했다. 또 자신이 노를 잃은 배 같은 신세라고도 했다. 기록상으로 보자면 순조가 김조순에게 절대적으로 의존했던 셈이다. 그렇다면 순조는 김조순에게 무엇을 의존했던 것일까?

조선 왕조에 필요한 리더십을 보여준 사람

147 　19세기 조선은 절대적 위기에 처해 있었다. 그 위기는 전 세계적

국립중앙박물관 소장

종부시宗簿寺의 벽면에 걸렸던 현판으로, 김조순이 1827년 왕실 족보인 선원보첩璿源譜牒을 만드는 일을 담당하게 되자 일을 시작하면서 느낀 감회를 적은 시구를 기록한 것이다.

인 것이기도 했다. 영국에서는 1649년 찰스 1세의 목이 잘렸고, 1793년에는 프랑스 루이 16세의 목이 잘렸다. 1815년에는 나폴레옹이 대서양 한복판의 작은 섬으로 유배를 당했고, 1848년에는 프랑스의 루이 필리프가 추방당했다. 19세기는 왕정을 부정하고 왕을 죽이거나 추방하는 시대였다. 청과 오스만튀르크 등 그렇지 못한 나라들은 결국 추락의 미끄럼틀에 몸을 맡겨야 했다.

순조는 목이 잘릴 운명이었다. 순조가 죽어야 조선이 살고 민족이 사는 시대였다. 순조가 살고 양반이 살려면 그들끼리 뭉쳐야만 했다. 정치적 갈등을 줄이고 체제 안정을 위해 제도를 개혁하고 위기의 순간을 넘길 단호한 행동이 요구되었다. 누가 그런 리더십을 발휘했을까? 바로 김조순이었다. 순조와 양반들은 김조순을 숭배하고 그의 죽음을 안타까워할 수밖에 없었다.

김조순은 1765년 태어났다. 그의 집안은 정통 노론 집안이었다. 사림은 선조 때 동인과 서인으로 붕당을 이루었다. 정여립 사건과 정철 옥사를 둘러싸고 동인은 남인과 북인으로 분열했다. 광해군이 폐위당하면서 북인이 몰락하고 인조반정에 참가한 서인과 남인이 향후 정국을 주도했다. 숙종 때 환국의 피바람이 불면서 서인은 노론과 소론으로 분열되었는데 장희빈 사사 이후 남인이 몰락하면서 노론과 소론의 대립 구도가 되었다. 그러나 영·정조 시대 소론마저 영향력을 상실하고 사실상 노론의 일당 독재 체제가 굳어졌다. 김조순 가문은 이 과정에 핵심 역할을 한 집안이었다.

그의 선조는 병자호란 때 척화파의 거두였던 김상헌金尙憲이었다. 김상헌의 손자가 김수항金壽恒으로 예송 때 송시열과 함께 치열한 사상 전쟁을 이끈 이였다. 김수항의 아들인 김창집金昌集은 노론의 영수로 영조를 왕에 앉히려다 경종에게 희생당한 노론 4대신 중 한 명이었다.* 김창집은 김조순에게 고조할아버지가 된다. 그러나 증조부부터 권력에서 소외되어 고위 관료로 나아가지 못했다. 가문은 명문가이되 집안은 그렇지 못했다.**

---

* 노론은 장희빈의 아들 경종을 왕으로 인정하지 않고 대신 최숙빈의 아들 연잉군을 왕으로 세우려 했다. 그러자 경종은 이를 반역으로 보고 노론 대신들을 숙청했다. 하지만 경종이 즉위 4년 만에 죽고 연잉군이 영조에 오르면서 소론은 숙청되고 노론이 권력을 잡았다.

** 안동 김씨 세도정치 시대에 안동 김씨라고 모두 출세한 것은 아니었다. 홍경래의 난에 연루되어 처형당한 김익순金益淳 역시 안동 김씨였으나 그 집안은 박살이 났다.

김조순은 천재였다. 실록의 「김조순 졸기」에서 "용의容儀가 뛰어나게 아름답고 기국器局과 식견이 넓고 통달하여 어릴 때부터이미 우뚝하게 세속 밖에 뛰어났으며……"라고 하는데 용모가 아름답다는 표현容儀秀美은 실록에서 유일하다. 조선 후기 과거제도가 문란해지고 부정이 넘쳐났다는 점을 감안해도 겨우 20세에 과거에 합격한 것을 보면 대단히 우수한 인재였음에 틀림없다.

정조의 신임을 받은 신하

정조는 젊고 유능한 김조순에게 매료되어 즉각 규장각에 발탁했다. 규장각은 정조가 자신의 친위 세력을 키우기 위해 육성한 '정조판 집현전'이었다. 박제가朴齊家, 이덕무李德懋 등 서얼 출신 규장각 사검서를 비롯해 많은 신진 관료가 규장각에서 정조를 보필했고 명재상 채제공蔡濟恭 등이 규장각을 지휘했다. 정약용이 규장각에 임명된 적이 없는데도 규장각 출신으로 오해할 정도로* 규장각과 정조의 개혁 정치는 밀접한 연관이 있었다.

김조순이 활약한 1785~1800년은 정조의 개혁 정치가 한창일 때였다. 정약용이 거중기를 도입해 수원성 건설에 박차를 가한 것이 1792년, 채제공이 영의정이 된 것이 1793년, 수원 화성에 행차

그렇기에 김익순의 손자 김병연金炳淵이 그 유명한 방랑 시인 김삿갓이 될 수 있었던 것이다.

* 정약용 연보 등 그의 일대기에 규장각 임명 기록은 보이지 않는다. 한국고전번역원 『경세유표經世遺表』 정약용 연보 참고.

해 왕의 친위 부대인 장용영을 사열한 것이 1795년이었다. 정조 독살설이 오늘날까지 도는 이유도 정조가 개혁 정치가 정점에 달하는 순간 갑작스레 죽었기 때문이다. 그때 정조가 가장 신임했던 신하 중 하나가 바로 김조순이었다.

김조순이 정조의 신임을 받았다는 것은 그의 관직 생활을 통해 알 수 있다. 그는 규장각 대교에 이어 직각을 맡았는데 이는 최고 책임자 다음 급의 직책이다.* 이어 이조참의, 그리고 좌부승지에 임명되었다. 세자를 가르치는 시강원 보덕을 맡기도 했고 원행정리사에 임명되기도 했다. 원행정리사는 정조의 수원 화성 능행을 총괄하는 직책인데 정조가 화성 능행을 중시했다는 점에서 역시 의미 있는 직책으로 볼 수 있다.

김조순, 정조의 사돈으로

1800년 2월 26일, 세자빈 간택이 있었다. 1차 통과된 5명의 여식 중에는 김조순의 딸도 있었다. 정조는 국복國卜 김해담金海淡에게 1차 합격자들의 사주를 물었는데 기유·경오·신미·정유의 사주가 대길이라고 했다. 그러자 정조가 이렇게 말했다.

"내가 김조순 가문에 대해 처음에는 별 마음을 두지 않았었는데 현룡원(사도제사 묘) 참배를 하던 날 밤에 꿈이 너무 좋아 마치 직접 나

---

* 규장각 직제는 제학-직제학-직각-대교로 이어진다.

를 대하여 그렇게 하라고 하신 것 같았었다. 그래도 처음에는 해득을 못했다가 오래 지나서야 마음에 깨치는 바가 있었다."

— 『정조실록』 24년 2월 26일

정조는 이미 김조순의 딸을 세자빈으로 마음먹고 있었던 것이다. 정조는 "두 번째 세 번째 간택을 한다지만, 그것은 겉으로 갖추는 형식일 뿐이다"라며 김조순에게 "처음 가마에서 나왔을 때 자전·자궁이 여러 처자들 중에서도 특별히 그를 가리키면서 저게 뉘집 처자냐고 물으시고 이어 앞으로 오게 하여 한 번 보시고는 상하 모두가 진심으로 좋아하면서, 그런 처자는 처음 보았다고들 하였다"(『정조실록』 24년 2월 26일)며 사실상 결정이 났음을 통보했다. 35세의 김조순은 정조의 총신이자 사돈으로 개혁 정권 소장파 리더의 자리를 확고히 굳힌 것처럼 보였다.

상이 영춘헌迎春軒에 거동하여 좌부승지 김조순……등을 불러 접견하였다. 이때 상의 병세가 이미 위독한 상황에 이르러……마침내 더 이상 말을 하지 못하므로 신하들이 큰소리로 신들이 들어왔다고 아뢰었으나 상은 대답이 없었다.

— 『정조실록』 24년 6월 28일

갑작스러운 정조의 죽음과 김조순에게 닥친 위기

그런데 '형식일 뿐인' 세자빈 간택이 진행되는 와중에 정조가 덜컥 죽고 말았다. 겨우 10세인 순조가 즉위하고 왕실의 큰 어른인 정순왕후의 섭정이 시작되었다. 정순왕후는 정조와 대립각을 세운 인물로 알려져 있는데, 그보다는 정조의 개혁 정치에 반대하는 입장을 대변한 인물이라고 볼 수 있다. 정조 사후 규장각과 장용영을 무력화시키는 등 개혁 정치를 파괴하고 천주교 금지를 이유로 많은 정조의 신하를 유배 보냈다. 세자빈 간택 즉, 왕비 간택도 무산될 위기에 처했고 김조순도 위험해졌다.

하지만 정순왕후는 정치적으로 능숙하지 못했다. 김조순을 제거하지 못했고 김조순 딸의 왕비 간택도 막지 못했다. 정순왕후는 겨우 4년 만에 순조 친정을 선포했다. 선포 직후 이를 철회하고 섭정을 지속하려 했지만 낙장불입, 엎질러진 물이었다. 김조순을 필두로 한 정조의 신하들은 즉각 반격을 가했다. 규장각과 장용영이 부활하고 귀양 간 사람들이 돌아왔다. 당시 많은 개혁파 인사가 서학(천주교)에 관심이 있었기에 천주교 억압을 최대한 자제해 순조 시대에 더는 대규모 박해가 없었다. 반면 정조의 정적이었던 보수적 노론들, 특히 사도세자 죽음에 앞장섰고 정조 시대 개혁의 반대편에 섰던 노론 벽파들이 숙청되었다. 김조순 자신은 가능하면 벼슬에 나가지 않고 권력에서 멀리 떨어져 개혁 정치를 뒷바라지 하려 했다.

그러나 순조 시대는 평탄하지 않았다. 순조 시대를 상징하는 사건이 바로 1811년의 홍경래의 난이다. 홍경래의 난은 몰락 양반, 부농, 거상, 광산 노동자들이 주축이 되어 일으킨 근대적 봉기였다. 근대적 봉기는 시민계급이라 할 수 있는 부자와 지식인이 주도하고 빈민과 노동자가 참가하는 특징이 있다. 홍경래의 난은 그런

153

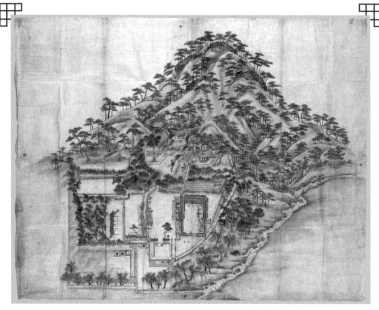

김조순의 별서인 옥호정玉壺亭 일대를 그린 그림이다. 옥호정은 현재 서울시 종로구 삼청동에 있었다.

전형적인 모습이 나타난 최초의 봉기였다.

안동 김씨 세도정치가 가장 일사불란하게 대처한 것은 바로 새로운 세상을 만들고자 한 근대적 봉기를 막는 것이었다. 아무리 개혁적이고 진보적이어도 당시 위정자들은 조선 왕조 체제 안에 묶여 있었고 그것을 벗어나는 것은 불가능했다. 이는 19세기 실학자들의 면면을 통해서도 확인할 수 있다.

추사 김정희金正喜는 순조 때 암행어사를 했고 헌종 때는 병조참판 등의 요직을 지냈는데 세도정치의 주역인 풍양 조씨의 비호 속에 있었다. 박지원의 손자 박규수朴珪壽는 북학파를 계승해 개화 정책을 주장했지만 안동 김씨의 비호를 받아 철종 때 성균관 대사성과 이조참의를 지내고 흥선대원군 때 공조판서 등 고위 관직을 역임했다. 마지막 실학자라 할 이항로李恒老와 최익현李恒老은 개혁 정치를 주장하면서도 흥선대원군과 대립하고 서양 세력을 배척해야 한다는 척사를 주장했다. 조선의 위기 상황은 실학도 해결할 수 없을 정도로 급박하고 심각했다.

깊어진 위기, 부족한 대응

김조순과 안동 김씨는 나름 노력했다. 1816년에는 암행어사들을 파견해 대대적으로 부패 관료들을 처단했다. 정조 때 시작한 서얼 허통을 법제화했다. 세금 제도 개혁도 추진했고 암행어사로 이름을 떨친 조만영趙萬永의 딸을 세자빈으로 간택해 개혁 세력과의 동맹을 더욱 굳건히 했다. 지역 차별 문제 해결도 시도하고 정조의 꿈이었던 수원 화성에 순조가 행차하기도 했다. 조엄趙曮이 고구마를 들여오는 등 구휼에도 힘썼다.

세도정치를 주도한 안동 김씨, 풍양 조씨, 반남 박씨, 대구 서씨, 남양 홍씨 등이 얼마나 개혁적이었는지는 훗날 갑신정변의 주역들이 이 집안에서 나왔다는 것을 통해 알 수 있다. 김옥균金玉均(안동 김씨), 박영효朴泳孝(반남 박씨), 서재필徐載弼(대구 서씨), 홍영식洪英植(남양 홍씨)이 모두 세도정치 가문 사람이었다.

개혁적이지만 시대적 한계를 넘어설 수 없었던 세도정치가들은 당연히 안팎으로 어려움에 부딪혔다. 안으로는 노론 보수파 등 보수적 양반이 개혁에 저항했고, 밖으로는 민중의 저항이 거세게 일어났다. 체제 안과 밖의 동시 공격에 개혁 세력은 자기들끼리 견고하게 뭉쳤다. 일종의 '진영 논리'가 작동했다고 할까?

암행어사를 파견하고 민심을 청취해도 세도정치 세력의 부패에는 속수무책이었다. 세를 유지하려면 그들을 보호해야 하고, 권력을 유지하려면 정치 자금이 필요했다. 체제 붕괴 과정에서 정부가 가장 애를 먹는 것이 조세 징수다. 영국 청교도혁명도 프랑스혁명도 조세 징수를 두고 의회와의 갈등 과정에서 일어났다. 무리한 조세 징수는 거대한 저항뿐만 아니라 징수 과정에서 관의 횡포와 부패를 유발한다. 19세기 조선에서는 삼정의 문란으로 나타났다.

삼정은 전세·군역·환곡의 문란을 말하며, 원래는 대동법·균역법·복지 제도라는 개혁적 법안이었다. 그런데 권력을 가진 자들이 제도를 악용해 백성을 수탈하니 19세기 민중 봉기는 대부분 삼정의 문란에서 비롯되었다. 삼정의 문란은 제도가 좋아도 정치가 실종되면 소용없다는 전형적인 사례이자, 세도정치의 역설을 대표하는 것이라고 할 수 있다.

정조의 나라가 망한 이유

안동 김씨 세도가 강화될수록 정치는 어지러워지고 정치가 어지러워질수록 안동 김씨와 개혁 세력이 뭉치는 악순환이 지속되었다. 김조순은 이 풀리지 않는 방정식을 풀려고 노력하다 중도에 죽고 말았다. 그리고 그 방정식의 한복판에 있었던 순조는 애통해 하며 "끝났다"고 한탄했다. 순조의 말은 정확하게 미래를 예언하고 있었다.

　　그들은 왕이 다스리는 조선을 구하려고 했지만 그로 인해 조선은 망하고 말았다. 그들은 자신들이 살 길은 알았지만 그것이 조선을 죽이는 길임은 몰랐다. 혹은 조선을 죽이는 길임을 알았지만, 안다는 사실을 몰랐을지도, 혹은 외면했을지도 모른다.

　　세도정치는 정조 정치의 연속이었다. 그리고 정조의 나라는 비극적으로 끝났다. 왕이 다스리는 사회는 19세기에 생존할 수 없었고, 그것은 시대가 요구하는 정의가 아니었다. 정조의 총애를 받은 신하는 정약용이 아니라 김조순이었을지도 모른다. 그는 정조의 나라, 조선 왕의 나라를 지키려 했고, 그가 살아 있을 때는 성공했다. 그래서 김조순이 실록에서 그토록 호평을 받은 것이다. 그러나 역사는 그를 간신이자 망국의 주역으로 평가했다.

　　결과를 놓고 뭉쳐야 했다, 혹은 다양성을 인정해야 했다고 평가하는 것은 쉽다. 그러나 뭉치거나 분열하는 것은 그때그때 마음대로 되는 것이 아니다. 조선은 당쟁 때문에 망했다거나, 막판에는 당쟁이 없어져서(일당 독재 때문에) 망했다는 이중적인 평가는 올바르지 않다. 중요한 것은 시대의 요구와 그에 부응하는 새로운 정치 세력의 등장, 그리고 승리다. 김조순과 세도정치는 시대적 정답이 아니었을 뿐이다. 역사는 흐름이고 개인이 좌우할 수 없다는 절대적 명제야말로 김조순을 평가하는 기본이 되어야 한다.

조선 후기의 빛과 어둠

민중사관은 민중이 역사의 주인이라 보고 민중을 중심으로 역사 발전을 서술하는 역사관이다. 종종 민중의 고통과 고단함을 설파하며 민중사학을 운운하는 경우가 있는데, 이는 착각이다. 똑같이 끼니를 굶어도 바쁘게 일하느라 굶는 것과 먹을 것이 없어서 굶는 것은 다른 문제다. 민중사관은 민중이 무엇을 위해 노력했는지가 핵심이지 민중이 어떤 고통을 겪었는지가 핵심이 아니다.

고통을 강조하면 오히려 영웅사관에 빠지게 된다. 희망 없이 고통받는 자는 구원을 갈구하게 되기 때문이다. 그리고 구원은 권력에서 온다. 전지전능한 지도자가 민중을 구원해야 하지 않겠는가? 고통받는 민중을 강조하는 역사 서술이 결국 정치인의 역할을 강조하며 끝맺는 것을 종종 본다. 결국 현존 권력의 정당화고 민중을 무력화할 뿐이다.

역사 속 민중의 고통을 볼 때는 시대 상황을 유의해야 한다. 가령 민중의 배고픔을 생산력의 발달과 연관시켜 생각해보자. 신석

기시대 조나 피 농사를 지을 때, 청동기시대 벼농사를 지을 때, 삼국시대 우경牛耕을 할 때, 고려 시대 윤작법이 유행할 때, 조선 시대 모내기법이 유행할 때, 근대 기계 농업이 유행할 때마다 굶주림은 조금씩 해결되었다. 그렇다면 민중의 고통이 그로 인해 해결되었을까? 그렇지 않다. 만약 그렇다면 민중사관은 과학과 기술의 역사일 뿐이다.

민중의 고통은 생산관계에서 온다. 노예인가, 농노인가, 노동자인가, 비정규직인가? 즉 귀족의 지배를 받는가, 영주의 지배를 받는가, 자본가의 지배를 받는가, 신자유주의의 지배를 받는가의 문제다. 생산관계와 그에 따른 지배와 피지배 관계에서 민중의 고통이 온다. 그리고 민중은 이 관계를 해체하고 새로운 관계를 만들어가면서 역사의 주체로 자리매김하는 것이다.

조선 후기에 민중은 양반 지배층에게 수탈을 당하며 고통을 겪었다. 그렇다면 양반의 수탈이 어떤 구조에서 이루어졌을까? 자본주의의 생산관계는 자본과 자유롭게 계약하는 노동자와의 관계다. 여기에서 극심한 노동 착취와 빈부 격차라는 사회적 모순이 나타난다. 조선 후기 민중의 고통은 어디에서 왔을까? 조선 후기 민중의 고통을 볼 때 그 고통의 본질이 신분제적 인신 지배에서 오는 것인지 빈부 격차에서 오는 것인지 보아야 한다. 달리 말하면, 직역에 따른 조세와 역으로 인한 고통인지, 부의 독점에 따른 빈곤층의 확대인지 보아야 한다는 것이다. 이를 알아보는 가장 좋은 방법은 부가 어떻게 창출되었는지 보는 것이다. 즉 부자가 어떻게 부를 이룩했는지(봉건적 수탈인지 근대적 부의 축적인지) 보면 당시 민중이 겪은 고통의 본질도 이해할 수 있다. 조선 후기 상업의 발달과 부농·거상의 발달이 중요한 이유가 바로 이것이다.

이를 위해 먼저 19세기 유럽 자본주의의 노동자 수탈을 살펴보자. 산업혁명으로 기계를 이용해 생산능력이 비약적으로 증가했다. 근육의 힘을 이용한 노동은 필요가 없어지고, 기계를 관리하고 작동시킬 노동자가 중요해졌다. 그래서 어린이와 여성의 고용이 폭발적으로 증가했다. 여성과 어린이는 사회적 소외 계층으로, 성인 남성에 비해 인건비가 적게 들었기 때문이다. 기계로 인해 남성 실업자가 넘쳐나고 여성과 어린이에 대한 노동 착취가 극심해졌다. 남성들은 기계파괴운동(러다이트)으로 맞섰고 지식인들은 소설(『올리버 트위스트』 같은)이나 사상(마르크스주의)으로 저항했다.

노동자로서 여성의 역할이 중요해지면서 이에 대한 남성의 반발도 거세졌다. 여성을 단속하려는 움직임이 강화되었는데 1920년대 미국의 기독교 근본주의 운동이 대표적이다. 여성의 금주, 금연, 외출 자제, 취업 금지 등을 하나님의 이름으로 요구했다. 카페, 경기장 등 새로이 등장한 공공장소는 여성 출입을 금지하는 것이 유행이었다. 또 노동으로 경제적 힘이 생긴 여성들이 소비자로서 힘을 키워가자* 여성의 낭비를 질책하는 여론도 거세게 일어났다. '여성스러움'에 대한 근대적 규제가 19세기부터 20세기 전반까지

---

* 여성의 소비가 여성권 향상에 끼친 영향에 대해서는 설혜심, 『소비의 역사』(휴머니스트, 2017) 참조.

유럽을 지배했다.

오늘날 서양의 자본주의 발달을 근대화의 유일한 모델로 인정하는 오리엔탈리즘은 거의 사라졌다. 상공업의 발달로 인한 사회·경제적 발달을 연구하는 흐름이 그 자리를 대신하고 있다. 그래서 요즘은 '근대화'라고 하지 않고 '근대'라고 하는 것이다.

이러한 관점에서 중국 송·원대(12~13세기) 비약적으로 발전한 상공업과 그로 인한 사회·경제적 변화는 중요한 시사점을 준다. 바로 이 시기 성리학이 발전했기 때문이고, 성리학은 조선의 주요 이데올로기였으며 특히 조선의 상공업이 발전했던 후기에 정착되었기 때문이다. 그렇다면 우리는 성리학이 반영하고 성리학자가 주장하는 상공업적 요소를 찾아보아야 하지 않을까?

우리는 타자의 시선으로 대상을 바라보는 경향이 있다. 조선 시대 여성은 그들의 기록을 남기는 데 한계가 많았기에 오늘날 많은 이가 남성의 시선으로 기록된 사실을 토대로 조선의 여성을 연구한다. 조선의 남성은 '여성다움'을 강조했다. 그런데 과연 여성들이 여기에 순종했을까? 우리는 조선 여성들이 순종하고 억압당했다는 전제하에 조선 여성을 이야기하는데, 그것이 과연 정당할까? 앞에서 언급했듯이, 민중사관은 고통받는 민중의 역사가 아니라 주체로서 민중의 역사다. 과연 조선의 여성은 단 한 번도 역사의 주체가 된 적도 없고 될 생각도 없었던 것일까? 과연 그것이 진정한 여성사일까?

161   "사대부의 부녀들이 평교자를 탈 수 없는 것은 이미 영갑令甲에 있는

데, 지금 자못 이를 타고 노예들과 어깨를 견주어 나란히 다니니 심

히 옳지 못하다. 지금부터는 중국의 제도에 의거하여 양반의 부녀

들은 옥교자를 타게 하라."

-『세종실록』 14년 8월 13일

평교자는 들것 같은 가마로 가마에 탄 사람을 힐끔거리며 볼 수
있어 세종이 사헌부에 명해 금하고 지붕이 있는 옥교자를 타도록
했다. 그러자 부녀들은 가마를 포기하고 걷기 시작했다. 갇혀 살
수는 없었기 때문이다.*

"본조의 부녀자들은 전조의 폐풍弊風을 인습하여, 매양 채붕綵棚·나

례 및 큰 구경거리가 있을 때마다 거리에 다투어 모여서 장막을 성

하게 설비하며, 혹은 누각의 난간에 기대어 얼굴을 내놓고 마음대

로 보면서 예사롭게 부끄러워함이 없사오니……."

-『세종실록』 13년 7월 21일

아무리 금하려 해도 금할 수 없었다. 남성이 금한다 해서 여성
들이 들을 리 없었기 때문이다. 그것은 남성의 시선, 남성의 욕망
일 뿐이다. 1795년 정조의 화성 행차를 그린 〈화성능행도〉에도 여

* 정지영, 「금하고자 하나 금할 수 없었다」, 규장각한국학연구원, 『조선 여성의 일생』(글
항아리, 2010), 170쪽.

성들이 얼굴을 드러내놓고 행렬을 구경하고 있다.*

조선 후기 상공업의 발전과 그에 따른 사회 변화를 연구하며 그 역사적 특징을 이해하는 것은 매우 중요한 일이다. 18세기 실학자들이 진보적 세계관에도 불구하고 여성에 대해서는 철저하게 억압적이었다는 사실을 염두에 둔다면 그 의미를 더 풍부하게 읽어낼 수 있지 않을까?** 조선 후기의 빈부 격차, 여성 억압, 갈등과 폭력은 근대의 어두운 모습으로 평가할 수도 있다. 그러나 그것은 역사의 진행 속에서 필요했던 일들이다.

역사를 균형 있게 바라본다는 것은 무슨 뜻일까? 역사에는 좋은 일만 있을 수 없다. 밝음의 이면에는 반드시 어둠이 있다. 빛과 어둠을 동시에 보지 않으면 역사의 전모를 이해할 수 없다. 18~19세기 세계적 변화의 빛과 어둠에 대한 이해를 토대로 조선 후기 빛과 어둠을 보는 것이야말로 균형 있는 이해가 아닐까? 어둠을 이해하지 못하면 밝음도 받아들일 수 없다.

---

* 정지영, 앞의 책, 175쪽.

** "여자는 안에서 위치를 바르게 하고 남자는 밖에서 위치를 바르게 해야 되는 것이니, 남녀가 제 위치를 바르게 하는 것은 천지의 대의이다. 사가私家의 도는 국정에도 통하는 것이기 때문에 부인은 바깥일을 간섭해서는 안 된다는 것이다. 부인이 바깥일에 참여하면 집이 반드시 망하는데, 하물며 국사이겠는가?"(『성호사설』 권 13 「인사문 부인무외사」). 성호 이익은 18세기 대표적 실학자로서 정조 시대 실학자들을 키워낸 큰 스승이며, 실학 최대 학파인 성호학파를 형성했다.

출세

조선 시대 공부와 취직과
승진 이야기

출세는 무엇인가? 권력을 쟁취하는 것? 유명해지는 것? 집단에서 힘이 강해지는 것? 조선 시대 여성은 권력에서 아주 멀리 떨어져 있었다. 물론 여성 정치가 없었던 것은 아니다. 섭정으로서, 남편의 배후 조종자로서 여러 여성이 이름을 남겼다. 명종의 섭정이었던 문정왕후는 여왕女主이라는 말을 들었고, 정난정은 윤원형의 배후에서 명종 시대 '여인천하'를 이룩했다. 그러나 프랑스 루이 15세의 정부情婦 마담 뒤 바리나 조선의 정난정이나 동서양 모두 여성 정치는 대개 비정상적이고 비공식적이었으며 역사적으로 좋은 평가도 받지 못했다. 동서양 모두 18세기까지 여성 정치는 존재하지 않았다고 보아야 한다.

그렇다면 집단에서의 파워는 어떨까? 이는 사회적 발언권을 의미한다. 조선 여성의 사회적 발언권에 대한 역사적 평가는 유보적이다. 여성의 사회적 발언에 대한 기록 자체가 너무 적은 데다 연

165

구도 미비한 탓이다. 단편적인 몇몇 기록을 보면 사회적 발언권이 부분적으로 존재했던 것 같다. 가령 남편이 부재할 때 집안의 가장으로서 발언권을 행사하기도 했고, 종갓집 큰 어른으로서 집안과 지역 사회에 대한 발언권, 다산자로서 지역 사회에 대한 발언권 등도 있었다. 특히 몇몇 지역에서는 다산자의 경우 남자와 대등한 발언권을 부여받았다고 한다. 단지 기록의 정확성, 일반화의 위험성 등이 충분히 검증되지 않아 단정하기 어렵다.

출세를 권력의 문제로 본다면 분명 출세의 역사는 남성의 역사다. 그러나 출세의 정의가 바뀐다면, 출세에 대한 조선 여성의 역사도 기술되어야 할 것이다. 언젠가는 출세의 역사에 대한 새로운 글이 나올 것을 희망한다.

과거 급제 평균 연령은 40세

능력을 중시하는 사회

권율은 영의정 권철權轍의 막내아들이다. 권철은 중종 때 출사해 명종, 선조 때까지 관직 생활을 했는데, 이때는 기득권 세력인 훈구의 횡포가 극에 달했다가 망하고 개혁파 사림이 집권한 격동기였다. 즉 조광조의 사사(1519년), 대윤의 제거(1545년 을사사화, 이때 이황李滉의 형 이해李瀣가 죽임을 당했다) 등 연이은 사림 개혁파 대숙청과 윤원형 숙청(1565년)으로 인한 훈구의 몰락과 사림의 집권(1566년 이황 대제학 임명) 이후 분열(1575년 동인·서인 분당)까지에 해당하는 시대였다. 이 시대 권철은 보수와 개혁을 두루 아우르는 명재상으로 훈구의 시절 형조판서(장관급)를 지내고 사림 시대 영의정(총리급)을 지냈다.

보수·진보 모두의 존경을 받는 최고 권력자의 아들 권율은 공부를 싫어했다. 그보다는 영웅 놀이를 즐겼다. 무뢰배들과 어울려

어승우, 〈행주대첩〉, 독립기념관 소장

임진왜란 때의 활약으로 권율은 구국의 영웅이 되었지만, 젊은 시절 권율은 아버지를 믿고 나대는 한량에 가까웠다. 그는 뒤늦게 공부를 시작해 46세에 겨우 과거에 합격했다.

다니며 협객을 자처하고 나쁜 사람을 보면 가서 때려주었다. 관에서 잡아도 고관의 아들이라 풀어줄 수밖에 없었고, 권철도 30대 중반에 얻은 늦둥이라 이러지도 저러지도 못했다.

어느새 권율의 나이가 30세가 넘자 답답해진 아버지는 아들을 회유했다. 영의정 아들은 음서 제도로 과거 시험을 보지 않고도 관직에 오를 수 있었다. 하지만 권율은 거절했다. 왜?

고려 시대까지 지배층은 귀족이었다. 귀족은 법적으로 권력과 재산을 세습 받는 존재였다. 요즘 재벌 2세, 3세들을 두고 '귀족'이라고 하지만 법적으로는 아니다. 대한민국 어느 법에도 재벌의 자식은 재벌이어야 한다는 조항이 없기 때문이다. 그러나 고려는 법에 음서와 공음전 제도로 세습을 명시해놓았다. 5품 이상 귀족의 자제는 과거를 보지 않고도 관직에 오르고 관직에 오르지 않아도 나라에서 재물을 받을 수 있었다. 고려는 결국 음서 제도 때문에 망했다.

조선을 건국한 이들은 사대부였다. 사대부는 과거를 보고 출세한 사람이다. 사대부가 귀족을 배제하고 권력을 독점하는 가장 좋은 방법은 음서 제도를 없애는 것이다. 그래서 2품 이상 고위 관리의 자제에게만 음서 혜택을 부여하는 것으로 바꾸고 그마저 지방 수령 수준까지만 승진할 수 있도록 제한했다. 지금으로 치면 재벌 회장 아들에게 공채를 거치지 않은 취업을 허용하되 대리까지만 승진을 허용하는 식이다. 차라리 부모 유산으로 전원생활을 즐기는 것이 낫지 않겠는가?

권율은 아버지가 돌아가실 때까지 자유로운 영혼으로 살았다. 하지만 아버지가 돌아가시자 상황이 바뀌었다. 그는 상속받은 재산이 많은 백수일 뿐이었다. 자존심 강하고 굽히지 않는 성격의 권율에게는 굴욕이었다. 결국 권율은 과거 공부를 했고, 46세에 합격했다. 하지만 그것으로 끝이었다. 불퉁스러운 성격 때문에 관직 생활을 오래 하지 못하고 집으로 돌아가 자신의 능력을 보여준 것에 만족하며 유유자적 살았다. 임진왜란이 없었다면 그는 평범한 삶을 살았을 것이고 우리는 그의 존재를 몰랐거나 아니면 오성대감 이항복의 장인 정도로 기억했을 것이다.

공교롭게도 오성대감 이항복도 장인 권율만큼이나 파란만장한 청소년기를 보냈다. 1970~1980년대 박수동 화백의 만화『오성과 한음』을 즐겨 보았던 이들에게 오성대감의 개구쟁이 시절은 아주 익숙할 것이다. 사실 이항복의 어린 시절은 개구쟁이였다기보다 불우했다. 그는 9세 때 아버지를 여의고 불량 청소년이 되었는데 어머니가 간곡히 타일러 비로소 공부를 시작했다.[*] 하지만 어머니 마저 16세 때 여의고 누나 집에 얹혀살았다. 그가 과거 공부에 전 념할 수 있었던 것은 결혼 덕이었다. 권철이 이항복의 재주를 알아 보고 손녀와 결혼을 시킨 것이다. 이항복은 이 무렵 성균관 기재생 으로 들어가 공부했는데 기재생이란 일종의 청강생 같은, 정식 학 생이 아닌 사람을 말한다. 권철의 후광을 업은 것이 아닐까? 아무 튼 이항복이 어렵게 과거에 급제한 것은 1580년 만 24세 때였다.

양반이 과거에 매달린 이유

권율도 이항복도 왜 그렇게 과거에 목매달았을까? 조선은 양반 사회였고, 양반은 원칙적으로 세습이 불가능했다. 양반의 지위를 누리려면 과거에 급제해야 했다. 물론 조선은 평민이 과거에 급 제해서 신분 상승을 자유롭게 이룰 수 있는 사회는 아니었다. 계 층 이동은 현대 사회에서도 난제 중의 난제다. 어느 학자가 러시 아 혁명 이전과 이후 지배층을 조사해보았는데 귀족 상당수가 공 산당 고위 간부로 살아남았다고 한다. 트로츠키가 반혁명 전쟁에

---

[*] 골목길에서 서로 용맹을 뽐낼 때 다른 소년들이 감히 대항하지 못했는데 대부인이 그 소문을 듣고 경계하기를 "미망인이 곧 땅속에 들어갈 판인데 너는 오히려 무뢰한 자제 들을 따라 놀고 있으니, 나는 죽어도 눈을 감지 못하겠다." 하니, 공은 울면서 가르침 을 받은 뒤에 호방한 버릇을 씻어버리고 공순해졌다(『상촌집象村集』 27권 「신도비명」, 「영의정 백사 이공 신도비명」).

서 승리하기 위해 구러시아 귀족을 소련 인민군 장교로 편입한 것 등이 원인이었을 텐데 정치·군사·외교 등 통치의 핵심이 되는 학문을 지배층이 독점하기 때문에 이런 일이 자주 일어난다. 따라서 기회가 주어진다 해도 피지배층이 지배층이 될 가능성은 희박하다.

과거제도의 의의는 지배층의 능력 검증이다. 중국 수나라가 만들고 고려 시대에 한반도에 들어온 과거제도는 근대 이전 세계에서 가장 발달한 관료 선발 제도이자 사실상 유일한 관료 선발 제도였다. 서양에는 관료 선발 제도가 없어 인사 추천에 관한 스캔들이 많았다. 대표적인 것이 정부情婦의 존재로, 18세기 프랑스 루이 15세의 정부 마담 뒤 바리나 영국 앤 여왕의 친구였던 애비게일 힐 등이 대표적이다.

과거라는 지배층 능력 검증 제도를 만든 것까지는 좋았다. 문제는 이것이 너무 힘든 관문이었다는 것이다. 평균 과거 합격 연령은 통계마다 차이가 있지만 최종 시험인 문과의 대과 시험은 대략 40세 전후로 추정하고 있다. 이성무 교수는 인터뷰에서 조선 시대 양반은 5세에 공부를 시작해 35년 이상 공부해야 합격률이 높아진다고 했다.* 20대 중반에 합격한 이항복은 천재의 경우에 해당하는 셈이다.

---

* KBS 역사스페셜 〈조선 과거의 마지막 관문 논술시험, 책문〉.

과거는 '공정'했을까?

조선 시대 과거는 평민이 양반이 되는 것이 아니라, 원래 양반이 양반으로서 신분을 유지할 능력이 있는지 검증하는 시험이었다. 과거 시험은 워낙 어려워서 집안에 합격자가 한 사람 나오기도 힘든지라 가문의 능력을 총동원해 합격자를 내려 했다. 과거 낙방은 개인뿐만 아니라 집안 전체가 양반 자격이 없다는 낙인이 찍히는 것이니, 낙방이 계속되면 출세는 물론이고 사회생활 전반에 큰 타격을 받을 수밖에 없었다.

대대로 합격자가 나오지 못하는 집은 사실상 양반가에서 퇴출되었다. 그런데 과거 합격생 배출은 선순환 구조였다. 집안에서 합격자가 나오면 합격에 필요한 노하우가 쌓이니 다른 합격자가 나오기 용이했다. 권력을 잡으면 권력을 이용한 부정행위로 합격을 따내기도 했다. 가령 '절과竊科'는 시험관이 합격자 시험지를 바꿔치기하는 것을 말하는데 훈구의 횡포가 심한 시절 종종 나타났다.

무엇보다 과거는 돈이 많이 드는 시험이었다. 영남 양반 노상추盧尙樞는 과거 시험을 보려고 경상도에서 서울까지 여행을 떠나 한양에서 과거 시험 날까지 묵은 뒤 고향으로 내려왔다. 영남에서 서울까지 걸어서 최소 10일 이상 걸리던 시절이니 최소 한 달, 길게 걸리면 몇 달이 걸리는 노정이다. 그 경비는 상상을 초월한다. 가난한 양반은 과거 시험장까지 가는 것도 힘들었다.

그러니 불합격은 악순환되었다. 가난한 양반은 합격의 노하우도 모르고, 부정행위에 밀리고, 돈 때문에 시험 기회도 잡기 힘들었다. 이름만 양반일 뿐 가난한 시골 농사꾼에 지나지 않는 처지였

소과 시험을 그린 병풍의 일부분이다. 일산日傘 아래 사람들이 모여 앉아 과거를 보고 있다. 시험을 도와주는 사람, 답안을 베껴 쓰는 모습 등이 보인다.

다. 이 악순환 구조를 깨려면 특단의 대책을 세워야만 했다. 그것은 전과, 즉 문과에서 무과로 돌리는 것이다.

이순신이 늦깎이 말단 공무원이 된 이유

이순신은 전형적인 악순환 구조에 빠져 있었다. 그의 어린 시절은 명종 때로 훈구파 윤원형의 국정 농단이 극에 달한 시절이었고 과거의 부정행위도 심했다. 이럴 때 개혁파 사림의 자식으로 태어났으니 노하우도 파워도 없는 암담한 상황이었다. 할아버지는 8품 봉사라는 미관말직에 있다 조광조 무리로 몰려 파직되었고 아버지는 과거를 보지 않아 가세가 기울 대로 기울었다.

하지만 이순신은 공부에 두각을 드러내지 못했고, 집안 분위기

173

도 공부할 분위기가 아니었다. 다른 형제들도 과거에 급제하지 못했고 둘째 형만 겨우 생원시에 합격했을 뿐이었다. 서울 생활이 어려워 결국 누나의 시댁인 아산으로 이사를 갔는데, 거기서 무인 방진方震을 만났다. 듬직한 이순신에게 반한 방진은 자기 딸과 이순신을 결혼시켰고, 이순신은 처가인 방씨 집안에 새 둥지를 틀었다.

이 무렵 이순신은 문과에서 무과로 틀었다. 어릴 때부터 전쟁놀이에 두각을 드러냈다고 하고, 키가 190센티미터나 되는 거구에 무뚝뚝한 성격이었으니, 문신보다 무인에 어울렸다. 문무 차별이 걸렸지만 2대에 걸쳐 과거 합격자가 없는 상황에 찬밥 더운밥 가릴 형편이 되지 못했다. 하지만 시험공부에는 여전히 둔했다. 장수가 되겠다는 사람이 말에서 떨어져 불합격할 정도였다. 그는 32세에 겨우 무과에 합격했다.

그러나 설움은 끝나지 않았다. 9품 함경도 권관이라는 최하 말직을 받고 최전방에 배치되었고, 그나마 뒤를 돌보아줄 백도 없어 승진도 느렸다. 40세가 넘어 겨우 6품 주부에 이어 4품 만호가 되었는데 마침 조선군이 여진족의 침입을 받아 큰 피해를 입었다. 조정에서는 만만한 이순신에게 뒤집어씌워 백의종군 형을 내렸다. 비슷한 시기 함경도에서 근무했던 명문가 출신 원균은 순조롭게 승진해 3품 부사에 올랐고, 이억기는 20대의 젊은 나이에 3품 부사가 되었다.

이순신이 처음부터 다시 시작해 6품 현감이 되었을 때 정부에서 일본 침략을 대비한다며 전방의 육군 지휘관을 남해안 수군 지휘관으로 발령했다. 원균은 경상우수사로 수군 주력부대 사령관이 되었고, 이억기는 전라우수사로 임명되었다. 이 발령을 주도한 이는 남인의 영수 유성룡으로 이순신의 형 이희신李羲臣과 이요신李堯臣의 동문이었다. 유성룡은 호감이 있던 우직한 이순신을 전격적으로 전라좌수사에 임명했다. 이 파격적인 등용은 집권 동인의 코드 인사로 엄청난 비난을 받았지만 전쟁 준비라는 명분으로 관철되었다. 하지만 이억기나 원균은 백을 등에 업고 벼락출세한 이순신을 그리 좋아하지 않았고, 이는 훗날 반목의 원인이 되었던 것 같다.

과거제도의 명과 암

조선 후기도 마찬가지였다. 노상추는 문과 시험을 준비했지만 당시는 서인 중에서도 노론이 권력을 독점하던 시대였고 영남 남인은 장희빈 사건 때 숙청당한 이후 권력과 멀어진 상태였다. 노상추의 집안은 몇 대째 문과 합격자가 없어서 노하우나 비용 측면에서 문과 급제 가능성은 희박했다. 결국 노상추는 무과로 돌렸고, 1780년 36세에 겨우 무과에 급제했다. 그러나 백 없는 경상도 양반에게 관직이 주어지지 않았다. 노상추는 하는 수 없이 관직 청탁을 하러 돌아다녀서 겨우 2년 만에 벼슬을 얻었다. 하지만 불안정한 생활이 계속되었고 그때마다 청탁하는 신세가 되어 경상도 차별의 설움을 곱씹어야 했다. 그의 인생은 47세 때 우연히 정조의 눈에 들면서 달라졌다. 그는 3품의 고위 관직까지 올라 60대 후반까지 현직에서 일했다.

175   조선은 지배층인 양반의 능력을 검증하는 시스템이 있었고, 검

증받은 이들이 공무를 집행하는 사회였다. 이 시스템이 항상 제대
로 작동한 것은 아니지만 그것이 500년 왕조의 유지 비결이었다
고 할 수 있다. 그러니 과거를 이해하는 것이 조선을 이해하는 중
요한 덕목인 셈이다.

15세기와 16세기의 커리어 패스

출세의 길은 시대에 따라 다르다

이승만 시대와 박정희 시대에는 대통령 경호실장이 무소불위의
권력을 휘둘렀다. 권력이 강화될수록 최고 권력에 가장 가까이
있는 사람이 권력을 잡기 때문이다. 오죽하면 "청와대 수위도 목
에 힘준다"는 말이 나왔겠는가. 시대가 바뀌고 최고 권력의 힘이
약화되자 측근도 약화되고 권력의 자리도 이동하기 시작했다. 김
영삼 정부의 김현철, 이명박 정부의 이상득, 박근혜 정부의 최순
실 같은 소위 비선 실세가 떠오르기도 하고, 김영삼 정부에서는
언론, 노무현 정부에서는 재벌이 실제 권력이라는 말이 나왔다.

이때마다 출세하고 싶거나 권력을 향하는 이들은 누가 진짜 권
력인지 알아내려고 안테나를 세우고 거기에 맞추어 움직였다. 김
영삼 정부 때는 김현철이, 김대중 정부에서는 박지원이 스카우터
라는 소문이 돌았고, 박정희 시대에는 청와대에, 노무현 시대에는

177

당에 들어가는 것이 지름길이라는 말도 있었다. 정치권뿐만 아니라 평범한 회사에서도 누구 라인을 탈 것이냐, 어떤 부서가 더 승진이 잘 되나 같은 정보가 돌고 돈다. 심지어 학교에서도 교무부장이 코스다, 아니, 재단 이사장과의 관계가 코스다, 아니, 교육청 장학사와 잘 지내야 한다 등등의 말이 돈다(물론 이런 정보에서는 일 잘하는 것은 별로 중요하게 고려되지 않는다).

조선 시대에도 이런 것이 있었을까? 조선 시대 관료 제도를 출세와 연관시켜보면 15세기 훈구의 시대와 16세기 사림의 시대 차이가 드러난다. 한번 살펴보자.

도승지, 조선 시대의 대통령 비서실장

훈구파는 계유정난 이후 공신에 책봉된 이들로서 공신에게 부여되는 특권을 토대로 권력을 유지하고 국정 운영을 장악한 정치 세력을 말한다. 세조 이후 공신이 남발되었다. 특히 세조 즉위와 관련된 정난공신靖難功臣, 중종 즉위와 관련된 정국공신靖國功臣이 핵심 세력이었다. 이 중 정난공신의 전형적 인물이 홍윤성이다.

홍윤성은 1450년 25세의 나이로 문과에 급제했다. 과거가 공정하게 운영되던 시대였기에 능력은 충분히 검증되었다고 할 수 있다. 그는 외교문서를 관장하던 승문원에서 관리 생활을 시작했지만 체구가 우람하고 무예에 자질이 있어 사복시에서도 일했다. 사복시는 왕의 말과 수레를 관리하던 곳이다. 계유정난이 일어나고 공신에 책봉된 후에도 사복시에서 승진을 거듭해 4품 사복시 판관에 오른 후 예조(외교부)로 옮겨 판서(장관)까지 오른 후 정승(영의

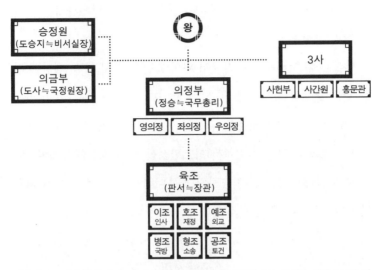

대략적인 조선의 통치 체계. 지금과 완전히 동일하게 비교할 수는 없지만 왕명 출납을 맡던 승정원은 대통령 비서실, 영의정은 국무총리, 의정부 아래 육조의 판서는 장관이라고 볼 수 있다. 지금의 정치인들처럼 조선 시대 신하들도 승진과 출세를 위해 애썼고 정부의 알짜 자리를 차지하려고 치열하게 다투었다.

정, 좌우정, 우의정)에 올랐다. 그의 출세 경로를 살펴보면 왕의 측근 관직-장관-국무총리로 승진했음을 볼 수 있다.

정난공신의 주역 한명회는 어땠을까? 그는 변변한 관직도 없었는데 공신이 되자 사복시 소윤을 받은 후 승정원 동부승지와 좌승지를 거쳐 도승지가 되었다. 승정원은 오늘날의 대통령 비서실로 볼 수 있으며 도승지는 비서실장에 해당한다. 한명회는 이후 병조판서를 거쳐 정승이 되었다.

신숙주는 세종 때 집현전 학사 중 하나로 이름을 높인 이로서 문종 때 3품 직제학까지 올랐다. 단종이 즉위했을 때는 승정원 동부승지로 갔다. 계유정난 이후 도승지에 올랐고 병조판서를 거쳐 정승이 되었다.

사실 왕이 지배하는 나라에서 왕의 측근을 거쳐 장관·재상이 되는 것은 출세의 기본 코스라고 볼 수 있다. 특히 승정원-육조 판서 (행정부 장관)-재상의 코스는 당연한 것처럼 보인다. 세종 때 명재상 황희는 승정원 좌부대언*에서 형조판서를 거쳐 재상에 올랐다. 단종 때 원로대신 황보인은 승정원 동부대언-병조판서-재상이 되었다.** 이런 경향성은 훈구의 시대가 되면서 더욱 두드러졌다.

훈구의 시대

중종반정 이후 훈구는 왕권을 위협할 정도로 성장했다. 세조 때 성장한 훈구는 성종이나 연산군이 어느 정도 견제했지만, 연산군이 훈구를 억압하다 중종반정으로 쫓겨난 후에는 걷잡을 수 없이 세력이 커졌다. 이를 대표하는 인물이 윤원형이다.

윤원형은 파평 윤씨다. 파평 윤씨는 한명회의 청주 한씨만큼이나 계유정난의 덕을 본 집안이다. 바로 세조비 정희왕후의 집안이기 때문이다. 왕권이 강화되면 왕의 처가이자 차기 왕의 외가가 되

---

* 조선의 관직 체계는 15세기 내내 바뀌었다. 초기에는 고려 관제의 영향을 받았고 국가 경영상 필요에 따라 지속적으로 신설, 폐지, 통합되었다. 관제가 완전히 정리된 것은 『경국대전』이 완성된 성종 때부터였다고 볼 수 있으나, 1478년 집현전을 부활시킨 홍문관이 설치되는 등 부분적인 변화는 그 이후에도 이어졌다.

** 물론 꼭 그런 것은 아니었다. 세종 때 또 한 명의 명재상 맹사성孟思誠이나 태종의 최측근 하륜河崙은 승정원에서 이렇다 할 이력을 쌓지 않았다.

는 외척이 득세한다. 조선 초에는 외척 득세를 막고자 다양한 집안과 결혼했다. 태조의 한비(신의왕후)와 강비(신덕왕후), 태종의 민비(원경왕후), 세종의 심비(소헌왕후), 문종의 권비(현덕왕후), 단종의 송비(정순왕후) 등 같은 성씨의 왕비가 없었다.

그런데 계유정난 이후 이 흐름이 바뀌었다. 그중 하나가 파평 윤씨다. 세조비에 이어 성종비(정현왕후), 중종 계비(장경왕후), 3비(문정왕후)가 계속 이 집안에서 나왔다. 강력한 외척의 등장은 강력한 왕권 시대의 대표적 모습이지만 대표적 위험 요소가 되기도 한다. 국정 운영의 책임 부담이 없는 외척 집안이 국가권력을 장악하면 필연적으로 부패하기 때문이다.

중종 말에서 명종 초, 대략 1540년대의 정치는 윤씨 집안의 갈등, 즉 장경왕후의 오빠 윤임과 문정왕후의 동생 윤원형의 권력투쟁 과정이었다. 장경왕후는 세자를, 문정왕후는 경원대군을 낳았는데 두 아들 사이의 후계 다툼이 일어났던 것이다. 왕권이 약해지고 외척이 득세하면 차기 왕에 대한 선택권이 외가로 넘어가기에 이런 혼란이 빚어진다.

중종이 죽자 일단 연장자인 세자가 인종으로 즉위했다. 그러나 인종은 아버지 중종과 어머니 장경왕후가 모두 죽은 상태에서 계모인 문정왕후를 모셔야 하는 처지였다. 윤임과 윤원형이 대등한 상태에서 효도를 으뜸으로 여기는 조선에서 계모가 적이라는 것은 인종이 매우 불리한 상황이었다는 뜻이다.

윤임은 중종반정에 참가한 공신으로 무과에 급제한 후 사복시에서 승진을 거듭, 사복시 최고 직위인 정3품에 올랐고, 그 뒤 승정원 우승지를 거쳐 병조판서가 되었다. 인종이 즉위하자 재상 직전인 좌찬성까지 올랐고 개혁 세력인 사림을 등용해 힘을 강화한 뒤 윤원형을 파직해 쫓아냈다. 윤임은 전형적인 훈구의 길을 걸었으나 그로 인한 문제를 해결하고자 개혁파를 등용하는 등 적극적인 개혁의 모습도 보였다.

한편 윤원형은 문과에 급제한 후 누나 문정왕후의 후광을 업고 착실히 승진을 거듭, 중종 말년에는 좌승지를 거쳐 판서 직전인 참판까지 올랐다. 그러나 인종이 즉위하자 탄핵되어 쫓겨나고 말았다. 그는 이를 갈며 반격의 기회를 노렸는데, 공교롭게도 인종이 왕에 오른 지 불과 9개월 만에 죽으면서 너무 손쉽게 때를 맞이했다. 윤원형의 저주로 인종이 죽었다는 전설이 오늘날까지 유행하는 것은 이 때문이다. 윤원형은 권력을 잡자마자 윤임 일파를 숙청했다. 이때 윤임을 따르던 훈구뿐만 아니라 그가 등용했던 사림도 무리죽음을 당했는데, 이황의 형 이해도 이때 귀양 가다 죽었다.

윤원형은 권력을 잡은 뒤 문정왕후와 손을 잡고 국정을 마음껏 농단했다. 명종은 즉위할 때 12세여서 문정왕후가 섭정했는데 훈구와 윤씨 집안은 권력을 영구히 누리고자 섭정을 무한대로 연장했다. 나라는 도탄에 빠지고 백성은 죽어가는데 명종은 성인이 되어도 (야사에 의하면) 어머니에게 뺨을 맞아가며 계속 섭정을 받았다. 이런 상황이 무려 20년간 이어졌다.

1565년 문정왕후가 죽자 명종과 사림의 일대 반격이 시작되었다. 윤원형은 귀양 가서 자살하고 많은 훈구가 숙청당했다. 이제 사림의 시대가 도래했다.

사림의 시대, '비판'이 중요해진다

사림은 세조 때 김종직金宗直에서 시작했다. 그는 김숙자金叔滋의 아들로, 김숙자는 야은 길재吉再의 제자다. 길재는 삼은(이색·길재·정몽주)의 한 사람으로 고려에 충성을 바치고 조선 건국에 저항한 온건파 사대부의 리더였다.* 온건파 사대부는 조선이 건국되자 세상에 나가지 않고 은둔했는데 세종 치세에 김숙자가 조선 건국을 인정해야 한다며 출사를 주장했다. 은둔자들은 김숙자가 변절했다고 비난했고 결국 그의 아들만 과거에 응시해 관직에 진출했다. 그 뒤 김종직의 제자들이 과거에 응시해 관직에 진출하면서 사림의 계보가 형성되었다.

온건파 사대부의 맥을 이은 사림은 조선 왕조와 부당한 권력에 비판적이었다. 세조는 사림의 비판적 성향을 훈구 견제에 이용하려 했고, 성종이나 중종도 마찬가지였다. 그래서 사림은 언론 기구인 삼사(사헌부·사간원·홍문관)에서 주로 활약했다. 김종직은 사헌부, 홍문관 등에서 일했다. 조광조도 삼사에서 활약했다. 특히 사간원의 장인 대사간과 사헌부의 장인 대사헌을 역임하며 개혁 정치를 주도하다 숙청당했다.

명종 말, 선조 초 사림이 집권한 뒤에도 삼사를 강조하는 분위기는 여전했다. 이황은 중종 때에는 홍문관과 성균관에서 학문 연

---

* 위화도 회군 이후 성리학을 신봉하는 사대부는 고려에 충성을 바치는 온건파 사대부(삼은)와 조선 건국을 주장하는 혁명파 사대부(정도전)로 분열되었다.

조광조는 성균관을 시작으로 사간원, 사헌
부, 홍문관 등 삼사에서 활약하며 전형적인
사림의 출세 코스를 밟았다.

구와 강의에 전념했고 명종 때에는 잠시 성균관의 장인 대사성으
로 일했다. 왕은 그에게 계속 관직을 내렸지만 사양하다 선조 때
홍문관의 장인 대제학을 잠시 맡았다. 율곡 이이 역시 홍문관 직제
학, 사헌부 대사헌 등을 지냈고 이조판서까지 올랐다. 다만 이이는
경세가經世家라는 평가에 걸맞게 육조에서도 상당한 관직 생활을
했다.

　1575년 집권 10년 만에 사림은 개혁의 온도차로 인해 동인과
서인으로 분열되었다. 동인은 다시 남인과 북인으로 나뉘었는데
남인은 이황의 학통을 계승한 원칙적이고 개혁적인 성향이 강했
고 북인은 상공업 발달에 관심이 많고 진보적 색채가 강했다. 반면
서인은 온건파였다.

　서인을 대표하는 인물 중 하나가 정철이다. 정철은 문과에 급제
한 뒤 사헌부에서 관직 생활을 했다. 이후 홍문관, 사간원 등에서

활약했지만 동서 대립의 당사자로 지방관으로 내려가거나 탄핵을 받아 쫓겨나기도 했다. 정철은 서인의 동인 대숙청 사건인 기축옥사를 주도하며 재상에 올랐다.

남인을 대표하는 유성룡은 문과에 급제한 후 홍문관 직제학과 부제학, 사간원 대사간, 사헌부 대사헌 등을 역임했고 이후 병조판서를 거쳐 재상에 올랐다. 북인을 대표하는 이산해는 문과에 급제한 후 홍문관 정자, 사헌부 집의, 홍문관 직제학, 사헌부 대사헌, 사간원 대사간 등을 거쳐 판서에 이어 정승에 올랐다.

훈구의 시대와 사림의 시대 출세 코스는 확연히 달랐다. 물론 사림의 시대에도 도승지를 거치는 이들이 있었고, 훈구의 시대에도 대사헌을 거치는 이들이 있었지만 큰 흐름은 명확했다. 훈구와 사림이 지향하는 바와 정치 스타일에 따라 출세 코스가 이렇게 다르게 나타났던 것이다.

조선 양반들의 출세 코스를 보면 특히 후기로 갈수록 '잘 까는' 비판적 지식인이 우대를 받았다는 것을 알 수 있다. 문제는 권력을 쥔 자가 세상을 비판하려면 권력 이상의 고차원적 사상을 갖고 있어야 한다는 점이다. 조선 후기 양반들이 펼쳐낸 성리학적 이상사회는 철학적·논리적·과학적 수준이 대단히 높았다. 얼마나 수준이 높은지 조선 후기 사상사 전공자는 공부에 너무 애를 먹어서 수명이 짧아진다는 우스갯소리도 있을 정도다.

하지만 격조 높은 이상 세계에 대한 동경과 기득권자로서의 현실은 양립되기 어려웠던 것 같다. 1930년대 이상적 사회주의를 꿈꾸던 '맑스 보이'**에 대한 독립운동가의 통렬한 비판처럼, 비판의 자유를 향유하며 초월적 이상 세계를 꿈꾸는 기득권층은 조선 후기 현실에서 긍정적 평가를 받지 못했기 때문이다.

---

* 마르크스주의(맑스주의)는 일제강점기 지식인 사이에 대유행했다. 막스주의를 말하지 않으면 데이트하기도 어려울 정도였다고 한다. 그래서 실천은 생각하지도 않고 그저 멋을 내느라 막스주의를 액세서리처럼 걸고 다니는 '막스 보이', '막스 걸'이 유행했다.

조선 시대 당쟁에 대한 오해

일제 식민사관의 그림자

일제 식민사관의 핵심으로 정체성론, 타율성론, 당파성론을 꼽는다. 정체성론은 한민족이 고구려 이후 발전하지 못하고 지속적으로 정체되어 식민지가 될 수밖에 없었다는 이론이다. 타율성론은 한민족은 자체적으로 발전하지 못하고 외부의 충격, 즉 일본이나 중국의 정세 변화에 따라 변한다는 이론이다. 당파성론은 한민족은 모래알 같은 민족으로 항상 분열하는데, 이는 이기적이고 공익보다 사익을 추구하는 민족성 때문이라는 이론이다. 정체성론과 타율성론이 역사에 대한 해석이라면 당파성론은 민족성을 폄하하는 일종의 인종주의*여서 특히 우리를 불편하게 한다.**

일제는 당파성론의 대표 사례로 조선 후기 당쟁을 들었다. 우리 역시 조선 후기 당쟁에 비판적인데, 그러다보니 종종 일제의 당파성론에 빠져들곤 한다. 하지만 당파성론의 핵심은 현상이 아니라 원인이다. 왜 당쟁이 일어났는지 보는 것이 대단히 중요하다.

　일제가 주장하는 당쟁의 원인은 사익 추구다. 조선 양반은 가문의 이익을 중시했기에 가문 연합인 당을 만들었고, 그렇게 만들어진 4색 당파가 사익을 위해 싸웠다는 것이다. 일제는 이를 두고 유례없는 일이라고 규정함으로써, 조선의 당쟁이 세계사의 일반적인 정당 간 갈등과는 질적으로 다르다고 주장했다. 그러니 "당파 싸움하는 나라가 우리뿐이냐"라는 반박은 별 의미가 없다. 그렇다면 왜 조선 양반은 가문의 이익을 위해 당쟁을 했는가? 조선의 후진적인 경제에 그 원인이 있다고 보았다.

　　조선에 있어서 정권은 곧 생활이다. 정권을 얻지 못하면 생활은 확보되지 못한다. 실권失權은 아사餓死이다. 아사의 앞에서는 이理도 비非도 없고, 의리도 인정도 없고, 대의大義도 없고 명분名分도 없다. 물러나서 굶어 죽는 것보다 나아가 적당과 싸워서 경혈頸血을 쏟더

---

* 우리는 민족주의Nationalism와 인종주의Racism를 혼동해서 사용하는 버릇이 있다. 그러나 민족주의와 인종주의는 하늘과 땅 정도로 차이가 크다. 민족주의는 민족을 언어·역사·지리적 공동체로 규정한다. 특히 근대에는 민족국가를 세워야 한다는 주장이 거셌다. 반면 인종주의는 인종을 혈연적·유전학적 동질체로 규정하고 진화론적 관점에서 우열을 가르는데 이에 따라 우성 인종은 살아남고 열성 인종은 멸종한다고 주장한다. 민족주의는 근현대 정치사상의 중심이고, 인종주의는 전체주의의 이데올로기적 기반이 되었다. 우리는 민족을 혈연 공동체로 규정하고 "단군의 핏줄" 운운하는데 이는 인종주의에 가깝다.

** 나는 혈액이 굳어버린 채 유통하지 않는 것이라고는 생각지 않는다. (중략) 조선 사람의 혈액에 이러한 특이한 검푸른 피가 섞여 있다는 것도 조선의 사물을 바르게 이해하기 위하여 시비是非를 함께 궁구해 둘 필요가 있다(호소이 하지메, 「붕당·사화의 검토」, 이성무, 「조선 후기 당쟁사에 대한 재검토」, 『국사관논총』 81집에서 재인용).

라도 정권을 쟁탈하였다.

－호소이 하지메細井肇, 「붕당·사화의 검토朋黨·士禍の檢討」

　후진적 경제에서 굶어 죽지 않으려면 권력을 잡아야 하고, 권력을 잡으려면 혈연집단 중심으로 뭉치게 되며, 그 혈연 공동체를 먹여 살리겠다는 사익 추구의 마음으로 백성을 착취하고 정치를 농단한 것이 조선 후기 당쟁이며 당파성론의 핵심이라는 것이다.

　과연 조선 후기 경제력이 세계사에 유례없는 당쟁을 만들어낼 정도였는지는 후에 논의하기로 하겠다. 일단 조선 후기 경제 발달이 왜 식민사관 타파에 중요한지만 확인해두고, 여기서는 왜 당쟁이 일어났고 어떻게 전개되었는지 설명하고, 결국 조선 후기 출세를 위해서 필요한 덕목이 무엇이었는지 살펴보겠다.

조선 시대 진보 지식인의 탄생과 분열

조선 후기 당쟁을 교과서에서는 붕당정치라고 한다. 붕당은 정치적·학파적 무리를 의미하는데 간단히 정의하면 같은 사상과 노선을 가진 정치집단으로서 지금의 정당과 흡사하다고 볼 수 있다. 단지 지금의 정당이 의회정치를 토대로 국민의 지지를 받아 의회에서 다수 의석을 차지하려고 노력하는 집단이라면, 조선의 붕당은 공론, 천심과 민심이라는 추상적인 여론을 토대로 권력을 장악하려는 정치 세력이라고 볼 수 있다. 하지만 실제로는 양반 지배층의 여론을 토대로 권력을 지향하는 집단이었다.

189　　최초의 붕당은 1575년 등장한 동인과 서인이다. 동서분당의 원

최초의 붕당은 관직 인사권을 둘러싸고 사림이 동인과 서인으로 갈리면서 발생했다. 동인과 서인이란 명칭은 김효원이 서울 동쪽에, 심의겸이 서울 서쪽에 살았다는 데서 시작했다. 이후 동인은 북인과 남인으로, 서인은 소론과 노론으로 분리되었다.

인으로 자주 언급되는 것은 이조전랑을 둘러싼 갈등이다. 과거 합격자는 많아지는데 관직의 수는 부족해서 이를 둘러싼 갈등이 심해졌고, 이는 관직 임면任免의 실무 책임직인 이조전랑을 둘러싼 갈등으로 비화되었다.

　마침 서울 서쪽에 사는 심의겸沈義謙과 동쪽에 사는 김효원金孝元이 이조전랑을 놓고 대립했고, 결국 심의겸을 지지하는 서인과 김효원을 지지하는 동인으로 당이 나뉘게 되었다. 부족한 관직 때문에 이조전랑을 놓고 싸우다 동인과 서인으로 분열되었다는 주장은 당파성론, 즉 경제적 궁핍 때문에 이권을 둘러싸고 권력투쟁을 일으켰다는 주장과 일치한다. 이 이유가 아니라면 분당과 붕당

정치는 왜 일어난 것일까? 가장 대표적인 설명은 개혁의 속도 차
이다.

1565년 문정왕후 사후 사림이 집권하며 개혁 정치가 시작되었
다. 처음 개혁 정치를 주도한 세력은 이황 등 원칙적 성리학자들이
었다. 이들은 명종 때 문정왕후와 결탁해 국정을 농단한 훈구파를
축출하고 성리학적 이상에 맞는 개혁 정치를 추진해나가고자 했
다. 처음 몇 년 동안은 상당한 수준의 개혁 정치가 추진되었다.

조선 시대 진보 내부의 갈등

그러나 두 가지 측면에서 개혁에 브레이크가 걸렸다. 먼저 사림
집권 2년 만인 1567년, 명종이 죽은 뒤 새로 즉위한 선조가 문제
였다. 명종은 후사가 없었고 이에 중종의 아홉 번째 아들인 덕흥
대원군의 세 번째 아들 하성군河城君을 명종비 인순왕후의 양자
로 들여 왕으로 세운 것이 선조였다. 중종의 손자뻘이기는 하지
만 까마득한 방계인데다 첫째도 아닌 삼남이고 게다가 덕흥대원
군은 후궁 소생이었다. 왕의 자리에 앉기에는 아무래도 정통성이
부족했다.

게다가 선조는 낳아준 어머니와 입양한 어머니, 두 어머니가 있
었으니 외척도 두 가문인 셈이다. 낳아준 어머니 정씨는 계유정난
의 주역 정인지의 후손이고 입양한 어머니 인순황후 심씨는 세종
때 외척이었던 청송 심씨 집안이었다. 두 외가가 모두 유명한 외척
이자 훈구 집안이었던 것이다. 왕의 정통성이 취약할 때는 외가에
의지해 권력을 다지는 법이니, 결국 선조는 훈구의 잔재 세력에 기

선조의 어진으로 추정되는 초상화. 명종이 후사 없이 사망하자, 중종의 서자인 덕흥대원군의 아들인 하성군이 왕위에 올라 선조가 되었다. 서자에 방계인 선조는 정통성이 부족했고, 자연스럽게 그의 시대에는 외척과 훈구 세력이 강화되었다. 이로 인해 사림의 개혁에 브레이크가 걸리는 동시에 사림 내부 분열이 가속화되었다.

대야 하는 처지였다.

　다른 문제는 사림 내부에 있었다. 사림과 훈구 갈등은 성종 때부터 거의 100년 가깝게 이어졌고 최초의 사화인 1498년 무오사화부터 계산해도 70년 가깝게 지속되었다. 이순신의 예에서 보듯 사림은 과거에도 나가지 못하는 등 오랫동안 시련을 겪었기에 결국 적당히 타협하자는 세력이 등장했다. 정유길鄭惟吉이나 권철 같은 이들은 덕망이 높고 개혁 의지도 높았지만 윤원형 시대에 훈구와 적당히 타협해 고위 관직에 올랐다. 권철은 정승 바로 밑인 우찬성, 정유길은 판서까지 올라갔다. 이들이 선조 초 우의정, 영의정 등을 지내며 정국을 주도했는데, 아무래도 과거사 때문에 훈구를 전면적으로 청산하기엔 곤란한 처지였다.

　결국 사림은 철저한 개혁을 주장하는 소장 강경파와 적절한 타협을 주장하는 노장 온건파로 나뉘었다. 나는 종종 당시의 정국을 보며 대한민국 진보 개혁 세력 내부의 갈등을 돌아보고는 한다. 조선 시대 동서분당에 대해 많은 이가 당시 사림이 타협했어야 한다고 주장하는데 과연 그럴까? 그렇다면 오늘날 진보 개혁 세력도 결국 보수 세력과 타협하는 것이 올바른 것일까? 차라리 철저한 개혁이 정답이 아니었을까? 이런 관점에서 이후 상황을 살펴보자.

어디까지가 청산해야 할 '적폐'인가?

왕조 사회에서 왕의 개혁 의지는 대단히 중요하다. 그러나 선조는 처음부터 온건파로 경도될 수밖에 없었다. 온건파 역시 선조에 대한 충성과 리더십을 강조하는 경향이 있었다. 이때 선조를 위해 가장 적극적으로 나서준 인물이 정철이었다. 정철도 외척 집안으로 볼 수 있다. 정철의 누이가 인종의 후궁이기 때문이다. 정철도 훈구에 가까운 사림파였고 선조와 이해관계가 일치했다. 정철은 수차례 귀양을 가면서 선조를 위해 고군분투했다. 그러나 이러한 갈등은 점점 강경파와 온건파의 대립을 부추겼다.

이조전랑은 양쪽의 대립이 첨예하게 부딪치는 자리였다. 이조전랑은 관리 임면의 실무 책임자다. 이조전랑이 인사고과를 통해 관리의 임명, 승진, 탈락 등을 결정하면 위에서는 그것을 검토하고 재가하거나 반려할 뿐이었다. 이조전랑을 한쪽이 장악하면 다른 쪽은 핵심 보직에서 밀려나기 쉬웠다. 이에 양 세력은 이조전랑을 번갈아 맡기로 타협했다. 처음에는 강경파 김효원이 이조전랑에 앉았다. 그에 대한 온건파의 평을 보자.

효원은 벼슬살이에 있어서 청렴결백하였고 일을 처리하는 데 있어서도 정결하고 민첩하게 하였으며 세 고을을 역임하였는데 치적이 모두 우수하였다.

-『선조수정실록』23년 4월

『선조수정실록』은 동인이 편찬한 『선조실록』에 반발해 서인이 편찬한 것이므로 이는 신뢰할 만한 평가일 것이다. 김효원은 원칙적 개혁파이자 모범적인 관료였다. 그래서 온건파는 김효원이 이조전랑에 천거되자 결사적으로 막으려 했다. 그가 인사권을 휘두르면 막기 힘들 것이라 판단했을 것이다. 김효원은 어이없게도 과거 훈구파와 결탁했다는 이유로 비판을 받았다.

김효원이 이조전랑에서 물러나자 온건파의 차례가 되었다. 온건파가 추천한 인물은 심의겸의 동생 심충겸沈忠謙이었다. 그는 청송 심씨 외척 세력으로 개혁 대상이었다. 김효원이 반발하고 강경파 모두 들고 일어났다. 하지만 온건파도 물러서지 않았다. 결국 김효원과 심의겸 모두 지방관으로 쫓겨났다. 선조에게 미운털이 박힌 김효원은 끝내 복귀하지 못하고 지방관을 전전하다 죽은 반면 심의겸은 뒤에 대사헌에 올랐다.

이로 인해 강경파와 온건파, 소장파와 노장파의 대결은 돌이킬 수 없게 되었다. 과연 적폐 청산의 범위는 어디까지인가? 어디까지가 개혁 주체이고 어디까지가 개혁 대상인가? 이는 결코 타협할 수 없는 개혁의 본질적 주제였다. 결국 강경파는 동인, 온건파는 서인이 되었다. 그렇게 시작한 동서 붕당은 임진왜란 직전 동인이 남인과 북인으로 나뉘고 숙종 때 서인이 노론과 소론으로 나뉘면서 4색 당파 체제로 발전했다. 상대적으로 온건파인 서인은 현실을 인정하고 타협하는 보수적 성향을 띠었고 강경파인 동인은 현실을 개혁하고 보수와 싸우는 진보적 성향을 띠었다. 물론 여기에서 보수와 진보는 자본주의와 수정주의, 혹은 독재와 민주주의가 아니라 유교적 이상 정치에 대한 해석과 지향에 대한 차이를 말하는 것이다.

임진왜란 발발은 정말 당쟁 때문일까?

선조 당시 동서분당에 대한 당파적 비판은 임진왜란에 대한 평가와 밀접한 연관이 있다. 당파 싸움을 하다 전쟁 준비를 소홀히 해서 임진왜란을 겪은 것 아니냐는 비판이 있기 때문이다. 특히 동인 김성일이 단지 '반대를 위한 반대', 즉 서인 황윤길의 전쟁이 일어날 것이라는 주장에 반박하려고 전쟁이 일어나지 않을 것이라고 주장했다는 것이 핵심이다. 그러나 이 주장은 거짓이다. 같은 동인인 황진黃進은 전쟁이 일어날 것이라고 주장했고, 김성일 자신도 전쟁이 일어날 가능성을 100퍼센트 부인할 수 없다고 말했기 때문이다. 김성일은 유성룡에게 이렇게 말했다.

> "나 역시 왜국이 끝내 병력을 움직이지 않는다는 게 아니오, 하지만 황윤길의 말이 하도 과격해서 안팎의 인심이 동요되겠기로 이를 진정시키고자 일부러 한 말이오."

---

195   * 유성룡, 이민수 옮김, 『징비록』(을유문화사, 2014), 30쪽.

　김성일이 우려한 것은 당장 전쟁이 일어날 것 같은 공포심이 세상을 휩쓸면서 혼란이 오는 것이었다. 그래서 김성일은 이를 진정시킨 후 차분하게 전쟁 준비를 하고자 한 것이다. 결과적으로 잘못된 판단이었지만, 북한이 당장 쳐들어올 것 같은 분위기가 형성될 때마다 안보 논리가 개혁을 가로막는 오늘날 한국의 분단 현실을 생각해보면 굉장히 익숙한 장면이지 않은가?

　여기에는 정치적 배경도 있다. 1589년 정여립의 난과 기축옥사가 터졌다. 서인이 동인 정여립이 역모를 꾀했다고 고발한 사건이다. 이로 인해 동인 1,000여 명이 화를 입는 대숙청의 바람이 불었다. 하지만 서인의 지나친 공세는 정치의 균형을 깨면서 선조를 불안하게 했고, 결국 이듬해 정철과 서인이 숙청당하는 옥사가 또 일어났다. 김성일·황윤길 통신사 사건은 바로 그때 일어난 일이다. 양당이 상대를 역적으로 몰며 피를 보고 극도로 대립하는 상황에서 전쟁 준비가 논의되었기 때문에 정치적 공세가 섞여들 수밖에 없었다.

　지지부진한 개혁은 반동 분위기를 형성했고, 공격과 반격의 혼전 속에서 임진왜란이 터졌다. 임진왜란 대비 부족은 붕당정치의 본질이 아닌 1590년의 특수한 상황 때문이었고, 철저하지 못한 개혁이 불러온 정치적 혼란이 원인이었다. 그런 의미에서 동서분당과 붕당정치에 대한 기존의 시각은 교정할 필요가 있다.

　당파성론에 입각해 당쟁을 바라본다면 조선 후기의 출세는 결국 경제적 사익을 위한 방편으로 보게 된다. 그러나 당쟁을 노선과 사상에 입각한 정치 세력 간의 갈등으로 본다면 조선 후기의 출세는 자신의 정치적·사상적 입장을 실현하고자 하는 정치 진출의 방편으로 볼 수 있다. 과연 어느 것이 정답일까? 이에 대한 정답을 찾으려면 양반의 정체성, 그리고 양반의 경제적 기반을 살펴보아야 한다. 이제 조선의 신분제와 직업의 세계로 들어가보자.

직업

노비, 역관, 서얼이 보여주는
조선인의 진짜 삶

아리스토텔레스가 이런 말을 했다.

"만약 다른 사람의 재산이 될 수 있는 특질이 있다면, 그리고 이성적
사고를 스스로 할 수는 없지만 다른 사람의 이성적 사고를 어느 정
도 이해할 수준이 된다면, 그 사람은 천성적으로 노예다."

노예가 적성에 맞는 사람이 있고, 그 사회가 노예를 필요로 한
다면 노예제가 정당하다는 것이 그의 주장이었다. 마이클 샌델
Michael Sandel은 『정의란 무엇인가』에서 아리스토텔레스의 목적론
을 설명하면서 그가 노예제를 옹호한 도덕적 정의를 말한다. 그리
고 현대 자유주의 철학이 이를 어떻게 반박하는지도 소개한다.

"목적론적 철학은 자신의 운명을 스스로 선택할 자유를 부정하는

여기서 자유는 목적 지향성을 부정하는데, 이는 단일한 선Good
을 부정하는 것이다. 만약 단 하나의 선이 존재한다면, 그 선을 추
구하는 목적이 있고, 목적론은 성립되기 때문에 자유는 부정당할
것이다. 즉, 인간은 선을 향한 도구로 선택될 수 있는 것이다.

아리스토텔레스의 목적론과 존 롤스John Rawls의 자유주의에 대
한 설명*을 소개한 이유는, 신분제를 지탱한 철학을 설명하기 위해
서다. 동서양을 막론하고 근대 이전까지 노예제, 농노제, 신분제,
카스트 등 다양한 이름으로 신분제가 존재했다. 오늘날 우리는 이
를 맹렬하게 비판하지만, 신분제를 지탱한 철학까지 완전히 버린
것은 아니며, 여전히 무겁게 고민하고 있다. 혁명을 위해 희생한
투사, 국민을 위한 하인, 신께서 선택하신 도구……종교에서 이데
올로기까지 인간은 자신이 숭고한 목적을 위한 도구로 선택되기
기를 바라고 자원하기도 한다. 그것이 과연 '자유로운 인간'과 공
존할 수 있는 덕목일까?

현대인의 '자유'와 '목적'에 대한 의식의 한계를 토대로 조선 시
대 신분제에 대해 이야기해보자. 신분제는 왜 만들어졌고 어떤 논
리에 의해 생명력을 획득했을까? 그리고 그 생명력은 과연 오늘
날 완전히 사라진 것일까?

---

* 마이클 샌델, 김명철 옮김, 『정의란 무엇인가』(와이즈베리, 2014), 297~301쪽.

노비: 노동자인가, 노예인가?

"저는 노비입니다"

1586년 다물사리多勿沙里라는 노인이 전라도 나주 감영에 자신이
평민이 아니라 노비임을 밝혀달라는 소송을 제기했다. 다물사리
사건은 역사 다큐멘터리와 책에서 종종 소개된 유명한 재판인데,
그 내용은 다음과 같다.

　다물사리는 자신의 어머니가 성균관 소속 공노비이므로 자신과
자신의 자식도 모두 공노비라고 주장했다. 반면 이지도李止道라는
양반은 다물사리가 평민 부부 사이에서 태어난 여자로 자신의 노
비 윤필允必과 결혼했다고 주장하며 윤필과 다물사리 사이에서 태
어난 아이는 모두 자기 소유 노비라고 주장했다. 결국 이 재판은
다물사리의 자식들이 공노비인지 사노비인지 가리는 재판이었던
것이다.

　공노비나 사노비나 같은 노비인데 왜 문제인가? 공노비와 사노

비는 처지가 달랐다. 공노비는 국가 소유 노비로 권리와 의무가 법으로 정해져 있었다. 소속 관청에서 일정한 노동을 하거나 공물을 바치면 다양한 권리를 보장받았고 무엇보다 안정적이었다. 경우에 따라서는 오늘날의 하급 공무원 같은 공노비도 있었다.[*]

다물사리는 자신이 공노비이므로 자식들도 공노비라고 주장함으로써 자식들의 살길을 열어주고 싶었던 것이다. 반면 이지도는 다물사리가 양인이고, 남자 노비와 여자 양인이 결혼할 경우 일천즉천, 즉 어느 한쪽이 노비(천민)이면 자식은 노비이며 노비 주인의 소유로 귀속된다는 점을 이용해 자신의 소유 노비를 늘리고 싶었던 것이다.

노비는 'Slave'가 아니라 'Nobi'

한국사에서 노비는 논쟁적인 존재다. 마르크스 역사학으로 대표되는 근대 역사학은 원시 공산제-고대 노예제-중세 농노제-근대 자본주의로 역사가 발전한다고 설명한다. 과연 한국사의 노비는 노예인가 아니면 농노인가? 즉, 조선은 고대 사회인가 중세 사회인가? 이 논쟁은 지난 100년 동안 결론이 나지 않았고 지금도 현재 진행형이다.

---

[*] 관청 소속 노비는 관속을 도와 지방 행정에 참여하기도 하고 범죄인을 잡는 데 조력하는가 하면 환곡 출납 같은 대민 업무를 맡기도 했다. 정조 때 경기도 안성 관노 개남이 윤명준이라는 사람이 환곡을 갚으러 왔는데 양이 모자라다고 발로 차서 죽인 사건도 있었다. 전형택, 『조선 양반 사회와 노비』(문현, 2010), 270쪽.

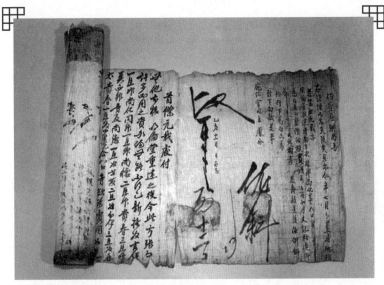

조선 시대의 노비 매매 문서. 노비는 매매가 가능하다는 특성 때문에 노예와 유사하게 여겨진다. 또한 토지, 주인, 기관에 묶인 존재이기 때문에 농노와도 유사한 특성이 있다.

한국의 노비, 그중에서도 조선 시대 노비는 역사상 유래를 찾아보기 어려운 독특한 존재다. 보통 노예라고 하면 고대 로마의 노예를 의미하는데, 개인이 아닌 물건으로 '말하는 가축', 혹은 '말하는 도구'라고 불렸다. 노예는 가족을 이룰 수 없고 재산을 가질 수 없으며 매매의 대상이었다. 조선의 노비는 매매되는 대상이라는 점에서 노예와 비슷하지만 가족을 이루고 재산을 소유했기 때문에 로마 노예와는 다른 존재였다.

유럽 중세에는 농노가 있었다. 영주의 장원에 묶인 농민으로 세습되며 영주에게 인신 구속을 당하고 갖은 수탈을 당하지만 가족을 이룰 수 있고 재산을 소유할 수 있으며 매매의 대상도 아니었다. 한마디로 인격이 보장되었다. 조선의 노비 역시 토지에 묶이고 주인에 묶이며 재산을 소유하고 가족을 이루었지만 매매의 대상이었다. 가령 17세기 여자 노비의 가격은 대략 100냥 정도였다.[*] 매매의 대상이란 물건, 즉 비인격적 존재라는 의미이므로 노비는 농노라고 하기도 어렵다.

그렇다면 노비는 무엇인가? 우리는 노비를 Slave라고 번역하지만, 사실 노비는 Nobi라고 번역하는 것이 옳을 것이다. 한국사에만 존재하는 독특한 존재이기 때문이다. 그러나 먼저 짚어두고 싶은 것은 노비를 노예로, 농노로, 혹은 제3의 존재로 보든, 조선 사회는 통념상 '노예제 사회'라고 부르는 사회와 거리가 있다는 것이다.

노예제 사회를 가장 명쾌하게 설명한 것은 마르크스주의의 유물사관이다. 노예제 사회란 노예노동을 통해 그 사회의 경제가 운영되는 사회로서 기본적인 생산관계는 귀족(노예주)과 노예의 관계다. 육체노동을 노예에 의존함으로써 귀족이 정신노동을할 수 있게 하는 체제라고 할 수 있다. 즉, 생존에 필요한 물질의 생산은 노예에게 의존하고, 귀족은 자유롭게 고도로 발달한 다양한 활동을 하는 미개 사회의 역할 분담 체제인 것이다. 그러나 가혹한 노예노동은 스파르타쿠스 반란 같은 노예의 저항을 야기했고, 농업 기술 발전으로 생산력이 높아지면서 좀 더 발달된 생산관계가 가

---

[*] 이영훈, 「한국사에 있어서 노비제의 추이와 성격」, 역사학회, 『노비, 농노, 노예: 예속
    민의 비교사』(일조각, 1998), 404쪽.

능해졌다. 노예제 사회는 종말을 고하고 장원에 묶인 농노를 통해 중세 사회가 발전하게 되었다.

여기서 노예제 사회란 낮은 경제적 수준에 따른 정치·사회적 모습을 의미한다. 일찍이 일제는 조선을 노예제 사회로 보고(당파성론에서 언급한 낮은 경제력을 떠올려보라) 그 후진성을 극복하려면 선진사회의 지배가 필요하다며 식민 지배를 합리화했다. 한국사에서 노예제 사회란 식민사관과 연관된 이데올로기적 관념인 것이다.

그러나 앞으로 언급할 노예, 농노, 노비는 그런 유물사관적 역사 발전 단계와는 관련 없다. 그보다는 왜 그 시대에 그런 존재가 필요했으며, 그것이 역사 발전과 어떤 연관이 있느냐가 중요하다. 우리는 그러한 논의 속에서 노비가 어떤 존재였고, 오늘날 우리의 직업관과 어떤 연관이 있는지 이해할 수 있을 것이다.

노예화는 언제 일어났나?

1803년 아일랜드 귀족 가문 출신의 젊은 여성 마사 윌모트Martha Wilmot는 러시아 귀족 예카테리나 로마노브나 다슈코바Ekaterina Romanovna Dashkova의 영지 트로이츠코에에 초대받았다.* 다슈코바는 러시아의 위대한 황제 예카테리나 2세의 친구이자 위안이었던 여성으로 말년을 영지에서 보내고 있었다. 다슈코바 가족을

---

* 이 내용은 타임라이프 북스, 김한영 옮김, 『타임라이프 세계사 15-제정 러시아: 전쟁과 평화』(가람기획, 2005)를 토대로 했다.

위한 거대한 영지에는 가사를 돌보는 가사 농노와 각종 노동을 하는 도제 농노 등 수많은 농노가 있었다. 가사 농노만 200여 명이 되었다. 윌모트는 가사 농노에 대해 이렇게 기록했다.

> "200명, 많게는 400명이나 되는 하인들이 한 가족의 시중을 들다니……두 명의 하인이 양쪽에서 귀부인을 들어 계단을 올라가는 동안 또 다른 두 명이 촛불이며 외투 등을 들고 그 뒤를 따른다."

너무 많은 하인을 두다보니 별의별 하인이 있었고 심지어 담뱃불을 붙이는 하인도 따로 있었다. 이들은 매매의 대상이었다. 윌모트를 아낀 다슈코바는 그녀에게 많은 선물을 주었는데 그중에는 농노도 있었다. 다슈코바는 윌모트에게 농노 소녀를 선물하며 "그녀는 영원히 너의 소유물"이라고 말했다.

농노는 매매되지 않는다고 했지만 러시아에서는 그렇지 않았다. 그러면 러시아 농노는 처음부터 매매되는 존재였을까? 그렇지 않다. 러시아 농노가 매매의 대상이 된 것은 18세기로, 1754년 형법전刑法典은 농노를 지주의 재산으로 매매·증여·양도의 대상으로 규정하고 있다.** 농노제가 시작된 지 200여 년이 지난 후였다.

---

* 유럽 귀족은 계단에서 넘어져 죽임을 당할까봐 계단에서 부축을 받는 것이 필수적이었고 이를 위한 하인이 있었다. 19세기 영국 빅토리아 여왕은 왕위 계승자였기 때문에 더욱 그러했는데, 영화 〈영 빅토리아〉에 이런 모습이 잘 묘사되어 있다.

** 한정숙, 「동유럽형 농노제-러시아의 경우를 중심으로」, 역사학회, 앞의 책, 195쪽.

그런데 러시아 농노가 노예적 존재로 추락할 18세기 무렵, 대서양 건너 미국에서도 노예제가 발전하고 있었다. 바로 흑인 노예다. 미국의 흑인 역시 처음부터 노예로 들어온 것은 아니었다. 처음에 이들은 계약 노동자로 들어왔으며 백인과 비슷한 처지였던 것 같다. 그런데 17세기 후반 유럽에서 미국으로 이주하는 사람이 줄어들면서 노동력 확보에 비상이 걸렸고 이때부터 아프리카에서 흑인 노예가 대량 수입되었다.

공교롭게도 근대에 접어들면서 '노예화'가 일어났는데, 이는 노예의 속성과 밀접한 연관이 있다. 고대 유럽에서는 게르만의 서·중부 유럽과 달리 로마에서 노예제가 발달했다. 로마에서 상업과 무역이 발전했기 때문이다. 노예의 '매매'라는 것 자체가 상업적 개념이기 때문에 노예라는 재산적 존재도 상업 발달이 전제되는 것이다. 그래서 중세 유럽의 장원 같은 자급자족적 농업 사회에서는 노예적 존재가 발달하기 어려웠다.

중세보다 근대 들어 발달했던 노예화 현상은 19세기 자본주의가 발전하면서 사라졌다. 자본가는 노동의 유연성을 원하는데, 노예는 종신 고용이므로 고용 형태가 경직되어 효율적인 노동 통제가 어렵기 때문이다. 미국의 노예 해방을 두고 나온 "흑인은 자유를 얻었지만 안정된 직장을 잃었다"라는 말은 이를 역설한다. 노예는 고도로 발달한 자본주의 체제에서 마침내 역사에서 사라지게 되었다.

한국사에서 노비는 두 가지 측면에서 고찰해야 한다.[*] 하나는 노비의 성격이 시대의 흐름 속에서 변화했다는 것이고, 또 하나는 조선 전기에 노비가 폭발적으로 증가했다가 후기에 사라졌다는 것이다.

고대에 해당하는 고조선부터 삼국시대까지는 한국에도 분명 노예가 있었을 것이다. 전쟁 포로나 형벌을 받은 죄인을 노예로 삼았는데, 삼국시대까지는 그런 일이 흔했기 때문이다. 고구려가 수나라 100만 대군을 물리친 뒤 포로 송환 문제가 당나라와의 외교에서 중요한 이슈가 된 것도 포로가 노예로 부려졌기 때문일 것이다. 고조선 8조법에도 물건을 훔친 자를 노예로 삼는다는 항목이 있어 형벌 노예의 존재를 알 수 있다.

같은 고대 유럽이어도 게르만 사회의 노예와 로마 사회의 노예가 다르게 운영된 것처럼 한국 고대의 노비 역시 다양하게 운영되었을 것으로 보인다. 가령 삼국시대 노奴는 일종의 신속 관계, 즉 주군과 신하의 관계를 칭하는 의미였다고 보인다. 광개토대왕릉비에 신라 왕이 고구려 태왕에게 '노객奴客'을 칭하는 것이 대표적이다. 그러므로 삼국시대 기록에 나오는 노비를 모두 노예로 보는 것은 문제가 있다. 중국에는 노예적 존재에 대한 호칭이 아주 다양한데,[**] 우리 역시 그러했을 것이다.

---

[*] 이영훈, 「한국사에 있어서 노비제의 추이와 성격」, 역사학회, 앞의 책, 418쪽.

고려 시대 들어 노예로 볼 수 있는 노비들이 등장하고 이외에
향·소·부곡민 같은 각종 예속민도 나타났다. 그러나 고려 노비는
인구에서 차지하는 비중이 낮았기 때문에 고려 사회에 영향을 끼
치는 수준은 아니었다. 고려사 개설서에서 노비 이야기를 찾기 어
려운 것도 이 때문이다.

노비는 왜 갑자기 늘어났을까?

그런데 조선 시대에 들어 노비가 급작스레 폭발한다. 호구 조사
에 잡히지 않아 확실하게 말할 수는 없지만 노비에 대해 실록에
10만, 100만 등의 수가 언급되는 것을 보아 상당한 수가 존재했
음을 짐작할 수 있다. 그중 하나를 보자.

> 영사領事 한명회가 아뢰기를,
> "공·사천의 도망하여 누락된 자들을 국가에서 지금 바야흐로 추쇄推
> 刷하고 있습니다. 다만 지난날에는 추쇄한 수가 20만에 지나지 않았
> 는데, 이번은 30만이나 됩니다."
>
> -『성종실록』 15년 9월 18일

15~16세기 노비가 전체 인구에서 차지하는 비율은 학자별로

** 진나라 때에는 귀신鬼薪, 백찬白粲, 성단城旦, 춘春, 사구司寇 등이 보이고, 당나라 때
에는 동僮, 복僕, 수신隨身 등 다양한 용어로 각종 예속민을 표현했다. 김유철, 「중국
사에서 예속민과 신분제」, 역사학회, 앞의 책.

시기 별로 차이가 있지만 성종 대 조선의 노비는 약 100만 명으로 추정되고 그중 약 3분의 1은 도망 노비였을 것이라고 한다.

차이가 있지만 약 30~40퍼센트라는 주장이 많다. 『성종실록』의 기록에서도 도망 노비는 전체 노비의 30퍼센트 내외로 보니 노비의 수는 거의 100만 명에 달했을 것이다. 15세기 조선 인구를 600~700만 명으로 추정하니 노비는 전체 인구의 15~20퍼센트가 된다. 가히 '노비제 사회'라고 부를 수 있을 정도다.

노비가 많다보니 그 형태도 다양했다. 교과서에서는 국가 소유의 공노비와 개인 소유의 사노비, 그리고 주인집에서 사는 솔거노비와 주인과 떨어져 사는 외거노비로 나뉜다고 가르쳤다. 그러나 기록에는 입역노비, 앙역노비, 납공노비 등 더 많은 형태가 존재하고 이러한 구분은 외거·솔거노비와 겹치기도 하고 다르기도 해서 단순하게 정의 내릴 수 없는 형편이다.

그런데 조선 전기에 이토록 노비 인구가 폭발한 이유가 무엇일까? 학자들의 주장에 따라 나름 정리해보면, 중세에서 근대로 넘어가는 과도기에 나타난 인신 지배적 고용 형태가 아닐까 싶다.

양반 지배 체제의 근간은 노비의 노동

조선 건국과 함께 양반 지배 체제가 완성되었는데 양반은 자신이 소유한 토지에서 일할 노동력을 확보해야 했고, 노비가 필요했다. 이는 양반에게 경영자의 특성이 있기 때문인데, 아직 사회가 근대로 넘어갈 만큼 성숙하지 못했기 때문에 피고용자에게 강한 지배력을 행사하고자 하면서 노비라는 형태가 나타난 것이다.

조선의 노비는 가족 단위로 토지를 소유하고 농사를 지었으며 대대로 주인에게 곡물이나 선물을 바쳤다. 노비는 부여된 의무만 행하면 농민과 다를 바 없어서 종종 대토지 소유자가 나타나기도 했다. 그래서 노비가 노비를 소유하기도 하고, 공노비의 경우 국가가 동원하면 사람을 써 대신 일을 시키기도 했다. 의녀, 악공, 장인, 심지어 궁녀로 동원된 공노비도 있었으니, 돈을 써서 대신 사람을 보내는 것은 결코 간단한 일이 아니었을 것이다. 노비 신세를 면하려고 곡식 수천 석을 냈다는 기록을 보면, 노비의 재산 규모를 짐작할 수 있다.

고려에 비해 조선은 역동적인 변화의 시대였기에 양반이 힘 있는 피고용인을 안정적으로 고용하고 재산을 증식하려면 제도의 힘으로 얽매고 지배할 수밖에 없었던 것이다. 물론 노비들은 이런 처지에서 벗어나려고 격렬하게 저항했다. 그 방법 중 하나가 도망이다. 물론 이 도망은 우리가 머릿속으로 그리는 도망과 다르다.

드라마 〈추노〉에서 언년이는 오빠와 헤어져 혼자 도망치는데, 실제 조선 시대에는 가족 단위로 도망치지 개인이 도망치는 경우는 흔치 않았다. 〈추노〉는 조선의 노비를 로마 노예 같은 존재로 생각한 것 같은데, 이는 실수다. 재산과 기술이 있는 노비 가족의 도망은 허락받지 않은 이주에 가까웠다. 그래서 추쇄를 하더라도 함부로 잡아들이기 어려웠다. 지역공동체 입장에서는 소중한 인력이었고, 국가도 이런저런 이유로 추쇄 불가능 지역을 만들어 이들을 보호하려 했다. 도망 노비는 국가에 필요한 '양민'이었기 때문이다.

조선 후기 노비의 변화

조선 후기가 되면서 노비는 점점 양반이 통제할 수 없게 되었다. 추쇄가 불가능해지고 노비의 힘은 더욱 강해졌다. 임진왜란으로 속오군 같은 국가 동원 체제 속에 노비가 포함되면서 노비의 저항은 더욱 강력해졌다. 주인에게 바치는 공물에 군역까지 지면서 이중 부역으로 삶이 팍팍해졌기 때문이다. 양반 입장에서도 노비가 군역에 동원되면서 이를 면제해달라고 청원해야 하는 등 자꾸 골치 아픈 일이 생겼다. 결국 다루기 어려운 노비보다 계약 노동자인 전호를 고용하는 쪽으로 전환했다. 이로써 노비는 집 안에서 하인으로 부리는 솔거노비만 남고 사라져갔고, 19세기가 되자 조선에서 노비라는 고용 형태는 좀처럼 찾아보기 힘든 것이 되었다.

유희경劉希慶은 노비 출신인데 효성이 지극해 이를 기특하게 여긴 남언경南彦經에게 예학을 배워 당대의 시인이자 예학의 대가로 이름을 날리고 양반이 되었다. 공노비 허억봉許億逢은 악공이 되었는데 궁중 악사인 전악에 올라 면천되었고, 그 아들 허임許任은 조선 제일의 침의鍼醫가 되었고 벼슬까지 받았다. 충청도 사노비 임복林福은 15세기 수천 석의 재산을 가진 거부였는데 면천의 대가로 국가에 3,000석을 내놓았다. 임복이 3,000석을 내놓고 면천되자 전라도 사노비 가동家同은 2,000석을 내놓고 면천을 청원했다고 한다. 조선의 노비는 지식인, 전문직, CEO 등으로 다양한 직업에 종사한 특수한 형태의 피고용자였다.

물론 이러한 해석에는 논리적 비약이 내포되어 있다. 나는 사회사 전공자가 아니기에 더욱 조심스럽다. 그럼에도 15~18세기 세계적으로 유행한 인신 구속적 고용 형태와 조선 노비의 존재 형태에는 어떤 연관성이 있지 않나 생각해볼 수 있을 것 같다.

미국의 한국사 전공자 마크 피터슨Mark Peterson 교수는 노예를 공동체에서 소외되고 추방당한 존재로 규정하며 조선의 노비를 노예라고 규정했다.* 처음에는 쉽게 이해되지 않았으나, 비정규직 노동자들이 집회 현장에서 "우리도 국민이다"라는 구호를 외치는 것을 보고 의미를 되새겨보게 되었다. 같은 일을 하면서도 특수한 고용 형태로 차별을 강요당하는 사람들은 현대 사회에도 존재한다. 피터슨 교수는 미국 프로스포츠 선수들을 신종 노예 같다고 비판했다. 노비의 사회사적 연구는 바로 지금 우리 곁에서 비정상적

---

* 역사학회, 앞의 책.

이고 억압적인 고용에 시달리는 사람들을 돌아보기 위한 것이 아
닐까? 그런 측면에서 가치 있는 연구라는 생각이 든다.

역관: 조선 시대 재벌의 탄생

조선의 전문직, 중인

조선 신분제의 또 하나의 특징은 중인의 존재다. 중인은 전문직 종사자들로서 지금의 의사, 법조인, 외교관, 무역상, 과학자 등에 해당한다. 현대 사회에서는 고수익과 사회적 존경이 보장되는 고급 직업이지만, 조선에서는 차별의 설움을 곱씹어야 하는 직업이었다.

이들 중 조선 지배층인 양반을 위협할만한 힘을 키운 세력이 있었으니 바로 역관이다. 역관은 통역관을 말하지만 그들은 단순히 통역에 그치는 것이 아니라 외교, 무역, 스파이 역할까지 해냈다. 그러다보니 자연스레 큰돈을 만지게 되었고 그 부를 토대로 권력에 도전하기까지 했다. 역관의 활약상을 통해 그들의 도전과 좌절을 돌아보자.

역관이 어느 정도의 힘을 발휘할 수 있는지 가장 극명하게 보여준 이가 홍순언洪純彦이다. 역관은 담당 나라에 갈 때마다 인맥을 쌓고 무역을 하고 정보를 수집하는데 홍순언도 마찬가지였고, 그중 한 인연이 조선을 구했다.

홍순언이 젊을 때 중국 퉁저우通州에 이르러 청루에서 놀다가 아름다운 여인을 만났다. 그녀의 옷이 흰 것을 보고 까닭을 물으니 저장성 사람인데 부모가 객사했지만 장례 비용을 구하지 못해 이곳에서 몸을 팔게 되었다는 것이다. 젊은 나이에 객기가 동한 홍순언은 장례 비용으로 삼백 금을 털어주고 자기 성이 홍씨라는 것만 밝히고는 떠났다. 미녀에게 멋진 모습을 보이고 떠나기는 했지만 공금횡령이라 옥에 갇히고 말았다. 홍순언은 여자에 홀려 공금에 손을 댄 정신 나간 공무원이었던 셈이다.

그런데 선조가 종계변무* 문제를 해결하기 위해 중국에 갈 역관을 물색하면서 홍순원에게도 위기이자 기회가 찾아왔다. 선조는 이 문제를 해결하지 못하면 목을 베겠다고 으름장을 놓았다. 역관들은 서로 미루다 옥에 갇힌 홍순언을 석방의 대가로 보내기로 했다.

---

* 명나라의 법전인 『대명회전大明會典』에 이성계의 아버지가 간신 이인임이라고 기록된 사건이다. 조선을 혐오하는 명나라 사람들의 농간으로 일어난 일인데 조선의 국격을 크게 저해하는 문제였다.

석성의 초상. 홍순언은 석성의 부인을 구해
주었던 일을 계기로 그와 인연을 맺었고, 이
인연은 종계변무뿐만 아니라 임진왜란에도
큰 영향을 미쳤다.

홍순언이 다시 연경에 들어가 통주(퉁저우)에 이르니 공장供帳[*]이 구
름같이 잇따랐는데 홍순언이 오는지 여부를 물었으니, 곧 석공石公
의 마중이었다. 홍순언이 이상히 여기면서 따라서 석성石星의 집에
이르렀다. 상서가 손을 잡고 안방으로 들어가니 그 부인이 성장을
하고 나와서 절했다. 홍순언이 황공하여 어찌할 줄을 모르니, 석공
이 말하기를, "은장恩丈(은혜로운 어른)께서 이 사람을 오래되어 잊었
소이까?" 하였다. 부인이 울면서 창관을 나와서 석공의 계실繼室이
된 사연을 말하자, 홍순언이 비로소 알았다.

–『심전고心田稿』[**] 제2권 『유관잡록留館雜錄』, 「대수암야화大樹菴夜話」

---

* 임시로 연회용 장막과 기구를 설치하고 음식을 준비해놓은 시설.
** 순조 때 박사호朴思浩가 청나라에 다녀온 후 작성한 견문록으로 이 중 『유관잡록』은
명·청대 명사들의 기담을 모은 것이다. 이외에도 『연려실기술』 등 홍순언의 일화를

종계변무의 주무 부서인 예부의 고관 석성의 후처가 바로 홍순언이 청루에서 구해준 여인이었던 것이다. 종계변무는 명나라 입장에서 중대한 일은 아니었기에 석성의 주선으로 일이 쉽게 풀렸다. 선조는 문제가 해결되자 크게 기뻐하며 명나라로 간 사신 일행을 공신에 봉했고, 홍순언도 광국공신 2등 당릉부원군에 봉해졌다. 여기에 일약 종2품 우림위장까지 승진했는데, 중인 출신으로는 파격적 인사였다. 사간원에서 반대했지만 선조가 무시하고 강행할 정도로 홍순원은 선조의 절대적 신임을 받았다.

임진왜란을 결정지은 인맥의 힘

그부터 몇 년 뒤 임진왜란이 일어났다. 당시 명나라에서는 조선이 일본을 끌어들여 명나라를 치려 한다는 소문이 돌았다. 그렇지 않으면 불과 한 달 만에 일본군이 한양까지 들어올 리 없다는 것이다. 명나라의 지원이 절박한 상태에서 실로 심각한 오해였다. 그때 마침 친親조선파인 석성이 명나라 국방장관에 해당하는 병부상서를 맡고 있었다. 천운이 아닐 수 없었다.

조선은 신점申點 등 여러 사신을 보내 집요하게 석성을 공략했다. 홍순언 역시 석성을 설득하는 데 앞장섰다. 명나라 조정의 의견이 분분했지만 담당 장관이 참전을 강력히 주장하니 점차 참전으로 기울어갔다. 마침내 임진왜란 발발 반년 만에 명나라 참전이

소개한 책은 매우 많다.

결정 났다.

> 순언이 대답하기를,
>
> "……다만 왜노가 후퇴하기 전에 서울로 진격하여 흉추들을 섬멸하
> 소서. 이것이 우리나라 신민들의 바람입니다."
>
> 하자, 제독이 말하기를,
>
> "내가 천자의 명을 받들고서 맡은 일이 무엇이겠소. 그대는 다시 말
> 하지 말고 끝내 내가 섬멸하는 것을 지켜보시오."
>
> ─『선조실록』 26년 3월 7일

홍순언은 당시 환갑이 넘은 노인이었지만 조선과 중국을 넘나
들며 국난 극복을 위해 맹활약했다. 특히 까다롭고 오만한 명나라
장수들을 설득하고 어르는 일을 맡았다. 석성을 등에 업었기에 좀
더 수월했을 것이다. 선조 앞에서도 고개가 뻣뻣했던 이여송李如松
제독도 홍순언의 말은 무겁게 받아들였다. 홍순언은 임진왜란이
끝나는 1598년 죽었는데 죽는 그날까지 전쟁에 지대한 영향을 끼
쳤다.

역관이 일본에서 귀빈 대우를 받은 이유

임진·병자 양란은 국제적 위기였기 때문에 역관의 활약이 매우
중요했고, 그만큼 그들의 힘과 위상이 높아졌다. 마침내 역관의
전성기가 찾아오니 그 주역은 변승업卞承業과 장현張炫이었다.

변승업은 일본어 역관으로 중국과 일본을 연결하는 중개무역으

219

로 큰돈을 벌었으며 「허생전許生傳」에 나오는 변 부자의 모델로도 유명하다. 일본은 임진왜란으로 조선·명과 전쟁을 치른 후 조선과 국교를 재개했을 뿐 명과는 국교를 재개하지 못했기 때문에 대외 관계에 큰 어려움을 겪었다. 그래서 네덜란드 등 서양과의 교류를 강조하는 한편 조선과의 무역에 매달렸다. 기록에 보이는 조선 통신사에 대한 일본의 융숭한 대접은 그들의 경제적 이익이 일차적 동기였다.

> 당상역관*은 일본에 도착하면 높은 대우를 받는다.
>
> —『동사록東槎錄』신유년 8월 12일

일본에서는 역관 대접에 상당한 신경을 썼다. 역관이 무역 담당자였기 때문이다. 일본에 가는 통신사는 정사—부사—서장관 순서로 서열이 내려간다. 그럼에도 당상역관인 변승업은 정사나 부사보다 높이 대우했다고 한다. 그가 주무르는 무역의 규모가 컸기 때문이다.

그의 활약은 그의 부를 통해 알 수 있다.『열하일기』의 「옥갑야화玉匣夜話」에 "변승업이 중한 병에 걸리자 변돈 놀이의 총계를 알고자 모든 장부를 모아놓고 통계를 내어보니 은 50만 냥이었다"라고 했다. 명나라의 임진왜란 참전 비용이 780만 냥이었고, 그 비용

---

* 당상역관은 3품 당상관의 품계를 받은 역관으로 변승업, 박재흥, 홍우재를 일컫는다.

이 명나라 멸망 원인 중 하나라는 점을 상기해보면 변상업이 어느 정도의 부를 축적했는지 상상할 수 있을 것이다.

조선 시대에도 돈은 권력이었다

부자가 된 변승업은 권력에 도전하기 시작했다. 사실 경제와 외교를 주무르는 사람으로서, 오늘날로 치면 삼성이나 현대의 소유주에 해당하는 존재로서 그가 권력에 고분고분할 리 없는 것은 당연했다. 양반들 입장에서는 천한 졸부가 돈×랄을 하는 것처럼 보였겠지만, 18세기 유럽 부르주아가 귀족을 자신들이 낸 세금으로 호의호식하는 기생충으로 본 것처럼 변승업도 그런 마음이 있었을 것이다.

변승업은 아내 이씨가 죽자 아내의 관에 옻칠을 했는데 이는 왕족에게만 허용된 것이었다. 비판 여론이 일자 변승업은 양반들의 입에 돈주머니를 하나씩 물렸는데 수만금이 들어갔다고 한다. 변승업은 이를 통해 결국 처벌을 면했다. 아내의 장례를 왕족에 준해한 것이나 이를 무마하려고 돈을 뿌린 것 모두 돈의 힘이 신분의 힘보다 강하다는 것을 보여주고자 한 행위였을 것이다.

변승업은 권세를 잡고 사사로이 이익을 챙긴 자의 부는 3대를 가지 못했고, 사람들이 돈을 벌 때 자신을 표준으로 삼으니 분명 재앙이 닥칠 것이라 하고는, 자식에게 그 많은 재산을 물려주지 않고 모두 흩어버렸다. 박지원은 그러한 변승업의 모습에서 부자의 참모습을 보았음이 틀림없다. 그렇기에 「허생전」에서 변 부자는 행색이 초라한 허생에게 쾌히 10만 냥을 쾌척하는 혜안을 가진 부

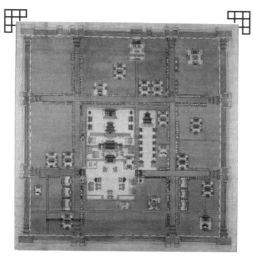

17세기 선양 시내 모습. 선양은 청나라의 첫 번째 수도
다. 장현은 인질로 끌려간 소현세자를 수행하면서 이곳
에서 일종의 스파이 활동을 했던 것으로 보인다.

자로 묘사되었던 것이다.

　장현은 변승업의 사돈이다. 즉 변승업의 아들과 장현의 딸이 결
혼한 것이다. 원래 변승업과 장현은 사이가 좋지 않았는데 정치투
쟁의 소용돌이 속에서 힘을 합치기로 하고 사돈을 맺었다고 한다.*

　장현은 병자호란 후 소현세자와 봉림대군이 인질로 선양瀋陽에
끌려가자 수행 역관으로 따라가서 인질들의 생활을 뒷바라지하는
한편 청 내부 사정을 염탐하는 역할을 했다. 실록에 관련 기록이

---

* 변승업은 서인과 연결되어 있었고 장현은 남인과 연결되어 있었다. 이상각, 『조선역관
　열전』(서해문집, 2011).

여럿 보이는데 다음은 그중 하나다.

> "양씨 성을 가진 사람이 또 장현에게 와서 말하기를……'오삼계가
> 정금·경정충 두 장수로 하여금 강서에 전력專力토록 하고 아홉 갈래
> 로 길을 나누어서 크게 병위兵威를 확장하고 있는데, 청나라 군사가
> 능히 막지 못하고 잇달아 구원을 청하고 있다.' 했습니다."
>
> -『숙종실록』즉위년 11월 7일

1674년 숙종이 즉위할 때 남인 정권은 북벌을 추진하면서 청
내부 정보를 수집하고 있었다. 조선 내에는 오랑캐 왕조가 100년
을 간 적이 없다는 믿음이 널리 퍼져 있었고, 특히 청의 가장 큰 불
안 요소였던 오삼계吳三桂가 삼번의 난을 일으켰기 때문에* 크게
기대하고 있었다. 1637년부터 청나라에 쌓아온 장현의 정보망은
30~40년 뒤까지 활발하게 작동하며 큰 활약을 했다. 이는 조선
외교에서 장현의 위상을 잘 보여준다.

하지만 삼번의 난은 실패했고 청은 더욱 강력해졌다. 남인의 북
벌 추진은 남인의 군사력을 강화해 숙종을 불안하게 했고, 결국

---

* 1644년 산하이관을 지키던 오삼계 등이 투항하면서 마침내 명의 요동 방어선이 뚫렸
고 청이 중국 본토를 정복했다. 청은 그 공으로 강남 지방에 3개의 번藩을 설치하고 오
삼계 등을 왕으로 봉했다. 그러나 삼번은 청나라 속의 또 다른 국가로서 언젠가는 제
거되어야 할 대상이었다. 청도 오삼계도 조선도 난이 일어날 것을 예상하고 있었다.
누가 먼저 공격할지가 문제였을 뿐이다. 결국 1674년 삼번이 선제공격했고 난은 청의
승리로 끝났다.

1680년 경신환국이 일어나 남인이 축출당했다. 역관 세력도 연루되어 큰 화를 입었고, 장현은 유배형을 받았다.

장옥정이 궁에 들어간 이유

17~18세기 역관은 안팎으로 위기를 맞고 있었다. 안으로는 송상 등 도시 상인이 치고 올라왔다. 이들은 공식 외교 업무를 통해서만 무역할 수 있는 역관에 비해 훨씬 자유롭게 국내시장과 국제시장을 연결했다. 또 역관의 주된 무역은 인삼 무역인데 일본이 인삼 국산화에 성공하면서 그 수요가 크게 줄었다. 세계적으로도 이 무렵 아메리카 인삼이 퍼지면서 역관의 인삼 무역이 위축되었다.

가뜩이나 어려운 상황에서 정치적 타격까지 받았으니 곤란함이 이만저만 아니었다. 이에 장현은 남인과 연결해 재기를 도모했다. 그의 종질녀인 장옥정을 숙종의 후궁으로 들여 궁궐과 외부 정치 세력의 연결을 도모했다. 이렇게 장희빈 스캔들이 시작되었다. 장현은 실록에서 국중 거부라 할 정도로* 큰 부자였다. 동서고금을 막론하고 정치에는 돈이 따랐다. 장현의 자금력은 남인에게 분명 중요한 물적 토대가 될 것이었다.

장현이 정치와 연결하고자 한 것은 이번이 처음도 아니었다. 일찍이 자신의 딸을 효종의 후궁으로 넣고 효종과 관계를 형성했다. 그리고 효종이 북벌을 위해 추진한 무기 밀수를 담당했다. 그는 청

---

* 『숙종실록』 12년 12월 10일.

나라에서 화포와 화약 등을 밀수하다 적발되기도 했는데,* 배후에 효종이 있었을 것이다. 물론 이러한 밀수는 당사자에게도 상당한 이윤을 보장한다.

서인 대표 인현왕후 vs. 남인 대표 장희빈

경신환국으로 권력을 잡은 서인, 그중에서도 노론**은 1681년 외척으로서 권력을 공고히 하고자 여흥 민씨 집안의 인현왕후를 숙종의 계비***로 들였다. 인현왕후가 어질고 덕이 높아 국모로서 칭송이 자자했다고 하지만 이는 어디까지나 노론 측 기록이고, 남인이나 숙종 비망기는 인현왕후가 질투가 심하고 정치적이었다고 기록하고 있다. 당시 인현왕후나 장희빈이나 붕당 간 대립이 격화되는 속에서 양 진영의 선수로 뛰는 처지였다. 결코 덕이나 인품으로만 평가할 형편이 아니었다.

　장옥정이 궁에 언제 들어갔는지 알 수 없으나 인현왕후보다 먼저 들어간 것은 확실하다. 실록에 인경왕후가 승하한 후 비로소 은총을 받았다고 기록되어 있다. 하지만 현종비 명성왕후가 곧 그녀

---

* 　허경진, 『조선의 중인들』(알에이치코리아, 2015).

** 　경신환국으로 집권한 서인은 남인 숙청을 둘러싸고 강경파 노론과 온건파 소론으로 갈라졌다. 노론은 이상주의적 원칙파로서 송시열이 주도했고 소론은 유연한 현실 타협파로서 윤증尹拯이 주도했다.

*** 　숙종은 세자 시절 광산 김씨 집안의 인경왕후를 세자빈으로 맞이했다. 그러나 인경왕후는 숙종이 즉위한지 6년 뒤 겨우 19세의 나이에 천연두로 죽었다. 인현왕후는 딸만 셋을 낳았다.

를 쫓아냈다. 명성왕후는 서인쪽 사람이었다. 현종에 이어 숙종대
까지 왕권이 강화되는 추세였고, 이럴 때는 외척 세도가 일어나는
법이다. 남인과 서인이 서로 외척 권력을 잡으려 했기 때문에 경신
환국이 일어나고 인경왕후가 승하하면서 치열한 암투가 벌어졌다.

숙종과 인현왕후는 부부 금슬이 좋지 않았다. 그 둘 사이에서만
아이가 없었다. 인현왕후가 아이를 간절히 원했기 때문에* 그녀의
의지가 문제는 아니었을 것이고, 결국 숙종의 사랑이나 인현왕후
의 건강이 문제였을 것이다. 숙종이 인현왕후를 내친 것까지 감안
하면 역시 둘 사이가 좋지 않았던 것으로 보인다. 서인 입장에서는
큰 위기였다.

1683년 궁에서 장옥정을 견제하던 명성왕후가 죽자 숙종은 장
옥정에게 기울었다. 1686년 장옥정에게 숙의를 봉하고 정식 후궁
의 지위를 부여했다. 1688년 장옥정이 원자를 낳자 희빈에 봉했
다. 장현의 종질녀는 일약 미래 왕의 어머니로 도약했고, 남인과
장현 등 역관 장씨 집안에도 서광이 비쳤다.

노론은 장희빈의 아들이 세자가 되는 것을 한사코 막으려 했다.
그러나 이는 택군擇君으로 비추어질 수 있는 위험한 일이었다. 선
조 때 정철이 세자 간택을 함부로 고했다가 서인 정권이 무너진
전례가 있었다. 왕위 계승권자 선택은 철저한 왕의 권한으로, 감히

---

* 인현왕후가 숙종에게 말하기를 꿈에 선왕이 나타나 장희빈은 자식이 없고 자신은 많
 을 것이라고 했다(『숙종실록』 15년 5월 2일).

신하가 간여해서는 안 되는 일이었다. 그런데 노론이 그 역린을 건드린 것이다.

노론의 자충수를 만회하기 위해 인현왕후는 적극적으로 움직였다. 그녀는 장희빈을 짐승의 환생, 숙종을 죽이기 위해 태어난 원귀 등으로 모함하고 자신이 아들을 낳을 때까지 기다려달라고 애원했다. 노론은 장희빈의 어머니가 불륜으로 장희빈을 낳았다는 루머를 퍼뜨리고 장희빈 어머니의 가마를 때려 부수는 등 하나 밖에 없는 숙종의 아들을 위협했다. 숙종은 대로하고 노론 대숙청에 나섰다. 이 사건이 기사환국이다.

인현왕후가 폐비되고 장희빈이 왕비에 올랐다. 그리고 그녀의 아들이 마침내 세자에 올랐다. 역관 집안이 왕의 외척이 되는 것이다. 장희빈의 오빠이자 장현의 조카뻘인 장희재張希載의 권력이 하늘을 찔렀다. 장희재는 무역과 상업에 능해 남인의 자금을 관리하고 정보망을 관리하는 데 뛰어난 재주를 보였다.

서인의 반격과 프로파간다

그러나 노론의 반격은 매서웠다. 김만중金萬重은 『사씨남정기謝氏南征記』를 지어 민심을 선동했다. 『사씨남정기』는 첩이 본처를 내몰고 남편을 독살하려 한다는 내용의 소설로 인현왕후가 장희빈을 모함한 내용 그대로였다.

노론이 거액의 은을 모금한다는 소문도 돌았다. 은을 모으는 것은 역모의 징조인데다 조선의 주력부대인 오군영의 주요 지휘관들이 노론 쪽이었다. 서인은 궁궐 내부와 통하려고 새로 숙종의 사

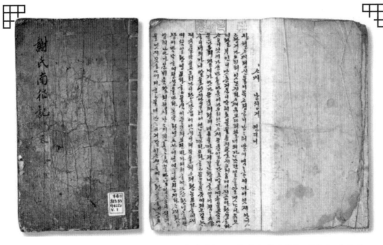

김만중의 『사씨남정기』는 선한 주인공에 인현왕후를, 악녀에 장희빈을 대입한 일종의 프로파간다 소설이었다.

랑을 받은 숙빈 최씨*와 손을 잡았다. 숙빈은 지속적으로 숙종에게 장희빈과 남인을 모함했다.

숙종이 인현왕후를 그리워했다는 증거는 없지만 장희빈과의 불화는 어느 정도 사실로 보인다. 장희빈 역시 남인 측 선수로서 정치적이었다. 특히 장희재의 활약이 커질수록 장씨 집안의 국정 개입이 왕의 심기를 거스르게 했을 것이다. 마침내 사고가 나고 말았다. 숙종은 장희재가 노론이 은을 모은다고 고발하자 이를 노론에 대한 모함으로 규정하고 오히려 남인을 잡아들였다. 1694년 갑술환국이다.

---

* 드라마 〈동이〉로 많이 알려졌다.

　　복위한 인현왕후는 장희빈에 대한 독설을 멈추지 않았다. 그녀는 자신의 불임과 불행을 모두 장희빈 탓으로 돌렸다. 그녀는 병색이 완연한 1701년 어느 날 사람들을 모아놓고 장희빈이 자신을 저주해 죽이고 있다고 말했는데, 과연 얼마 후 죽고 나서 무고의 옥이 터졌다. 장희빈의 거처에서 인현왕후를 저주한 신당이 발견된 것이다. 이 사건은 석연치 않은 점이 많은데 인현왕후가 이미 알고 있었다는 점, 죽은 지 한 달 뒤에 발각된 점, 고발자가 노론 측인 숙빈이라는 점 등 앞뒤도 맞지 않고 조작 냄새가 물씬 풍긴다.*

　　무고의 옥으로 남인과 연결된 궁궐 내 세력은 모조리 숙청당했다. 남인은 재기하지 못했고 이후 당쟁은 노론과 소론, 즉 서인 내부의 싸움으로 전개되었다.

역관의 몰락과 변화

장현 등 역관 세력도 그 힘이 현저히 약화되었다. 장현 이후 조선의 부의 주도권은 송상 등 도시 상인에게 넘어갔다. 역관들은 정조 때 서얼의 출세가 허용되자 자신들도 중인의 굴레에서 벗어나게 해달라고 소청운동을 했으나 실패했다. 정치적으로나 경제적

---

* 왕비가 하교하기를……"지금 나의 병 증세가 지극히 이상한데, 사람들이 모두 말하기를, '반드시 귀신의 재앙이 있다'고 한다. 궁인 시영時英이란 자에게 의심스러운 자취가 많이 있고, 또한 겉으로 드러난 사건도 없지 아니하였으나 어떤 사람이 주상께 감히 고하여 주상으로 하여금 이것을 알게 하겠는가?"……숙빈 최씨가 평상시에 왕비가 베푼 은혜를 추모하여, 통곡하는 마음을 이기지 못하고 임금에게 몰래 고하였다(『숙종실록』 27년 9월 23일).

으로나 약화되고 중인의 굴레도 벗지 못하자 점차 조선의 전면적 변화에 눈을 돌렸다. 바로 개화파로의 전환이다. 19세기 역관 집안은 오경석吳慶錫, 오세창吳世昌, 유홍기劉鴻基 등 개화파 지도부를 배출하면서 구한말 근대화 운동을 주도했고 일제강점기 독립 운동을 이끄는 세력으로 진화했다. 조선 최초의 상공업 세력이자 부르주아라 할 역관의 근대적 변신이다.

요즘 인터넷이나 모바일 번역기가 크게 발달해 꽤 쓸만해졌다. 이렇게 자동 번역기가 발달하면 언젠가는 통역가가 필요 없어질까? 나는 아닐 거라고 생각한다. 통역은 번역이 아니기 때문이다. 통역은 정치고 외교이며 무역이다. 2018년과 2019년 북미정상회담에서 트럼프 대통령의 통역을 맡은 이연향 통역국장의 유려한 솜씨가 화제가 되기도 했다. 조선 시대에도 통역 능력으로 외교적 현안을 해결한 것이 한두 번이 아니었다. 역사 속 역관의 활약을 보노라면, 오늘날 한국에서는 통역의 중요성을 간과하는 것이 아닌가 싶다.

서얼: 홍길동이 서러웠던 진짜 이유

양반, 직업이 신분이 되다

양반을 정의하는 것은 매우 어렵다. 귀족은 정치·경제·사회적 특권을 세습하는 존재라고 정의할 수 있지만, 양반은 그러한 특권을 세습하지 못했기 때문이다. 한명회는 조선 건국 공신을 배출한 권력자 집안 출신이지만 본인은 가난을 면치 못했다. 조선 후기로 가면 더욱 심각해지는데 『흥부전』이나 『심청전』은 몰락 양반의 처지를 잘 보여준다.

그렇다면 양반은 무엇인가? 양반은 원래 문반(동반)과 무반(서반)이라는 양대 관직에 종사하는 사람의 총칭이다. 요즘은 고려의 지배층도 문무 양반이라고 하는데,* 결국 양반은 관리에 대한 총

---

   *   한철호 외, 『고등학교 한국사 교과서』(미래앤, 2020), 48쪽.

과거에 급제한 주인공이 행진하는 장면을 그린 병풍의 일부분이다. 과거 급제는 온 집안과 마을이 축하하는 일이었는데, 어지간한 양반에게도 쉬운 일이 아니었기 때문이다.

칭, 지금으로 치면 고위 공무원을 가리키는 직업명인 것이다.

직업명이라 할 수 있는 양반이 신분이 된 것은 두 가지 측면 때문이다. 먼저 세습이다. 양반은 특권을 세습받지는 못해도 세습할 가능성이 매우 높았다. 즉, 양반은 특권을 세습할 기회를 가진 계층이란 의미다. 이는 바로 양반의 두 번째 조건 때문인데, 그들은 토지 소유자였다.

조선 시대 과거 급제는 매우 어려웠다. 교육에 돈도 많이 들었고 교육 기간도 매우 길었다. 20~30년 동안 아무 일도 하지 않고 공부만 하려면 이를 지원해줄 충분한 재력이 뒷받침되어야 했다.

이를 가능하게 한 것이 바로 사유재산, 그중에서도 토지였다.

그러나 조선은 좁은 땅이어서 토지 소유자는 제한되어 있었다. 그래서 토지 소유자를 중심으로 혈연끼리 뭉쳤다. 문중이 형성되고, 문중에서 우수한 인재를 뽑아 공부시켜 과거에 급제하면 합격자는 자신을 지원해준 문중에 봉사했다. 이렇게 양반은 혈연적·세습적 성격을 띠게 되었다.

관직에 오르면 무엇이 좋을까? 실리적 측면에서 보면 면세 혜택이 가장 중요했다. 세금은 언제나 경영자에게 큰 부담이다. 토지 소유자라는 경제적 조건을 통해 양반이 정치인이자 경영인으로서 CEO적 성격을 띠고 있음을 알 수 있다. 그런 의미에서 양반은 지금으로 치면 전경련이나 경총 같은 거대 경영자 연합이라고도 볼 수 있다.

양반은 정말 금전에 초연했을까?

상공업이 발달하기 전인 조선 전기 양반의 재산은 주로 세습되는 재산이었다. 대대로 상속하는 재산이기에 까먹지 않고 잘 유지하는 것이 중요했고, 혼인을 통해 상대방 집안의 재산을 상속받음으로써 보충하거나 늘릴 수 있었다. 처가 혹은 외가의 재산 상속이 중요했으므로 아들딸 구분 않고 균분상속하는 것이 당연했다. 모계의 재산이 중요하니 아내와 딸의 지위도 높을 수밖에 없었다. 조선 전기 족보를 보면 딸과 아들, 외가와 처가를 모두 기록했는데 결혼을 통한 가문 연합이 권력·재산의 형성·유지에 중요한 역할을 했기 때문이다.

이이의 생가인 오죽헌은 신사임당의 어머니인 용인 이씨의 재산이었다. 이이 시절만 해
도 모계 상속이 자연스러웠음을 보여주는 증거다.

　이를 잘 보여주는 것이 율곡 이이의 재산 상속이다. 이이의 어
머니는 그 유명한 신사임당인데, 신사임당의 어머니 용인 이씨는
강릉에 재산을 갖고 있었다. 그녀가 신사임당과 함께 산 집이 오
죽헌이다. 신사임당이 서울 시댁으로 간 이후 오죽헌은 신사임당
의 여동생에게 상속되었고, 용인 이씨는 외손자인 이이에게도 상
당한 재산을 남겼다. 용인 이씨의 재산은 부계가 아닌 모계로 계속
상속된 것이다.

　홍문 교리弘文校理 이이가 재차 상소를 올려 사직시켜 주기를 청하
고, 또 자기를 양육해준 외조모가 현재 늙은 나이에 홀로 된 몸으로
강릉에서 지내고 있는데 의탁할 데가 없으므로, 벼슬을 그만두고

돌아가 봉양해야겠다는 사정……을 말했는데, 상이 허락하지 않고
이조에 명하여 이이에게 파격적으로 외조모를 가 뵙는 데 있어서
근친覲親의 예와 같이 하도록 하였다.

-『선조수정실록』 2년 6월

　유산의 상속은 곧 봉양의 의무를 의미하므로 외가를 봉양하고
제사를 지내는 것도 당연했다. 이이는 외할머니를 봉양하려고 사
직서를 냈고 왕이 이를 특별히 배려하는 것이 16세기까지 일반적
인 일이었던 것이다.

모계 계승에서 가부장제로

그런데 이러한 모계 계승의 특성이 조선 시대 또 하나의 신분을
낳았으니 바로 서얼이다. 서얼 차별, 즉 서얼차대는 조선만의 독
특한 제도인데 사실 우리가 과장해서 생각하는 측면이 있다. 과
연 서얼은 전체 인구에서 얼마나 되었을까? 그리고 서얼차대는
과연 그토록 심했을까? 서얼차대는 일제강점기 일본 민법이 들
어와 축첩제도가 널리 퍼지고 첩 소생이 많아지면서 크게 인식된
측면이 있다는 것을 유념해야 한다.

　고려 시대는 일부일처제가 잘 지켜져서 부계와 모계가 동등하
고 첩이 없어 서얼도 별로 없었다. 『고려사高麗史』에 서얼에 관한
일부 기록이 있지만 양이 많지 않아 기록만으로는 서얼을 차별했
는지, 그 수가 어느 정도였는지 알기 어렵다. 일반적으로 고려는
서얼차대가 없었다고 보고 있다.

반면 조선 시대는 성리학적 가부장제에 입각해 부계를 강화하려는 노력이 있었고 그 속에서 첩을 들이는 경우가 많아지면서 일부일처제에도 금이 가기 시작했다. 그러다보니 모계를 강조하는 전통과 충돌하기 시작했다.

서얼차대는 사실 축첩을 금지하고자 시작된 것이다. 고려 말에 나라가 혼란스러워지고 축첩이 행해지자 축첩을 금하고 어긴 자에게 처벌을 내리면서 자식에게도 불이익을 주었다. 그러나 축첩이 사라지지 않았고 첩의 자식들만 불이익을 받았다. 그래서 천첩 소생은 군대에 보충역으로 보내 일정 기간 복무하면 속량하는 식으로 구제하기도 했다.

서얼은 아버지가 아니라 어머니의 신분에 따른 차별이고, 일부일처제를 어긴 것에 대한 징벌적 개념이었으니 사실 모계의 강력한 힘을 배경으로 했다고 볼 수 있다. 『홍길동전』에서도 홍길동의 아버지는 홍길동에게 애틋하고 생모는 길동을 사랑하지만, 아버지의 본처는 이들 모자를 미워하는 것으로 묘사된다. 가부장제적 관점에서 보면 투기지만 모계적 관점에서 보면 불륜에 대한 분노라고 볼 수 있다.

서얼 차별의 핵심은 취직과 재산

양반이 신분이자 직업의 개념이듯, 서얼 역시 명확한 신분적 개념은 아니었다. 단지 과거 응시 기회를 제한하고 재산 상속에서 불이익을 받았을 뿐이었다. 특히 천첩 소생은 유산을 물려줄 어머니가 없으니 부계와 모계의 유산을 동시에 상속받는 적자에 비해 많이 불리했다. 그러나 본처 입장에서 남편이 바람피워 얻은 자식에게 자신의 재산을 상속해줄 이유도 없었다.

양반은 직업적으로 관료다. 그런데 서얼은 양반의 자식이면서도 관료가 될 길이 막혔으니, 직업의 세습성이 강한 시절인 것을 감안하면 인생의 미아였다고 할 수 있다. 유산이 유일한 재산이던 시절 유산 상속도 못 받으니 물질적으로도 유복하기 어려웠다. 무책임한 아버지의 불륜으로 자식 인생이 꼬인 셈인데 이 문제는 모계가 약해지고 부계가 강화되면서 점점 사회문제가 되었다. 축첩이 많아지고 부계 재산을 두고 상속 다툼도 점점 심하게 벌어졌기 때문이다.

『홍길동전』이 베스트셀러가 된 이유

임진왜란이 일어나자 정부는 심각한 재정 압박을 받았다. 국토 전체가 전쟁터가 되어 생산도 안 되고 세금도 걷히지 않았다. 그러나 전쟁을 치러야 하고 전후 복구도 해야 하니 재정은 엄청나게 필요했다. 궁여지책으로 관직을 돈 받고 팔기로 했다. 관료란 곧 양반을 의미하니 결국 양반을 돈 받고 팔기로 한 것이다. 그 첫 대상은 당연히 서얼이었다. 관직을 돈으로 살 정도의 재력이 있는 사람은 당연히 양반이었기 때문이다. 임진왜란 이후 많은 서얼이 차별의 굴레를 벗어날 수 있었다.

그러나 서얼의 신분 상승, 즉 서얼 허통은 여러 부작용을 낳았다. 우선 가부장제를 강화하고 축첩을 장려하는 꼴이 되었다. 실제로 조선 후기가 되면 축첩이 상당히 늘어난다. 첩이나 서얼 문제에

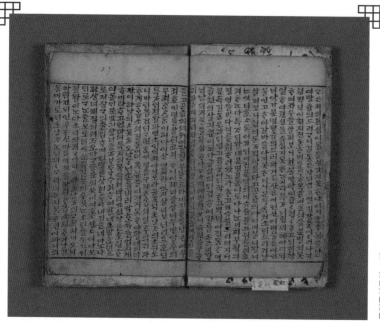

『홍길동전』은 허균이 지은 최초의 한글 소설로 알려진다. 하지만 원본은 발견되지 않았고 대신 많은 이본異本이 전해진다.

대한 기록과 소설이 조선 후기에 집중되는 이유가 여기 있다. 특히 축첩은 권력자가 여자를 독차지하고 가난한 남자는 결혼 기회조차 잃는 것을 의미하므로 사회적 갈등도 심화시킨다. 이에 광해군은 서얼 허통을 금지시켰다.

이것이 『홍길동전』이 나오는 계기가 되었다. 허균은 유사 이래 서얼차대의 문제를 폭로한 것이 아니라 열렸다가 막힌 서얼 허통에 대한 불만을 표현한 것이다. 그러므로 허균의 『홍길동전』은 서얼에 대한 일반적 비판이 아니라 광해군 때의 특수한 사정에 대한 비판으로 볼 수 있다.

『홍길동전』의 배경이 세종 때고 연산군 때의 도적 홍길동洪吉同을 실존 모델로 했다는 데서 두 가지 해석이 가능하다.『홍길동전』의 서얼차대가 작품의 본질이 아닌 장치 즉, 홍길동의 가출을 위한 동기에 지나지 않으며,『홍길동전』의 진정한 주제는 상공업 발전에 대한 허균 등 북인의 관심과 새로운 사회 건설에 대한 야망이라는 것이다. 결론적으로 후대인들이 작품의 복선을 지나치게 과장해서 해석했고 오히려 그 때문에 작품의 주제가 은폐되었다고 생각한다.

그런데 허균이 죽은 지 수십 년 후, 특히 병자호란 이후에 서얼이 더욱 증가한다. 서얼의 증가는 서얼차대의 문제도 증폭시키고, 서얼의 신분 상승 비용도 증가시켰을 것이다. 조선 후기 가부장제 강화와 가족제도의 변화는 서얼 문제를 복잡하게 만들었다. 서얼은 모계를 강조하는 제도이기 때문이다.

이러한 여러 가지 모순과 혼란은 결국 서얼 제도의 폐지로 나타났다. 정조는 서얼을 규장각 검서관으로 등용해 관직 진출의 길을 열었고, 순조 때 서얼의 진출을 공식화하는 제도 정비가 잇따랐다. 하지만 이는 남성의 불륜과 일부다처제를 합법화하는 측면이 있으므로 사회적으로는 쉽게 받아들여지지 않았다. 특히 일제강점

* 허균은 조선 후기 상공업 발전에 따른 가부장제 강화에 선구적 인물이었다고 평가할 수도 있다. 그는 자유롭게 연애하면서 그 결과물인 서얼을 옹호하는 데 앞장섰다. 반면 시댁의 횡포에 힘들어하는 누이 허난설헌에 대해서는 이렇다 할 조처를 취하지 않았다. 허난설헌이 사실상 신사임당과 동시대 인물이었음을 감안하면 처가의 방관으로 박명했다고 볼 수 있지 않을까?

기 축첩이 완전히 합법화되면서 서자를 둘러싼 사회적 갈등은 더욱 심화했다. 일제는 서얼차대를 조선의 봉건적 악습이라고 비난하면서도 자신들의 봉건적 축첩제도는 옹호하는 데 앞장섰고, 이 속에서 애꿎은 서자들만 죽을 고생을 했다. 이 문제는 20세기 말까지 지속적으로 논쟁거리였고, 축첩이 금지된 민법 제정 이후*에야 비로소 해결되었다.

벼슬하기보다 어려웠던 시골 양반되기

양반은 신분이라고 하기에는 법적 구속력이 약했다. 그래서 양반은 스스로의 힘과 노력으로 기득권을 지키고 세습했다. 특권은 관료로서 받고, 토지 소유자로서 농업경영을 통해 부를 획득했다면, 사회적으로는 향촌 사회의 지배력을 통해 신분적 우위를 유지했다.

조선 전기 향촌에서의 지배력은 유향소留鄕所를 통해 이루어졌다. 유향소는 지방 양반의 모임으로 수령을 보좌하고 백성을 교화하는 역할을 했다. 아무나 유향소에 들어갈 수 없었고 엄격한 심사를 거쳐 허락받은 사람만 들어갈 수 있었는데, 그 명단을 향안鄕案이라 했다. 향안에 명단이 있는 사람이 바로 양반인 셈이었다.

향안에 이름을 올리는 것은 16세기 사림의 향약鄕約과 함께 중

---

* 1960년대 민법 개정 때 축첩은 금지되었지만 규정이 막연해서 이후에도 축첩은 다양한 형태로 존재했고, 서자들도 사생아 등의 명칭으로 불우한 환경에 놓았다. 호주제 폐지는 변형된 축첩을 완전히 금할 수 있다는 점에서 중요한 평가를 받았다.

조선 시대 향안. 향안에 이름을 올리지 못하면 지역에서 양반으로 대접받지 못했다.

요해졌다. 15세기 훈구파는 한양이나 수도권에서 살았기 때문에 향촌 지배력이 그렇게 중요하지 않았다. 그러나 사림은 지방 토지 소유자였기 때문에 향촌에서의 지위와 권세가 매우 중요했다.

　향안에 이름을 올리려면 복잡한 절차를 거쳐야 했다. 먼저 본가와 처가가 모두 양반이어야 하고 서얼, 향리, 평민의 자손이나 그들과 결혼한 자는 받아들여지지 않았다. 또 본가, 외가, 처가 모두 그 지역 출신이어야 했다. 다른 고장 출신은 관리라 해도 향안에 이름을 올리기 힘들었다. 담양 출신 송순宋純은 대사헌을 지낸 고관이지만 외가가 남원이어서 담양 향안에 이름을 올리기 위해 오랜 시간과 공을 들여야 했다.* 자격을 갖춘 사람은 기존 회원의 추천을 받은 후 투표를 통해 가입이 결정되었다.** '시골 양반' 되기는 이렇게도 어려웠다.

향안이 왜 문제일까? 향안에 오른 자만 양반으로 인정받고,*** 그 외에는 평민과 비슷한 대접을 받았으며, 향안에서 만든 규약에 따라 불이익을 받거나 처벌을 받았기 때문이다. 가령 이황의 예안 향약 규정에 따르면 서얼을 적자로 삼은 자, 서얼을 돌보지 않은 적자, 적자를 능욕한 서얼은 극벌을 받았다. 극벌은 대개 양반의 경우 출향(고향에서 쫓겨나는 것)이고 평민은 체벌이었다. 향안의 규약은 반상 구분이 엄격했고 처벌에도 차별을 두었으니 향안에 오르지 못하면 신분으로서의 양반의 지위를 누리지 못하는 것이었다.

조선 시대의 신분과 차별

관료, 토지 소유자, 향촌 지배자라는 양반의 성격은 조선 후기가 되면서 점차 흐려졌다. 상공업 발달과 부농의 성장으로 평민과 양반의 경계가 점차 희미해졌기 때문이다. 평민 출신 부농은 양반의 두 번째 조건(토지 소유자)을 만족했고, 이를 토대로 향촌의 지배력

---

* 전형택, 『조선 양반 사회와 노비』(문현, 2010), 88쪽.
** 규장각한국학연구원, 『조선 양반의 일생』(글항아리, 2009).
*** "향적에는 오직 양반만이 올라갈 수 있으며 나머지 사람들은 비록 학행과 재덕이 갖추어져 있고 또 과거에 합격하여 관력을 지냈다 하더라도 향안에 참여하는 것이 허락되지 않았다." 유형원柳馨遠, 『반계수록磻溪隨錄』 권9, 「교선지제敎選之制 상上」 「향약사목」, 전형택, 앞의 책, 87쪽에서 재인용.

에도 도전했다. 타지에서 온 수령과 결탁해 억지로라도 향안에 이름을 올리면 양반이 되는 것이다. 19세기 탐관오리의 횡포 이면에는 돈을 놓고 벌이는 신분 간의 투쟁이 깔려 있었다. 게다가 격렬한 당쟁으로 노론 명문가가 관직을 독점하면서 많은 지방 사림이 관료로서의 자격을 갖추지 못했다. 결국 18~19세기가 되면 양반은 유능한 농업경영인 정도로 의미가 축소되다시피 했다.

지역마다 차이가 있지만 19세기가 되자 양반 인구가 폭발적으로 늘어났다. 대구 지역의 경우 인구의 70퍼센트가 양반이었다. 프랑스혁명 전까지 프랑스의 귀족이 5퍼센트 내외였던 것에 비하면 엄청난 비율이다. 이러한 양반 인구의 팽창은 신분으로서 양반에 대한 명확한 제도적 규정이 없었기 때문에 즉, 양반이 준準신분제적 성격을 띠었기 때문이다. 사회·경제적 기반이 변하면서 양반과 평민의 경계가 무너지고 모두 양반이 되는 세상이 되어버렸다.

한국사에서 신분제의 소멸 과정은 '신분'이라는 개념이 의외로 명확하지 않았음을 보여주며, 과연 조선 시대 사회적 차별의 본질이 무엇이었는지 생각하게 한다. 유럽의 귀족과 평민의 개념에 익숙하고 그 기준에 따라 한국사를 보는데 익숙한 나머지 너무나도 조선사의 특징을 쉽게 생각하는 것은 아닐까? 우리의 역사에 내재한 차별을 명확하게 인식하지 못하면, 결국 오늘날의 특권과 차별의 뿌리도 제대로 이해하지 못하게 된다.

조선 시대 양반은 실력으로 특권을 쟁취했지만, 그 이면에는 과거와 향약 등 제도의 뒷받침이 있었다. 그러나 그 제도는 분명 다수에게 불리한 것이었고, 그래서 결국 양반은 오랫동안 소수에게

세습되었다. 그렇다면 오늘날, 우리가 공정하고 민주적이라고 생
각하는 제도에 허점이 존재하지 않는다고 단언할 수 있을까? 부
익부 빈익빈, 특권과 세습이라는 말이 유행하는 현실 속에서, 우리
가 공정하다고 생각하는 제도에 대해 의심해보는 것이 타당하지
않을까?

재테크

돈의 흐름이 보여주는
다이내믹 조선

재산을 모으는 것은 인간의 원초적 본능이다. 부귀영화에 대한
욕망은 사유재산 개념이 생겨난 청동기시대부터 존재했다. 그리
고 인류는 재산을 모으기 위해 가혹한 전쟁을 일으켰다. 인간은
열심히 일하는 것보다 남의 것을 빼앗아 재산을 축적하는 게 쉽
다는 이치를 깨달았는데, 이것이 전쟁을 야기하고 계급을 만들었
다. 인류 불평등의 기원은 결국 사유재산에서 왔다. 그래서 석가
모니부터 마르크스까지 사유재산 없는 평등한 세상을 꿈꾸었지
만 모두 실패했다.

오늘날도 마찬가지다. 돈을 벌어 부귀영화를 누리고자 하는 욕
망은 사라질 기미조차 보이지 않는다. 평등과 이상을 논하는 지식
인들조차 책이 많이 팔려 인세 수입으로 안정된 생활을 했으면 한
다. 그러니 문재인 정부의 부동산 정책이 성공할 리 있겠는가? 돈
을 벌기 어렵게 하는 정책은 성공하기 어렵다. 현대 사회는 모두

돈에 환장한 세상이다. 어쩌면 돈에 대한 욕망을 도덕적으로나 사상적으로 비판하는 것은 옳지 않을 수도 있다. 욕망 자체를 부정하는 것이니까. 욕망이 없다면 그것이 사람일까?

오늘날은 돈을 벌려고 직업을 갖고 장사를 하고 투자를 한다. 그렇다면 조선 시대에는 돈을 어떻게 벌었을까? 농업 사회에서도 재테크를 했을까? 양반의 부는 오직 평민 착취로만 이루어졌을까? 그렇다면 평민은? 평민은 모두 가난하게 살다 비참하게 죽었을까? 그런 비참한 운명을 무려 500년 동안 묵묵히 참고만 있었을까?

우리는 조선의 농업 사회를 목가적 자급자족 사회로 생각하는 경향이 있다. 물론 그런 측면도 있었지만 실제로 농업 사회에서 농사만 지어서는 먹고살기 어렵다. 자연재해로 인한 기근도 대비해야 하고 목돈이 들어가는 경조사도 준비해야 한다. 가난하게 사는 것에 안주하다가는 언제 닥칠지 모르는 시련에 굶어 죽기 딱 좋은 것이 조선의 농업 사회였다. 양반도 마찬가지였다. 평민 착취에만 의존하면 결국 농민 봉기로 죽음을 당하게 된다. 양반도 재산 축적을 위한 자신들만의 경제 시스템을 만들어야 했다.

조선에는 조선 나름대로의 재산 축적과 증대의 장치가 있었고, 이를 통해 부자가 되거나 몰락하기도 했다. 더군다나 조선 시대에 해당하는 15~19세기는 전 세계적으로 근대적 상업 경제가 일어나는 시기였고 조선 역시 이러한 시대적 변화를 외면할 수 없었다. 조선도 결국 거대한 부의 축적의 소용돌이에 빠져들게 된다. 자본주의의 맹아든, 내재적 발전이든 어떻게 부르건 간에 조선은 17세기 이후 본격적인 상업 경제를 맞이하게 된다. 조선인의 돈 벌기를 통해 그 시대 사람들의 삶을 구체적으로 보면, 조선의 실체에 한층 가깝게 다가갈 수 있을 것이다.

놀부와 홍부의 처지가 달라진 이유

『홍부전』에서 놀부는 오장육부가 아니라 오장칠부인데 심술보가
하나 더 있기 때문이라며 그의 심술을 이렇게 설명한다.

> 욕 잘하고 싸움 잘하고 장에 가면 억매 흥정(물건을 억지로 사는 행위),
> 죄 없는 놈 뺨 치기와 빚값으로 계집 빼앗기, 올벼논에 물 터놓기, 패
> 는 곡식 이삭 빼기, 논두렁에 구멍 뚫기, 옹기장수 작대치기, 다된 흥
> 정 파의하기, 비 오는 날 장독 열기……

반면 홍부 부부가 가난하기에 감수했던 고단한 품팔이 노동도
열거되어 있다.

> 방아 찧기, 술 거르기, 제복祭服 만들기, 대사 치르는 집 그릇 닦기,

굿하는 집 떡 만들기, 2월에 가래질하기, 3월에 부침질하기, 무논 갈기, 이엉 엮기, 멍석 베기, 나무 베기, 삯일 가기, 말 짐 짓기, 말편자 박기, 물 긷기, 짐 지기…….

흥부와 놀부는 형제지간인데 형은 부자고 동생은 가난하다. 형은 남의 재산을 빼앗고, 동생은 임금노동자로 살고 있다. 왜 그럴까? 놀부가 상속재산을 모두 독차지하고 흥부는 한 푼도 받지 못했기 때문이다.

우리는 여기서 몇 가지 사실을 알 수 있다. 하나는 신분제가 흔들리고 있다는 점이다. 흥부와 놀부는 형제간으로 같은 신분이고 아버지가 막대한 재산을 소유했으니 양반일 가능성이 높은데 같은 양반 안에서도 이렇게 빈부 격차가 나고 있다. 이는 양반이라는 신분이 더는 부귀를 보장해주지 못한다는 의미다. 또 하나는 양반인데도 놀부는 공부를 하지 않는다는 것이다. 어쩌면 놀부는 양반이 아닐지도 모른다. 평민 부자 집안일 수도 있다.* 조선 후기에는 부가 중시되었고 과거 합격은 소수 권력 가문이 독점했기 때문에 평민 부농은 과거 공부를 하지 않았다. 그저 지역에서 행세할 정도의 지식만 있으면 되었고 모든 관심은 부의 유지와 증대에 있었다.

---

* "놀부가 박을 타자 생원이 나와 말하기를 '네 아비 개불이와 네 어미 똥녀가 댁종으로 드난살이하다 오밤중에 도망한지 수십 년이거늘……'"이라는 구절이 있다(구인환 엮음,『심청전·흥부전』, 신원문화사, 2002). 이는 놀부가 노비 출신 집안일 가능성을 의미한다.

놀부에게 무식은 결코 수치가 아니었다. 셋째로 흥부는 다양한 품 팔이 노동을 하는데 조선 전기라면 노비나 동원된 양인이 할 일이 다. 다양한 임노동이 가능하다는 것은 그만큼 고용할 수 있는 소규 모 고용주들, 즉 소자본가가 존재했다는 뜻이다.

『흥부전』에서 볼 수 있는 사회 변화

우리는 『흥부전』을 통해 조선 후기에 상공업이 발전하고 이를 통 해 조선의 사회경제가 서서히 변화하고 있었음을 알 수 있다. 브 루스 커밍스Bruce Cumings가 지적했듯이 조선 후기 상공업의 성장 은 20세기 한국 자본주의 고도성장의 토대가 되었을 것이다.* 최 근 '근대화'라는 개념을 부정하면서 조선 후기 상공업 발달을 '내 재적 발전'으로 규정하지는 않지만 이는 한국사의 전개에 있어 중요한 변화임에 틀림없다.

유럽이나 일본, 중국도 마찬가지였다. 유럽의 경우 15세기는 르 네상스 시대에 해당하는데 이때 이탈리아에서는 상공업 발전에 따라 몇 가지 의미 있는 발전이 나타난다. 중세 유럽은 기독교 신 앙하의 농업 중심 경제였고, 상업을 천시했다. 그러다보니 상공인 들은 좋은 소리를 듣지 못했다. 그런데 사회 발전에 따라 적극적으 로 시대를 해석하는 학자는 언제나 있기 마련이다. 가령 얀 후스Jan

---

* 한국과 달리 일본이 성공적 근대화를 이룰 수 있었던 배경으로는 에도시대(17세기 ~1868년)의 사회·경제적 변화가 원인이라는 평이 일반적이다.

제4부

Hus는 중세 교회를 비판하고 성서 중심 신앙을 주장하다 1415년 화형을 당했다. 상공인들은 교회를 비판하고 개방적인 주장을 하는 신학자들을 초빙해 새로운 신학을 연구하고 강의하도록 했는데 이것이 대학이다. 결국 중세 기독교는 에르푸르트대학에서 공부하고 비텐베르크대학 교수를 역임한 마르틴 루터Martin Luther에 의해 종말을 고했고 유럽은 종교개혁의 태풍에 휩싸였다.

상공인들은 봉건세력의 공격을 피해 자기들만의 세상을 만들었다. 그들은 로마 시대 상업 중심지였던 지역으로 들어가 성벽을 쌓고 '도시'라는 그들의 세계를 만들었다.* 그러나 봉건세력의 거센 침략에 동요하는 상공인이 많았기에, 스스로를 지키기 위해 '길드'라는 견고한 조직을 만들었다. 길드는 위계적이고 배타적인 조직으로 길드에 가입하지 못하면 상업에 종사할 수 없고 길드의 지시와 규정에 따라서만 활동해야 했다. 만약 이를 어기면 도시에서 추방당하거나 괴롭힘을 당했다. 길드는 훗날 대부분의 도시민에게 적용되는데 가령 17세기 네덜란드의 대표적 화가 얀 페르메이르 Jan Vermeer**는 화가 길드에 가입하기 위한 그림을 그려야 했고 길드의 규정 때문에 그림 판매 등에서 여러 제약을 감수해야 했다. 그는 이 때문에 많은 고통을 받았다.

도시와 대학을 토대로 발전한 유럽 상공업 세력이 본격적으로

---

* 부르주아Bourgeoisie라는 단어는 성벽Bourg에서 유래했다.

** 페르메이르(베르메르)는 『진주 귀고리 소녀』라는 작품으로 널리 알려져 있다.

힘을 발휘하기 시작한 것은 17세기 이후였다. 여기에는 아메리카와 아시아 약탈과 무역을 둘러싼 국가 간 갈등이 동력으로 작동했다. 영국은 가톨릭교회의 재산을 압수하고 그 재산으로 함대를 육성해 스페인이 독점한 대서양 무역을 나누어 차지하는 데 성공했다. 해적과 태풍이 기다리는 위험한 대서양 항해에는 목숨 걸고 배를 타는 부르주아가 필수적이었다.

종교개혁에 성공해 재정을 강화한 국가가 부르주아를 총알받이로 내몰아 해양 무역으로 자본을 축적하면서 스페인-네덜란드-프랑스-영국이 차례로 패권을 잡고 부를 독점했다. 이 속에서 힘을 기른 부르주아는 새로운 사상으로 무장한 시민계급의 지도자로서 마침내 19세기 혁명을 통해 중세 사회를 타도하고 자본주의 세상을 건설했다.

부자의 탄생과 조선의 자본주의

과연 대외 침략과 식민지 운영 없이 서양 자본주의 체제가 성립할 수 있었을까? 이는 가설에 지나지 않는다.[*] 그러나 서양 자본주의의 발전에 얽매이지 않고 자유롭게 중세 이후 상공업 발전을 연구하는 현대 역사학에서는 조선·중국·일본의 상공업 발전을 흥미롭

---

[*] 자본주의가 지속 가능한 체제인지에 대한 비판적 질문은 그동안 유럽의 내재적 발전에만 국한되어 있었다. 이를 대표하는 것이 마르크스의 공황론이다. 그러나 2003년 이라크전쟁 이후 전쟁 없는 세계를 지향하는 관점에서 이런 질문은 유럽 침략사에 대한 반성적 성찰을 요구한다.

모내기법은 한반도 기후에는 맞지 않는 방법이라 조선 전기 전까지는 크게 활용되지 않았다. 하지만 양란 이후 국토가 황폐화되고 노동력도 줄어들자 농민들은 모내기법을 적극 도입하지 않을 수 없었다.

게 보고 있다.

조선의 상공업 발전은 임진·병자 양란 이후 본격화되었다. 그전까지 조선 정부는 효과적으로 경제를 통제했는데 양란 이후 국가의 통제력이 약화되고 생존의 위기에 몰린 농민들이 각자도생의 길을 택하면서 자유로운 경제활동이 폭발하게 되었다. 이 중 특히 주목되는 변화가 농업기술의 발달이다.

고려 후기에 들어온 모내기법은 생산력을 획기적으로 증대하는 방법이었으나 위험성도 높았다. 양력 5~6월에 논에 물을 채우고 모내기하는 것에 성패가 좌우되는데 한반도는 이 시기에 강수량이 적어 농사를 망칠 가능성이 높았다. 그래서 조선 정부는 남부 일부 지방을 제외하고는 모내기법을 금지했다. 자칫하면 봄 가

뭄으로 대규모 기아 사태가 벌어질 수도 있기 때문이다. 그러나 양란 이후 농토가 황폐해지고 인구가 격감해 노동력 확보도 어려워지자 농민들은 하는 수 없이 모내기법을 강행했고 정부도 막을 수 없었다.

모내기법은 성공과 실패가 명확하게 갈리는 기술이다. 성공하면 많은 농작물을 수확하는데 이는 한 가족의 생존에 필요한 곡식 이상이었다. 또 노동력 절감 효과가 탁월해 가족 단위 농업경영도 가능했다. 따라서 성공한 농민은 부농으로 성장할 기반을 갖출 수 있었다. 잉여 농산물을 장에 내다 팔고 확보한 현금 등으로 논을 사들였다. 광대한 개인 소유 농토에 노동자를 고용해 월급을 주고 일을 시켰다. 이를 광작廣作이라 하는데 이러한 경영형 농업은 부농을 순식간에 확산시켰다.

반면 모내기법에 실패한 농민은 나락으로 떨어졌다. 모내기법은 기존 농법에 비해 실패했을 때 수확량이 크게 떨어진다. 실패하면 당장 생존에 위협을 받을 수도 있고, 여기에 조세 부담까지 감안하면 날품팔이라도 해야 했다. 수많은 농민이 임금노동자로 노동시장에 투입되었고, 수요와 공급의 법칙에 따라 임금은 지속적으로 하락했다.*

---

* 이로 인한 빈부 격차와 사회적 모순은 실학자들, 특히 중농학파의 주된 관심사였다. 토지 균등 소유와 자영농 육성을 해결책으로 제시했는데 대표적인 것이 이익李瀷의 한전제限田制와 정약용의 여전제閭田制였다. 유럽에서 빈부 격차를 위해 해법을 제시한 학자로 대표적 인물은 애덤 스미스Adam Smith인데, 그는 『국부론』에서 시장의 분배 기능을 통해 빈부 격차를 완화할 수 있다고 주장해 현대 경제학의 아버지가 되었다.

부농은 부를 누리기 시작했다. 이제 그들은 농사꾼이 아니라 노동자를 고용한 경영자였다. 노동자에게 고정된 임금을 주고 최대한 생산성을 짜내는 것이 중요했다. 놀부나 스크루지 같은 심술궂고 돈이라면 무슨 일이든 하는 자린고비가 넘쳐났다. 유학자들은 도덕이 바닥에 떨어졌다고 개탄하며 이들을 억압하려 했지만 세상의 흐름은 이미 경영자 쪽으로 기울고 있었다. 그리고 그들은 성공의 열매를 누리고자 했다.

조선 부자들의 돈 자랑

부의 향유는 음식에서 시작되었다. 부농 경영자들은 고기를 먹기 시작했는데 향신료로 비싼 후추나 산초를 쓰지 못하고 대신 고추를 썼다. 육식이 늘어나자 돼지 사육도 늘어났다. 돼지는 농사에 쓰지 못하기 때문에 상공업이 발전한 뒤에야 비로소 사육이 늘어났다. 건강을 위한 인삼 등의 약초, 기호 상품인 담배 재배도 활발해졌다. 특히 담뱃대는 신분과 부의 과시를 위해 점점 길어졌다. 긴 담뱃대는 하인이 불을 붙여주어야 피울 수 있기 때문이다.

옷도 화려해졌다. 비단옷을 입기도 하고 비단이 너무 비싸면 무명을 화려하게 염색해서 입었다. 여성의 옷도 과감해져 저고리가 점점 짧아지고 가슴을 강조하는 라인이 유행했다. 신윤복 申潤福의 풍속화에 드러나듯 도시의 화려한 색채가 옷으로 피어났다.

집도 좀 더 잘 짓고 내부도 화려하게 치장했다. 장인들이 고급 재료를 써서 만든 가구와 각종 인테리어 제품이 부자의 집을 수놓았다. 『흥부전』의 한 대목을 보자.

국립중앙박물관 소장

김홍도의 〈벼 타작〉. 앞에서는 소작농들이 타작하고 있고, 뒤에서 마름이 담뱃대를 물고 있다. 담배는 조선 후기 대표적인 기호 식품이었으며, 담뱃대는 부를 과시하는 수단이었다.

자개 함농, 용장 봉장, 쇄금꽂이 삼층장, 용두머리 장목비, 녹촛대, 우단 이불 비단 요, 용목 쾌상, 용연 벼루, 산호 필통, 화류채경……

부자들의 소비생활은 상공업을 더욱 진흥시켰다. 농업은 이제 곡물 생산에 주력하는 것이 아니라 부자들의 음식에 양념으로 쓰이는 파, 마늘, 고추나 기호 식품인 담배 농사로 전환되었고 장인들은 나라를 위한 무기 생산을 집어치우고 부자들에게 팔 가구와 기물을 만들었다. 장인들이 필요로 하는 금과 은을 비롯한 각종 금속을 캐내기 위해 농사를 망친 유랑 농민은 광산으로 몰려갔다. 어디서 광산이 열린다는 소문만 돌면 광부들이 몰려들고 그들을 위한 상점이 들어서면서 인구 1,000명 이상의 도시가 몇 달 만에 만들어졌다.

돈 벌고 여유가 생기면 그다음으로 발달하는 것이 문화생활이다. 소설이 유행하고 연극이 인기를 끌었다. 한글 소설이 유행하는데 특히 평민 부자들의 취향에 맞추어 양반을 비판하고 신분제에 도전하며 끝에 부자가 되는 소설이 유행했다. 『춘향전』, 『흥부전』, 『장화홍련전』 같은 신데렐라 콤플렉스류의 소설이 대유행이었다. 또 이를 실연하는 판소리, 마당극, 전기수傳奇叟(이야기꾼) 같은 공연 문화도 유행했다. 조선 후기에는 책이 유행하니 책을 파는 책방도 유행하고 책쾌 같은 서적 중간상이 본격적으로 출현했다.

19세기 영국의 소설가 찰스 디킨스Charles Dickens는 크리스마스를 맞아 교훈적인 소설을 연재해달라는 부탁을 받고 스크루지 영감 이야기를 펼쳐냈다. 중세의 혁명 세력이자 근대의 주인공인 부르주아는 탐욕과 비도덕성으로 어딜 가든 비난의 대상이 되었고, 특히 유럽에서는 그 화살이 유대인에게 쏟아져 샤일록** 같은 캐릭터가 창조되었다.

조선에서 놀부라는 캐릭터가 만들어지고 오늘날까지 논쟁의 대상이 되는 것은 바로 자본의 탐욕을 대표하기 때문이다. 이러한 탐

---

* 조윤민, 『모멸의 조선사』(글항아리, 2017).
** 셰익스피어의 희곡 「베니스의 상인」에 나오는 유대인 상인. 탐욕의 대명사로 특히 빚을 받아내기 위해 사람의 살을 요구한 것으로 유명하다.

욕은 상업의 속성이기도 하지만 조선 후기 상공업 발전으로 인한 극심한 빈부 격차와 초기 자본축적 과정에서의 약탈적 성격 때문이기도 하다. 근대 자본주의 발전의 두 얼굴을 『흥부전』만큼 잘 보여주는 작품도 없다. 더욱 중요한 것은 우리가 이 작품을 통해 조선 후기 상공업 발달과 그에 따른 사회 모순의 심화를 이해할 수 있다는 점이다.

양반, 부르주아로 변신하다

과거는 체면, 실리는 상속으로

양반이 몰락하고 부르주아가 등장한 것이 아니라 양반이 부르주아가 된 것이며, 지배층이 교체된 것이 아니라 지배층이 변신한 것이라는 이론은 역사 발전을 신봉하는 사람들에게는 입맛이 쓴 주장이다. 그러나 그런 사례는 얼마든지 있다. 가령 영남의 유명한 지주 집안 출신 이병철은 해방 이후 적산을 불하받아 지금의 삼성을 일으켰는데 이는 지주가 자본가로 변신한 대표적 케이스다. 한국 대기업 창업자들의 이력을 보면 양반 대지주 출신이 밑바닥부터 치고 올라온 이보다 많아 보이고, 삼성과 현대의 문화 차이도 이런 측면에서 고려되고는 한다. 이제 조선 양반들이 어떻게 부를 축적하고 운영했는지 살펴보자.

조선 전기 양반은 대부분 유산 상속으로 부를 유지했다. 양반의 수입은 관료로서 받는 수조권 혹은 녹봉과 대대로 상속받은 유산

경복궁 근정전 앞의 품계석. 조선 시대 신하들이 왕 앞에서 직언을 하고 정치적 소신을 지킬 수 있었던 것도, 결국은 경제적으로 아쉬울 게 없었기 때문이다.

으로 유지되었는데, 전자는 많은 액수가 아니었다. 예를 들어 선조 때 1568년부터 1575년까지 8년 동안 관직 생활을 한 유희춘柳希春은 총 17번 녹을 받았다. 그중 정액을 받은 것은 6번이고, 11번은 재정 곤란을 이유로 적게 지급받았다. 이 시기 받은 녹봉을 쌀로 환산하면 대략 백미 51섬에서 81섬 사이였다. 그에 비해 1568년 그가 자신의 각종 수입원에서 받은 수입은 약 300여 섬이었다.* 그가 국가에게 받은 녹은 전체 수입의 6분의 1에 지나지 않았다.

과거에 급제해 관리가 되는 것은 경제적 동기보다 입신양명을 위한 것으로, 정치적 소신을 성취하고 지배층으로서 특권을 획득

---

* 　규장각한국학연구원, 『조선 양반의 일생』(글항아리, 2009), 156쪽.

하기 위한 것이었다. 조선 양반들이 혹독한 당쟁 속에서도 꿋꿋이 정치적 소신을 지키다 사약을 먹고 죽었던 것은 그들의 관직 진출 동기가 일정 부분 비경제적이었기 때문이다.

조선의 CEO, 양반

양반 소유 재산의 핵심은 상속재산이었다. 예를 들어 1509년 작성한 박성건 처 난포 박씨 분재기分財記에는 200명 내외의 노비와 200마지기 이상의 전답이 기재되어 있는데, 대부분 상속받은 것으로 처가나 외가 쪽에서 받은 것이 더 많았다. 이는 박성건 집안이 과거에 급제해 경제적으로 부유한 집안과 통혼할 수 있었기 때문으로 보인다. 또 상속받은 농지 경작은 노비를 통해 함으로써 노비가 일종의 고용 형태임도 보여주고 있다.* 따라서 노비의 확보는 상속받은 농지 운영에 매우 중요했다.

이외에도 수많은 조선의 명문가가 상속받은 재산을 토대로 집안 경제를 유지했다. 한국의 내로라하는 명문가들, 가령 경주 최부자 집안이나 노블레스 오블리주의 대명사인 경주 이씨 이회영李會榮 집안은 조선 전기부터 명문가 집안이었다. 어느 시점에 부가 크게 일어났다기보다는 오랜 양반 집안으로서 대대로 이어오는 재산을 잘 관리하고 조선 후기 경제적 격동기에도 잘 경영해 구한말까지 부를 유지한 것이다. 존 던컨John Duncan의 『조선왕조의 기

---

* 전형택, 『조선 양반 사회와 노비』(문현, 2010), 77~78쪽.

이회영 6형제의 서간도 망명 논의 상상화. 이회영은 집안의 재산을 처분해 약 40만 원(현재 시세로는 약 600억 원)의 자금을 마련했다고 한다. 이회영은 이항복의 10대 후손으로, 조선의 뿌리 깊은 부자였다.

원』은 중앙 관원층의 가문을 통계 내어 고려 후기 명문가 22개 가문을 정리했는데 경주 이씨는 이 중 네다섯 번째로 유력한 가문이었으며 경주 최씨 역시 명문가에 포함되어 있었다.[*] 『퇴계집』에는 양반의 경제관념을 드러내는 기록이 많다. 그중 몇 가지를 인용해보자.

---

* 존 던컨, 김범 옮김, 『조선왕조의 기원』(너머북스, 2013), 110쪽.

농사나 누에 치는 잔일에도 때를 놓친 적이 없으며, 수입을 따져 지출하여 뜻밖의 일에 대비하였다. 그러나 집은 본래 가난해서 가끔 끼니를 잇지 못하고, 온 집안은 쓸쓸하여 비바람을 가리지 못했기 때문에 남들은 견디기 어려운 것이었으나, 선생은 넉넉한 듯이 여겼다.

–『퇴계집退溪集』, 「언행록言行錄」 2, 「검약」

선생은 시골에 있을 때 나라의 세금이나 부역이 있으면 반드시 평민보다 앞서서 바쳐 한 번도 늦어진 일이 없었다.

–『퇴계집』, 「언행록」 2, 「향리에서의 생활」

이외에도 노비를 꾸짖거나 성낸 기색을 보이지 않았다는 등 득도한 양반의 세련된 경영을 찬양하는 기록도 종종 볼 수 있다. 사실 이황도 처가나 외가에서 상속받은 재산을 포함해 상당히 많은 토지를 소유하고 있었다. 이 때문에 구두쇠라고 비판을 받기도 하는데, 그보다는 경영에 능숙하고 절제된 CEO로 보는 것이 타당할 것이다.

선물인가, 뇌물인가?

그러나 모든 사람이 정상적이고 도덕적인 방법으로 부를 유지한 것은 아니었다. 16세기에는 이해할 수 없는 경제행위가 유행하는데 바로 선물이다. 선물이 얼마나 보편적이었는지는 기록의 제한으로 알기 어렵다. 그러나 16세기 양반의 생활사 연구에 주요 자료로 활용되는 유희춘의 『미암일기眉巖日記』나 이문건李文楗의

『묵재일기默齋日記』에는 선물 관련 이야기가 상당히 많이 나온다. 이는 농업 사회에서 상공업 사회로 넘어가는 과도기에 필요한 물품을 얻는 방법이 아니었을까 싶다. 구체적으로 들여다보자.

유희춘의 1568년 수입을 분석해보면, 녹이 백미 51섬 정도, 공노비에게 수취한 것이 26섬 정도, 선물이 186섬 정도, 토지에서 수확한 것이 83섬 정도다. 총 수입에서 선물이 차지하는 비중이 절반 이상이다. 물론 항상 이런 것은 아니었다. 1573년에는 선물 수입이 49섬 정도로 대폭 감소한다. 1567년은 관직에 막 진출했을 때이고 1573년에는 부제학 등 고위직을 역임할 때이므로 권세와 상관없이 선물 증여가 이루어졌고 그 양도 차이가 컸다고 보인다.

그렇다면 선물 증여는 왜 이루어졌을까? 우선 품목을 살펴보면, 곡식과 포 등 화폐처럼 통용되는 물품도 있지만 생활용품, 문방구, 고기, 생선, 야채, 약 등 각종 일상 용품까지 포함되어 있었다. 또 지방에서 서울로 올라가는 경우가 많은데 유희춘이 전라감사로 있을 때는 받는 것보다 주는 것이 많았다. 상업이 아직 발달하지 않았을 때 필요한 물건을 구하기 위한 일종의 유통망이 관료 사회 내에, 혹은 혈연집단 내에 형성되어 있었다고 볼 수 있다.

물론 선물에는 공짜가 없다. 선물을 주고받으며 다양한 청탁이

---

* 규장각한국학연구원, 앞의 책(글항아리, 2009).

** 병자호란 당시 피난 생활을 기록한 남평 조씨의 『병자일기丙子日記』에는 1636년부터 1640년까지 받은 각종 선물이 기록되어 있는데 팥죽 한 동이, 입던 저고리, 떡과 술, 문어와 도미, 소주 2병 등 자잘한 일상 용품이 가득하다. 규장각한국학연구원, 『일기로 본 조선』(글항아리, 2013), 143~145쪽.

오고 갔다. 따라서 당시 선물과 뇌물의 경계를 명확히 구분하기는 어렵다. 다만 이러한 선물 거래 속에 혈연 공동체나 파벌 내부의 끈끈한 관계가 형성되고 유지되었다고 어렵지 않게 짐작할 수 있다. 즉 가문이나 당파는 경제적 공동체의 성격이 강했던 것이다. 조선 후기 상업이 발전하고 시장에서 물건 구하기가 용이해지면서 선물과 뇌물은 점차 구분되기 시작했다. 굳이 아는 사람에게 세숫대야 하나를 위해 편지를 쓸 필요는 없어졌으니까.

17세기와 18세기의 차이

17세기 초에 지어진 『홍길동전』에서 홍길동은 관가와 부자의 재물을 빼앗아 가난한 백성에게 나누어주고 도적을 교화시켜 부하로 삼았으며 왕에게 곡식을 받아 율도국으로 가서 이상 사회를 건설한다. 오직 힘으로 재물을 이동시킨 데서, 허균의 상상력으로는 아직 자유로운 시장과 유통이 구체화되지 않았던 것을 알 수 있다.

반면 18세기 박지원의 「허생전」에서 재물은 시장을 통해 이동한다. 「허생전」의 줄거리를 정리해보자. 묵적골 선비 허생은 아내의 등쌀에 공부를 접고 변 부자에게 1만 금을 빌려 장사를 시작한다. 우선 안성으로 내려가 제수용품을 매점매석했다. 제수용품의 가격이 폭등한 덕에 10배의 이윤을 남겼고, 이어 제주도에서 말총을 매점매석해 또 10배의 이윤을 남겨 100만 냥을 벌었다. 그는 90만 냥으로 도적을 양민으로 정착시키고 가난한 사람을 구제한 뒤 변 부자에게 10만 냥을 갚고 다시 집으로 돌아온다.

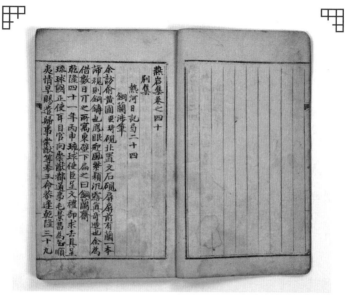

박지원의 『연암집燕巖集』 중 『열하일기』 부분. 「허생전」은 『열하일기』 중 「옥갑야화」에 수록되어 있다.

똑같이 도적을 교화하고 가난한 사람을 구했지만 홍길동은 도술과 무력으로 했고 허생은 시장을 통해 했다. 이것이 17세기와 18세기, 허균과 박지원의 차이다. 가난 구제와 백성 교화를 이루는 도구가 허균에게 판타지였다면, 박지원에게는 경제의 기본 원리였던 것이다. 박지원이 중상학파로 구분되는 이유가 여기에 있다.

그런데 여기서 주목할 것은 시장의 매점매석이다. 봉이 김선달이 대동강 물을 팔아먹었다는 설화도 있지만, 근대 상업 발달 시기에는 현대적 관점의 공정거래라는 개념이 없었다. 지금도 사기와 자유경쟁, 공정거래와 규제의 기준에 대한 논쟁이 있을 정도이니 초기 상공업이 발달하던 당시에는 얼마나 큰 혼란이 있었겠는가?

유럽에서는 이것이 샤일록 논쟁으로 드러난다. 샤일록은 셰익스피어의 희곡 「베니스의 상인」에 나오는 악덕 상인으로 채무 변제의 대가로 인간의 살을 요구해 악명을 떨쳤다. 이 이야기는 계약이 모든 거래를 정당화하는지에 대한 논쟁에서 종종 언급되는데, 현대 철학이나 경제학에서 공정성과 평등에 대해 이야기할 때도 이 논리가 차용된다.

시장을 규제한 이유

시장에서 자유롭게 물건을 사고팔 수 있다는 생각은 허구다. 실제로는 시장에도 권력이 작동한다. 규제에 진저리를 치는 사람들은 규제 완화와 자유로운 시장 거래를 원하지만, 시장에 대한 규제가 사라지면 권력이 시장에서 절대 우위를 점하게 되어 있다.

금난전권에 대해 조선의 봉건적 억상 정책으로 보기도 하지만, 이 제도는 조선 후기 상공업 발달 과정에서 나온 것으로, 그렇게 간단히 볼 것은 아니다. 난전이 17세기 이후에 나오니 난전을 금하는 제도 역시 17세기 이후에 나온 것이다. 금난전권은 수도의 시장 질서를 정부에서 통제하기 위해 만든 제도다. 난전은 정부에 등록되지도 정부에 파악되지도 않는 상인들로서, 이들이 사기를 치거나 불법적 거래를 해도 정부는 막을 수 없었다.

면주전綿紬廛의 행수行首 등 19인이 호소하기를, "기근에 시달린 뒤에 칙사가 막 다녀간 참이라 간신히 연명하고 있는데, 난전배들이 세력을 믿고 날마다 재물을 마구 사들이기를 조금도 거리낌 없이

하니 부디 이 무리들의 죄를 다스려 시장 백성들이 생계를 꾸려 살

수 있도록 해주소서."

-『승정원일기』 인조 17년 8월 23일

난전 상인들이 매점매석하자 시전 상인들이 관에 고발했다. 관
이 즉각 난전 상인들을 체포하자 다른 난전 상인들이 몰려와 고발
한 시전 상인을 구타하고 관청에 난입하는 등 거세게 저항했다. 이
사건은 왕에게 보고되었고, 결국 왕은 강력하게 처벌할 것을 지시
했다.

매점매석은 한양의 물가에 큰 영향을 미치고 특히 한양에 사는
양반과 관리의 생활에 피해를 주기 때문에 단속에 부심할 수밖에
없었다. 그러나 금난전권에는 순수하게 시장의 교란을 막아 소비
자와 나라 경제를 보호하려는 의도만 있는 것은 아니었다.

도성 안의 무뢰배들이 떼를 지어서 이르기를, "쌀값이 뛰어오른 것
은 오로지 저자의 장사치들이 조종한 때문이라"고 하면서 먼저 가
겟집을 부수고 뒤이어 불을 질렀다고 합니다. 무릇 성 안에서 쌀가
게를 차려 놓은 자는 거의가 그런 화를 입었으며, 심지어는 각 진영
의 장교와 나졸들로서 금지시키고 단속하려 나간 사람들도 금단禁
斷하지 못하였다고 하니……

-『순조실록』 33년 3월 8일

인조 17년은 1639년이고 순조 33년은 1833년으로 200년 차이

가 나기 때문에 동일 선상에 두고 비교하는 것은 무리가 있지만, 같은 매점매석에 전혀 다르게 대응한 것이 흥미롭다. 1833년의 경우 쌀을 파는 싸전 상인과 세도정치 세도가가 결탁했기 때문으로 보인다. 즉, 관리들이 상인을 조종해 매점매석할 경우에는 정부에서 반대의 입장을 취했음을 알 수 있다.

육의전은 주로 관리의 생활용품을 독점 공급하기 때문에 그런 일이 덜했을 것으로 추측하지만, 남인과 결탁했다고 추정되는 송상이나 노론과 결탁했다고 추정되는 만상(의주상인) 임상옥林尙沃 등은 양반을 위한 매점매석에서 자유롭지 못했을 것이다.

임상옥은 홍경래의 난에 연루되었지만 곧 난이 실패할 것을 알고 관군을 적극 지원해 무사할 수 있었다. 심지어 돈으로 난에 연루된 지인의 딸을 구해냈다는 이야기도 있다.[*] 관을 등에 업은 상인이 이토록 비호를 받은 것은, 상인들이 관리와 양반을 위해 대리 경영을 했음을 의미한다.

조선 양반과 대한민국 재벌

일제강점기 사재를 털어 우리 문화재를 지킨 것으로 유명한 간송 전형필全鎣弼은 조선 후기 신흥 부자 집안 출신이다. 전형필 집안의 부는 19세기 초 전홍주부터 시작했으며, 특히 전홍주의 아들

---

[*] 임상옥의 일대기를 다룬 드라마 〈상도〉에서 임상옥과 아가씨의 로맨스 중 일부의 모티브가 되기도 했다.

삼 형제가 가세를 크게 일으켰다. 이 중 전홍주의 차남 전계훈은 무과에 급제한 무인으로 지금의 종로4가 일대인 배우개 상권을 장악해 큰 부를 이룩했다. 조선 후기 재정난으로 군인에게 월급을 주기가 어려워진 정부는 무인들에게 상업 허가증을 발급하고 대신 세금을 내도록 했다. 이로써 무인의 상업 활동이 활발히 이루어졌고, 전형필의 집안도 이렇게 해서 부를 쌓았다.*

조선 후기가 되면 양반들은 권력을 이용하고 경영자를 고용하거나 직접 경영하는 방법으로 부자, 즉 부르주아가 되었다. 이 속에서 다양한 경제 이론이 등장하고 새로운 사회와 문화가 탄생했다. 양반의 돈 벌기야말로 역동적인 조선 후기 경제 변화의 한 측면이었던 것이다.

일제강점기를 거치면서 많은 부자가 몰락하고 새로운 부자가 등장했다. 강원도 빈농의 아들이었던 정주영은 청소년기 소 한 마리를 훔쳐 몰래 가출해서 서울로 올라와 지금의 현대 그룹을 창업했다. 김우중은 아버지가 납북되고 홀로 된 어머니 밑에서 소년 가장으로 어렵게 살다 연세대학교 경영학과를 졸업하고 32세에 창업해 대우 그룹을 일으켰다. 이를 보면 한국은 기존 양반이 무너지고 새로운 부르주아가 등장해 자본주의를 일으킨 것처럼 보인다.

그러나 조선의 양반은 대한민국 건국 초부터 경영자로서의 성격이 강했다. 이들은 조선 후기에 권력과 근대적 경영 기법을 통해

---

* 조용헌, 『조용헌의 명문가』(랜덤하우스코리아, 2009).

부를 축적했다. 이러한 부는 일제강점기에 이어 현대까지 이어졌다. 울산 김씨 김성수 집안과 동아일보나 경주 이씨 이병철과 삼성 그룹, 노론 사四대신 중 하나인 양주 조씨 조태채의 후손으로 한진 그룹을 창업한 조중훈 등 조선의 양반가가 오늘날 재벌로 그 맥이 어어져오는 것을 흔히 볼 수 있다.

게다가 조선 후기 상공업 발달로 부를 축적한 평민들이 갖은 방법을 동원해 양반으로 신분을 전환하면서 19세기에는 양반=부르주아라는 공식이 성립되었다. 신분제의 해체야말로 신분의 전환에 대한 개념을 흐린 가장 강력한 사회적 변화였던 것이다.

여기서 주의해야 하는 것은, 양반의 특권 의식이 오늘날 한국 부르주아, 즉 부자들의 마음속에 면면히 계승되어왔다는 점이다. 귀족에서 부르주아로 전환한 유럽과 미국의 부자들 속에 존재하는 소위 상류층 문화가 미국의 동부 문화라든지 런던의 이스트앤드 문화를 만든 것처럼, 한국에서도 독특한 상류층 문화를 형성했을 것이다. 문제는 그것이 평등 사회로 나아가는 데 어떻게 작동하는지다. 노블레스 오블리주인가 아니면 기득권 수호를 위한 사회적 갈등 심화인가? 한국 부자들의 문화와 정신을 이해하려면 조선 양반의 경영 마인드와 문화를 이해하는 것이 필수적이다.

신대륙 발견과 은과 인삼 무역

남미의 은이 중국으로 흘러들다

조선 후기를 대표하는 무역품은 인삼과 은이었다. 많은 역관과 상인이 중국·일본과의 무역을 통해 엄청난 부를 축적했다. 그런데 왜 하필 은이었을까? 여기에는 콜럼버스의 영향이 컸다. 그가 아메리카 대륙을 발견한 뒤 스페인이 남아메리카의 은광을 개발하면서 대량의 은이 전 세계적으로 유통되었기 때문이다. 은이 불러온 세계무역은 인삼의 세계적 유통을 야기했고 조선의 인삼 무역을 더욱 촉진시켰다.

1492년 아메리카 발견 이후 스페인은 아메리카의 은광 개발에 혈안이 되었다. 가령 볼리비아의 포토시 은광은 16세기 중엽 전 세계 은 생산량의 60퍼센트를 차지하기도 했다. 이렇게 채굴된 은은 유럽으로 퍼졌다. 은이 화폐로 쓰이면서 인플레이션이 일어나 물가가 3배나 폭등하기도 했다. 은은 아프리카 흑인 노예 구입과

콜럼버스가 쏘아올린 작은 공은 은 유
통망을 따라 전 세계를 휩쓸었다. 조선
역시 그 세계적인 유통망 속의 플레이
어였고, 조선의 패는 인삼이었다.

아메리카 설탕 플랜테이션에 사용되면서 대서양 무역을 일으켰
고, 낙후한 유럽은 세계를 선도할 물적 토대를 확보할 수 있었다.

유럽은 풍부한 은을 바탕으로 동남아시아의 향신료와 중국의
차와 도자기를 수입했다. 이로써 유럽의 대서양, 중국·동남아시아
의 인도양, 서태평양을 연결하는 거대한 무역망이 형성되었다. 바
다를 연결하는 세계 단일 무역망이 서서히 완성되어갔던 것이다.

중국은 세계의 은을 진공청소기처럼 빨아들였다. 17~18세기
아메리카에서 생산된 은 11만 2,000톤 중 8만 1,000톤이 유럽으로
유입되었는데 이 중 3만 9,000톤이 중국으로 흘러들어갔다.* 아메
리카에서 바로 중국으로 흘러들어간 은도 최고 2만 톤으로 추정된

---

* 박한제 외, 『아틀라스 중국사』 (사계절, 2007), 169쪽.

다. 아메리카에서 채굴한 은의 절반이 중국으로 들어갔다. 결국 신대륙 발견의 최대 수혜자는 중국인 셈이다.

이렇게 유입된 은은 중국의 조세제도를 바꾸었다. 16세기 재정 곤란을 겪던 명은 장거정張居正을 등용하며 일대 개혁을 단행했는데 그중 하나가 일조편법이다. 이전에는 곡물이나 동전으로 세금을 내왔는데, 은의 대량 유입으로 곡물이나 동전보다 은이 구하기 쉬워졌다. 그래서 많은 세금 항목을 통일해 토지 소유 면적과 장정 수를 기준으로 세금을 책정하고 은으로 일괄 납부하게 하는 일조편법을 시행한 것이다.

청은 건국 후 조세제도 개혁에 더욱 박차를 가했다. 강희제는 지세와 정세를 납부하는 과정에 여러 문제가 생겼음을 알고 정세를 폐지하고 지세만 징수했다. 지정은제로 중국 농민의 조세 부담이 경감되었고 이로써 만주족 왕조는 인구의 대부분을 차지하는 한족 농민의 지지를 얻게 되었다. 청나라가 1912년까지 계속 중국을 통치할 수 있었던 배경에는 은의 유입을 이용한 세제 개혁이 있었다.

문제는 은본위제를 유지하려면 지속적으로 은이 유입되어야 하고 은의 유출은 엄격하게 관리해야 한다는 것이다. 그런데 중국에는 차, 비단, 도자기라는 절대적인 상품이 존재했다. 중국은 무역 적자를 볼 나라가 아니었다. 중국산 차와 도자기는 무역업자가 자국에 팔아 높은 이윤을 낼 수 있는 상품이었다. 무역업자에게 중국은 수요와 공급 면에서 완벽한 만족을 제공하는, 계속 거래하고 싶은 대상이었다. 중국은 아쉬울 것이 없었고, 무역업자와 무역 상대국만 애가 타는 형국이 지속되었다. 이런 관계는 1842년 무력을 앞세운 서양의 침략으로 비로소 끝이 났다.

럭셔리한 국제 상품, 인삼

순조純祖 초에 의주부義州府의 상인 임상옥이 백삼白蔘 한 움큼을 얻어 앉은 자리에 두었는데, 마침 따뜻한 물에 젖었다가 온돌에서 말라 색이 변하여 붉게 되었다. 연경燕京에 가지고 들어가서 시험 삼아 그 나라 사람에게 물으니, 그 사람들이 크게 놀라며 "촉삼蜀蔘이 조선에서 생산되었다"고 하고는 후한 값을 쳐주었다. 다음 해에 쪄서 홍삼을 만들어 조금씩 가지고 들어갔고, 또 그다음 해에 역시 그렇게 하여 드디어 큰 상인이 되어 두 나라에 이름이 났다.

–『임하필기林下筆記』제28권, 「춘명일사春明逸史」, 「홍삼의 시원」

19세기 대표적 상인인 만상 임상옥이 홍삼을 처음 만들었다는 것인데 이 기록은 사실이 아니다. 홍삼 기술은 그전에 이미 있었고 특히 송상(개성상인)의 장기였다. 하지만 이 기록을 통해 임상옥과 만상이 인삼 무역으로 부를 축적했음을 알 수 있다. 그렇기에 그가 홍삼 제조법을 개발했다는 오해까지 생긴 것이다.

임상옥을 유명하게 한 사건도 역시 인삼과 관련된 것이었다. 그가 중국에 홍삼을 잔뜩 지고 갔는데 중국 상인들이 담합해 거래를 거부했다. 인삼은 저장이 까다로워 자칫하면 모두 버릴 판이었고, 중국 상인들은 그 틈을 타 헐값에 사들일 생각이었던 것이다. 이에 임상옥은 장작불을 피운 뒤 중국 상인들을 모아놓고 소리쳤다. "나는 제값을 받지 않고는 조선 인삼을 팔지 않겠소. 그럴 거라면 차라리 태워버리겠소." 그리고는 그들이 보는 앞에서 홍삼을 불길에 던져버렸다. 놀란 중국 상인들이 달려들어 불길에서 홍삼을 꺼내고 임상옥에게 제값에 팔아줄 것을 애걸했는데 임상옥은 이미 타버린 홍삼까지 살 것을 약속받고서야 비로소 거래를 허락했다. 이일로 임상옥의 이름이 국내외에 널리 알려졌다.

이 일화는 조선 인삼이 당대 최고급품이었음을 보여준다. 19세기 중국에는 중국삼, 일본삼에 심지어 미국에서 수출하는 화기삼*까지 있었는데, 조선 인삼에 이토록 장사꾼들이 매달렸다는 것은 다른 인삼이 그 품질을 따를 수 없었기 때문이다.

인삼을 사기 위해 화폐를 만든 일본

조선 인삼에 대한 열광은 일본에서도 마찬가지였다. 18세기 초 일본은 조선 인삼을 사기 위해 인삼대왕고은人蔘代往古銀이라는 은화를 특별히 따로 주조했다. 당시 일본은 은 생산이 위축되어 질이 낮은 은화가 대량 유통되었다. 조선 상인들이 일본 은화로 인삼 거래하기를 거부하자 특별히 순도 80퍼센트짜리 은화를 주조한 것이다. 인삼대왕고은은 무게 210그램에 길이는 10센티

---

* 서양의 인삼 재배와 무역에 대해서는 다음 책을 토대로 했다. 설혜심, 『인삼의 세계사』 (휴머니스트, 2020). 화기삼은 중국인들이 미국 국기가 꽃처럼 보인다고 해서 화기花旗라고 부른 데서 유래했다.

일본이 조선 인삼을 구매하기 위해 발행한 인삼대왕고은.

미터에 달했다.[*]

　일본에서 인삼의 인기가 높았던 것은 의학적인 문제도 있었다. 일본은 중국 의서나 『동의보감』 등 조선 의서를 수입해서 치료에 사용했는데 그러려면 이 책들에 처방된 약재들, 특히 인삼이 절실했다. 조선 후기 통신사를 따라간 역관과 상인에게 인삼을 사려는 일본인에 관해 별의별 이야기가 나돌았다. 에도에 설치된 쓰시마 직영 인삼좌 앞에 새벽부터 줄을 서는가 하면 수고비를 받고 전날부터 대신 줄을 서주는 사람도 있었다. 인삼을 사지 못해 자살하는 사람이 있는가 하면 효녀가 인삼값을 구하려고 몸을 팔았다는 소

---

* 　설혜심, 앞의 책, 139~140쪽. 당시 일본에서 유통된 은화는 순도가 20퍼센트대까지 하락해 있었다. 겐로쿠 은화는 순도 64퍼센트였지만 조선 상인들은 겐로쿠 은화마저 거부했다.

문도 돌았다. 이는 귀한 약을 구하려는 사람들의 몸부림이었다. 이 때문에 인삼 밀매도 잦아서 1764년에 역관 최천종崔天宗이 일본인에게 살해당하는 사건이 일어났는데 인삼 밀매에 얽힌 사건으로 추측하기도 한다.[*]

인삼 무역과 은의 유통

인삼 무역의 목적지는 중국이었다. 세계의 인삼이 모두 중국으로 흘러갔는데, 이는 중국의 인삼 수요가 많았기 때문이다. 19세기 미국의 인삼 수출 동향을 보면 중국·홍콩·일본 등 극동 아시아에 수출되는 양이 총수출량의 97퍼센트를 차지했다. 물론 그 물량의 대부분은 중국으로 들어갔다. 미국은 19세기 중국의 인삼 시장 규모를 연간 2,000만 달러 수준으로 파악하고 있었다. 남북전쟁 당시 미국 정부가 투입한 전쟁 비용이 6년간 32억 달러니 매년 2,000만 달러면 상당한 규모의 시장인 셈이다.

　그렇다면 조선은 어떻게 중국과 인삼 무역을 했을까? 처음에는 중국에 가는 사신들의 비용 마련이 목적이었다. 팔포제八包制라고 해서 역관 1인당 인삼 여덟 꾸러미를 가지고 가서 이를 팔아 각종 비용을 충당하도록 했다. 8포는 인삼 80근 정도인데 실제로는 더 많은 양을 가져가 팔아서 큰돈을 벌 수 있었다. 조선 인삼의 시세는 대단해서 1789년 베이징에서는 조선 인삼을 근당 350~700냥

---

[*]　이상각, 『조선역관열전』(서해문집, 2011), 132쪽.

까지 받았다고 한다.[*] 100근을 가져가면 은 7만 냥인 셈이다. 대단한 돈이 아닐 수 없다. 역관들은 이렇게 확보한 돈으로 사신 일행을 뒷바라지하는 한편 조선에서 필요로 하는 각종 비단, 서적, 사치품 등을 들여왔다. 은은 조선으로 들어오지 않고 다시 중국에 남았던 셈이니 중국 입장에서 손해 보는 일도 아니었다.

역관이나 조선 상인들의 인삼 무역은 은의 유통과도 밀접한 연관이 있었다. 일본에서 생산된 은은 인삼 판매의 대가 등으로 조선으로 들어온 뒤 다시 중국 물건을 사는 데 활용되었다. 이렇게 조선으로 들어온 중국산 물품은 다시 일본으로 건너가 고가에 거래되었다. 중국과 국교가 단절된 일본 입장에서는 조선을 매개로 한 중계무역이 유일한 대중국 무역의 길이었다. 일본이 은광이 고갈되자 인삼 국산화 등을 시도하며 은의 조선 유출을 막고자 했던 것도 이러한 대외 교역 구조 때문이었다.

그런데 인삼은 중국인들만 사용했을까? 그렇지 않았다. 인삼은 동서양을 막론하고 귀중한 약재로 상류층에게 특히 인기가 있었다. 프랑스혁명 사상가로 유명한 장 자크 루소Jean-Jacques Rousseau의 일화를 들여다보자. 그의 제자 생피에르Bernardin de Saint-Pierre가 루소가 커피를 좋아한다기에 원두커피 한 포대를 보냈다. 루소가 받을 수 없다고 거절하자 생피에르는 그에 해당하는 선물을 주는 대신 받아달라고 부탁했다. 그러자 루소는 인삼과 책 한 권을 선물했다.

---

279 * 이상각, 앞의 책, 31쪽.

인삼은 중국에서 온 약재로 연구 대상이었다. 최초로 생물의 속과 종을 분류한 식물학자 린네Carl von Linné는 인삼을 두릅나뭇과 파낙스속 다섯잎종으로 규정했다. 1680년에 영국에서는 인삼을 이용한 치료법을 담은 임상 사례집이 나왔고, 영국 조지 3세의 주치의였던 윌리엄 히버든William Heberden은 중국에서 온 인삼의 효능은 특히 가공법에서 나온다며 말리거나 찌는 방법을 역설했다. 서양인들은 아시아에서 온 인삼이 미국의 화기삼보다 우수하며 해독, 강장, 신경 안정 등에 탁월한 효과가 있다고 보았다. 19세기 후반에는 조선이라는 나라의 주력 수출품인 인삼을 소개하는 기사와 보고서가 다양하게 등장했다.

서양인들은 중국삼과 조선 인삼을 확실하게 구분하지 못하면서도 아시아에서 온 인삼 중에서도 만주나 그 너머에서 온 인삼의 질이 우수하다고 주목했다. 1735년 프랑스의 장바티스트 뒤 알드Jean-Baptiste Du Halde가 쓴 베스트셀러『중국통사』는 "베이징에 들어오는 인삼은 요동·한국·만주 등에서 들어온다", "가장 높이 평가되는 것은 백제에서 온 것이며, 둘째로 치는 것이 한국과 요동에서 온 것이다"라며 조선 인삼을 부정확하게나마 소개하고 있다.* 세계적 교역망 속의 인삼과 은의 유통을 통해 우리도 모르는 사이 우리의 존재가 세계에 널리 알려지고 있었다.

은과 인삼을 중심으로 한 세계 교역 속에 조선도 참여하고 있었

---

* 설혜심, 앞의 책, 51~55쪽.

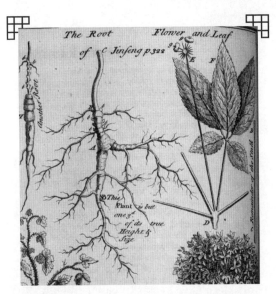

제1부

『중국통사』에 실린 인삼 일러스트. 뒤 알드는 예수회 수도
사이자 역사가로, 중국 전문가로 알려졌다. 그는 정확하지
는 않지만 인삼 산지를 구분했으며, 가장 좋은 인삼으로 조
선 인삼을 거론했다.

다. 조선의 인삼 무역은 중국과 일본이 주 무대였지만 그 무역은
세계무역의 일부분이었기 때문에 자연스럽게 세계무역의 일원으
로 동참했던 것이다. 이는 조선 후기 개인의 부의 축적이 결코 일
국 단위, 혹은 일부 지역 단위에서 이루어진 것이 아님을 보여준
다. 세계적 교역망이 형성되면 나비효과처럼 한 개인이나 한 사회
의 경제활동이 세계 전체 속에서 영향을 주고받는다. 그러면서 부
가 흐르고 축적되는 것이다. 조선 후기 거상이나 부자의 활약을 폭
넓은 시각으로 바라보아야 하는 이유다.

조선 건국의 역사적 의미

일본은 메이지유신을 통해 근대화에 성공한 후, 근대화에 성공할 수 있었던 이유는 에도막부 시대의 사회·경제적 변화라고 설명했다. 그리고 에도막부 시대를 '근세'라고 규정하고 역사를 고대-중세-근세-근대-현대로 구분했다. 한국도 이러한 시대구분을 받아들여 조선 시대를 근세로 규정하고 연구해왔다. 2002년 발행된 고등학교 한국사 교과서도 선사-고대-중세-근세-근대-현대로 시대를 구분했다.

그러나 조선을 근세로 구분하는 것에 대해 많은 비판이 있었다. 우선 일본사를 연구하기 위해 만든 근세라는 개념을 우리가 사용할 이유가 있느냐는 것이다. 특히 역사 발전 단계론을 신봉하는 역사가들에게 거센 비판을 받았다. 역사 발전 단계론은 인류 역사가 원시 공산제-고대 노예제-중세 봉건제-현대 자본주의로 이행한다는 주장으로, 이에 따르면 왕조 교체는 의미 있는 변화가 아니다. 역사 발전 단계론의 핵심은 사회·경제적 변화 즉, 농업 중심 장원제가 공업 중심 자본제로 변화하는 것이기 때문이다. 왕조 교체 같은 정치적 변화는 사회·경제적 변화의 결과일 뿐이다. 그러니 조선의 건국은 역사 발전의 본질이 아니라는 것이 역사 발전 단계론자들의 주장이다.

그런가 하면 조선 시대가 고려 시대와 동일하거나 그보다 퇴보했다는 주장도 있다. 일제 식민사관은 고려와 조선의 역사를 끊임없는 퇴보와 멈춤으로 보았다. 비유하자면 일본사와 유럽사는 동영상이지만 중국사와 조선사는 사진이라는 것이다. 동영상은 시간의 흐름에 따라 변하지만 사진은 아무리 시간이 흘러도 장면이 변하지 않는다. 일제는 이런 정체성론의 시각에서 조선 건국을 타율성론으로 설명했다. 조선 건국은 자체적 필요에 따른 것이 아니라 중국 왕조 교체의 영향을 받아 이루어진, 중국사의 부속물이라는 주장이다.

1990년대 유행한 포스트모더니즘 계열의 역사 연구나 서양의 한국사 연구에서도 조선 건국의 의미가 부정되거나 축소되는 경향이 있다. 제임스 팔레James Palais 등이 조선을 발달된 노예제 국가로 설명하는 것이 대표적이다. 팔레가 말한 노예제가 고대 로마의 노예제를 의미하는 것은 아니지만, 일제 식민사관에서 주장하는 정체성론의 주장(한민족은 고대 노예제 사회에서 성장을 멈추었고 일제 지배 덕에 자본주의로 진입할 수 있었다)과 겹치면서 불편한 마음이 들 수밖에 없다.

그렇다면 고려에서 조선으로의 왕조 교체는 별 의미 없는 정치적 변화였을 뿐일까? 존 던컨은 『조선왕조의 기원』에서 조선 건국

283

을 고려 시대부터 추진된 중앙집권적 관료 제도가 마침내 승리한 것이라고 보았다. "통일신라 후기부터 고려 전기까지 지방 유력층의 이익에 주로 기초했던 옛 질서와의 단절을 의미했다. 요컨대 우리가 본 것은 강력한 귀족제도에서 귀족제도와 관료제도가 혼합된 체제로의 변동이었다." 즉, 조선의 건국은 중앙집권적 정치체제를 수립하려는 노력의 결실이며 이에 대해 던컨은 내재적 발전론이 쇠퇴한 속에서 조선의 유의미한 역사적 발전을 설명하고 '정체되지 않았음을' 입증했다고 주장했다.

던컨의 연구는 스스로 인정했듯이 결함이 많다. 고려의 지배층과 조선의 지배층의 연속성을 입증하기 위해 제시한 자료는 빈약하기 그지없다." 던컨은 고려 시대 고위 관직을 차지한 고위 가문 Clan(본관)과 조선 시대 고위 관직을 차지한 고위 가문이 변동이 없다는 점을 들어 자신의 논리를 전개하지만 과연 한민족의 본관이 클랜Clan이냐는 문제가 있다. 즉, 본관이 동일한 정치·경제적 수준의 사람들을 의미한다고 볼 수 있느냐는 것이다. 서양 학자들은 한민족이 중국의 영향을 받았다는 전제하에 중국사의 연구 성과를 토대로 한국사를 이해하려는 경향이 있는데,""" 이것이 한국사를

---

* 존 던컨, 김범 옮김, 『조선왕조의 기원』(너머북스, 2013), 22~23쪽.

** 가령 고려 시대 이름을 확인할 수 있는 전체 관원 1,146명 중 가장 중요한 가문 출신 재추 94명으로 통계를 내고 설명한다. 고려 시대 기록의 부족은 던컨의 탓이 아니지만 기록이 풍부한 중국사나 서양사 연구에 사용된 방법론으로 우리 역사를 분석하는 것은 무리일 수 있다(존 던컨, 앞의 책 89쪽).

*** "서양 학자들 사이에는 한국을 중국의 작은 복제품으로 간주하거나 중국 문명의 지

이해하는 바람직한 방법일까?

그럼에도 던컨의 연구로 대표되는 새로운 조선사 연구 경향은 큰 영향력을 발휘하고 있다. 한국사 교과서에 더는 근세라는 개념이 나오지 않고 고대-중세-근현대의 시대구분을 사용하고 있으며, 2020년부터 사용되는 고등학교 한국사 교과서에는 '고려 문벌 귀족' 대신 '고려 문벌'이라는 개념을 사용하고 고려 지배층을 문무 양반이라고 기술하고 있다. 학창 시절 '고려 문벌 귀족'이라고 배웠던 이들은 요즘 학생들에게 무식하다는 말을 들을지도 모르겠다.

기존의 식민사관과 내재적 발전론을 넘어 새로이 시도되고 있는 조선의 건국과 체제의 성격에 대한 연구는 우리의 역사 인식을 큰 틀에서 바꿀지도 모르겠다. 그동안 고려사 연구와 조선사 연구의 불균형은 심각했다. 사회·경제적으로 같은 중세에 해당하는데도 고려사 연구는 조선사 연구에 비해 양적·질적으로 많이 부족했다. 근세 개념을 부정하고 고려와 조선을 하나로 묶어 연구하는 경향이 강화되려면 고려사 연구의 발전이 필요하다. 가령 던컨의 연구를 이해하려면 고려 시대 본관제의 성립과 그 특징에 대해 이해하고 있어야 한다.

방적 변형으로 파악하려는 경향이 있다.……필자는 한국과 중국의 지리적 가까움과 한국이 중국에서 문화를 수입한 오랜 역사를 고려하면 두 나라의 기본적 사회·정치적 구조가 좀 더 비슷하지 않은 까닭이 궁금하지 않을 수 없다."(존 던컨, 앞의 책, 401~402쪽).

조선 건국의 의미를 이해해야 하는 가장 큰 이유는 고려와 조선의 장기 지속성 때문이다. 하나의 왕조가 500년이나 지속된 것은 역사상 유례가 매우 드문 일이다. 유럽에서 가장 오래된 왕조는 영국의 하노버 왕조(1714년~현재)*와 프랑스의 카페 왕조(987~1328년) 정도이며 중국은 전한과 후한을 합쳐 한나라(기원전 202~기원후 220년)가 가장 오래되었다. 건국 시기에 대한 논쟁이 있기는 하지만 조선보다 오래된 왕조는 아마 이슬람의 오스만튀르크(1299~1922년)뿐일 것이다.** 더군다나 두 왕조가 연속해 1,000년 가깝게(918~1910년) 유지된 경우는 아마 없을 것이다.

과연 어떤 힘이 500년을 이어온 고려 왕조를 무너뜨리고 이후 500년을 이어갈 조선 왕조를 만들어냈을까? 어느 나라든 왕조의 교체는 크나큰 정치적 격변과 그에 해당하는 혁명적 변화를 수반한다는 점에서 조선 건국의 의미를 폄하하는 것은 바람직하지 않다. 조선 건국을 중세에서 근대로 넘어가는 시대적 혁명으로 평가할 수는 없지만, 그 변화가 민족사 1,000년의 변화에 준하는 수준의 것임에는 틀림없다.

노비제라는 특수한 고용 형태의 대유행, 양반이라는 준^準신분제적 존재의 정착, 상공업의 비약적 발전, 가족제도를 비롯한 사

---

* 하노버 왕조는 제1차 세계대전 당시 영국과 독일이 전쟁 상대국이 되자 원저로 이름을 바꾸었다.
** 오스만튀르크의 최초 건국 연도는 1299년이지만 1402년 티무르제국에 멸망당했다가 재건국되었다. 사실상 오스만튀르크의 시대는 메흐메트 2세(재위 1444~1481년) 때 시작되었다고 할 수 있다.

회제도의 변화 등 조선 건국을 전후한 변화는 우리에게 많은 연구 주제를 던져준다. 그런 측면에서 보면 우리는 아직 조선에 대한 이해 수준이 한참 모자라다고 할 수 있지 않을까?

역사를 모르는 민족은 오래 갈 수 없다고 하지만, 조선사에 대한 이해야말로 우리의 역사에 대한 지식 수준을 가늠하는 척도가 될 것이다. 21세기 한국인에게 조선사는 무엇인가? 우리에게 조선사는 무엇인가?

전쟁

불확실성의 시대,
위기는 어떻게 시작되는가?

고려가 조선보다 강했다고 생각하는 사람이 많다. 드라마나 영화에서는 고려왕을 황제로 부르기도 한다. 그러나 역사적으로 평가한다면 고려는 조선보다 후진적인 사회였다. 우리가 고려를 우월하게 보는 것은 순전히 전쟁 때문이다. 고려는 요(거란)의 침략을 물리쳤고 여진을 정벌하는 등 군사적으로 상당한 성과를 거두었다. 반면 조선은 세 차례의 중대한 전쟁(임진왜란, 병자호란, 19세기 말 열강과의 무력 충돌)에서 치명적 패배를 당했다. 우리는 군사력이 국력의 주요 척도였던 근대에 식민 지배의 치욕을 겪었기에 아무래도 군사력으로 국력을 평가하는 버릇이 있는 것 같다.

하지만 고려와 조선의 전쟁은 질적으로 달랐다. 고려 시대 중국은 패권 국가 없이 남북으로 분열되어 있었다. 어느 나라든 전력을 다해 고려를 공격할 형편이 못 되었다. 일본 역시 고려를 공격할 국력을 갖추지 못했다. 반면 조선은 통일 일본과 통일 중국(청)의 공격을 받았다. 그들은 전력을 다해 조선을 침공했고, 우리 입장에서는 고구려 멸망 이후 최악의 상황이었다고 할 수 있다.

　과연 통일 중국과 통일 일본의 사이에서 조선은 어떻게 대처했고 무엇을 잘못했으며 무엇을 잘했을까? G2 시대에 다시 한 번 돌아볼 주제라고 생각한다.

임진왜란: 일본은 왜 승리하지 못했을까?

임진왜란은 어떤 전쟁이었나?

1592년 4월에 일어나 1598년 11월까지 7년, 정확하게 만 6년 7개월 동안 진행된 전쟁을 우리는 보통 임진왜란 혹은 임진왜란과 정유재란이라고 하며 일부에서는 7년 전쟁이라고도 한다. 우리는 전쟁의 명칭에 대한 일정한 법칙이 없다. 침략한 나라 이름을 쓰기도 하고(수·당의 침략, 거란의 침략, 몽골의 침략), 전쟁 당사국 이름을 쓰기도 하고(나당전쟁, 여요전쟁), 연호를 사용하기도 한다(임진왜란, 병자호란).

일본은 천황의 연호를 주로 쓰는 편이다. 몽골의 침략은 분에이文永(가메야마 천황의 연호)와 고안弘安(고우다 천황의 연호)의 역, 임진왜란은 분로쿠文祿(고요제이 천황)와 게이조慶長의 역이라고 부른다. 미국은 태평양전쟁, 한국전쟁, 베트남전쟁 등 전쟁이 일어난 장소를 주로 이용한다. 또 Civil War(남북전쟁), World War(세계대

전), Korean War(한국전쟁) 등 War라고 통일해서 쓰는 경향이 있
다.

한국이 유독 전쟁 이름을 하나로 통일하지 않는 것은, 전쟁의
성격을 이름으로 드러내려는 습관 때문이 아닌가 싶다. 한국전쟁
이냐 6·25전쟁이냐 6·25사변이냐 등등의 논쟁처럼 임진왜란에도
이런 이름 논쟁이 있다.

우선 임진왜란과 정유재란을 구분하려는 시도가 있다. 전쟁 중
간에 3년 정도 공백이 있었기 때문이고, 임진왜란이 정복 전쟁이
라면 정유재란은 정치적 전쟁이기 때문이다. 7년 전쟁이라고 하는
사람도 있는데, 이는 7년 동안 진행된 전쟁이라는 단순한 의미뿐
만 아니라 이 전쟁이 장기간 지속된 매우 파괴적인 전쟁임을 의미
한다. 30년 전쟁이나 15년 전쟁처럼* 이름에 기간이 들어가는 경
우는 세계사에서도 쉽게 찾을 수 있다. 북한에서는 임진조국전쟁
이라고 하는데 임진왜란을 국가 방위 전쟁으로 규정한 것이다. 하
지만 과연 16세기 전쟁에 근대국가적 개념이 어울리느냐는 비판
이 있다.

임진왜란과 분로쿠의 역만큼이나 이 전쟁은 한국과 일본에 다
른 영향을 미쳤다. 그런데 이런 차이를 살피다보면 여러 가지 흥미
로운 사실을 맞닥뜨리게 된다. 가령 제2차 세계대전의 일본과 임

---

* 30년 전쟁은 1618년부터 1648년까지 유럽에서 일어난 종교전쟁이다. 15년 전쟁은
1931년 만주사변부터 1945년 제2차 세계대전 패전까지를 일본에서 부르는 명칭이다.

진왜란의 일본을 비교해보면 신기할 정도로 비슷한 모습을 발견
하게 된다. 전쟁이야말로 또 하나의 민족성인 것이다. 임진왜란의
전개 과정을 일본 중심으로 살펴보고 그 의미를 살펴보자.

일본이 노린 것은 조선이 아니었다

17세기 일본은 전국시대(센고쿠시대)였다. 무로마치막부가 무너지
면서 지역별로 영주들이 난립한 지방분권의 시대이자 군웅할거
의 시대였다. 그런데 전국 시대 초기는 그렇게 부정적이지 않았
다. 지방의 영주들은 자기 영토를 지키면서 자급자족적 공동체를
만들었다. 중앙정부의 수탈에서 자유로웠기 때문에 민중 입장에
서는 정부와 영주의 이중 수탈에서 벗어날 수 있었으니, 이전보
다 나빠졌다고 할 수만은 없었다.

그러나 중앙정부가 없다는 것은 여러모로 위험을 초래했다. 밀
무역이나 현지에서의 폭력 행위 등으로 명나라나 조선과의 무역
은 금지되거나 규모가 축소되었다. 영주들 사이의 갈등은 내전으
로 비화해 수많은 인명이 살상되었다. 차츰 통일 정부 수립에 대한
열망이 커졌다.

오와리 지방의 영주 오다 노부나가織田信長 역시 아버지를 전쟁
으로 잃고 일본 통일을 결심했다. 그는 자신의 뜻을 이루기 위해
인재를 등용하고 과감한 혁신을 이룩했다. 그중 대표적인 것이 천
주교 포교를 허용하는 대신 포르투갈제 소총을 수입한 것이다. 전
국시대를 풍미한 장수는 '전쟁의 신' 다케다 신겐武田信玄이었는데
폭풍 같은 기마 전술로 유명했지만 소총 부대의 일제사격에 맥없

이 꺾이고 말았다.

이때 파격적으로 등용된 인재가 도요토미 히데요시豊臣秀吉였다. 토요토미는 가난한 농부의 아들로 태어나 어릴 때 아버지를 여의었다. 어머니가 재혼하는 바람에 계부 밑에서 모진 학대를 당한 끝에 가출 청소년이 되었다. 이런저런 일을 하다 오다 휘하의 아시가루라는 총알받이 보병이 되었다. 하지만 오다에 대한 지극한 정성과 '샘솟는 듯한' 지혜로 장수로 발탁되었다. 그는 소총 부대 운영 등 전쟁 경영에 핵심적 역할을 해서 마침내 오다의 오른팔이 되었다.

1582년, 오다는 도요토미에게 주력부대를 주고 영주 모리를 토벌하라고 지시했다. 자신은 소수의 경호 병력만을 이끌고 혼노지라는 절에 잠시 머물렀다. 오다의 부하 중에는 아케치 미쓰히데明智光秀라는 장수가 있었다. 정통 사무라이인 그는 천한 빈농의 자식이 상관이 되는 것을 모욕으로 생각했고, 그날 휘하 병력을 이끌고 혼노지의 오다를 공격했다. 오다는 할복하며 이런 말을 남겼다.

"적은 내부에 있다."

도요토미는 사무라이들이 자신을 미워한다는 사실을 잘 알고 있었다. 그는 오다의 주력부대를 이끌고 주인의 복수를 외치며 아케치와 사무라이 세력을 공격했다. 항복하면 도요토미의 충신이요, 거부하면 토벌당하는 몇 년이 흘렀다. 그리고 마침내 도요토미가 일본을 통일했다. 그는 무인이 아니어서 장군(쇼군)이 되지 못

도요토미는 일본을 통일한 후 사무라이 세력의 불만을 해소하기 위해 임진왜란을 일으켰다.

하고 관백(간파쿠)이 되었다.[*]

일본을 통일한 도요토미는 자신을 태양의 자손이라고 주장했다. 천황에 충성을 바쳐 권력을 정당화하고 어머니를 지극정성으로 모셔 도덕적 우위를 점했다. 신성·충성·인성을 모두 갖춘 지도

---

* 일본은 명목상 천황이 지배하는 나라이므로 실제 지배를 하는 관백, 집권(싯켄), 장군 등은 섭정의 지위를 가졌다.

자로서 권력을 강화했다. 그러나 그의 통치에 문제가 하나 있었다. 바로 전국시대 성장한 수십만의 사무라이 세력이었다. 사무라이들은 영지라는 경제적 기반이 필요했다. 그러나 일본은 좁은 땅이고, 평화 시에 무사는 필요 없었다. 토요토미는 이들의 불만을 외부로 표출할 필요가 있었다.

마침 서양은 대항해시대였고 그의 주위에는 서양 신부와 선교사가 즐비했다. 그들은 세상이 넓다는 것, 중국과 인도의 군사력이 매우 허약하다는 것 등을 알려주었다. 당시 아시아에서 수십만의 병력(더군다나 총으로 무장한)을 보유한 나라는 일본뿐이었다.

> "일본보다 몇 배나 크다는 조선, 몇백 배나 크다는 중국과 인도를 정복하자."

김성한의 소설 『임진왜란』은 한양 점령 이후 도요토미가 한 중대한 선언을 소개한다.

> "조선과 명나라를 정복하고 명나라 관백(지배자)이 되고 천황은 중국 황제가 될 것이다. 조선과 중국은 사무라이와 영주들에게 분배한다. 인도 근처 영주들은 인도 공격을 자유로이 하여 정복하라. 이 모든 것이 끝나면 은퇴하여 중국 강남 영파(닝보)에서 여생을 보내겠다."*

---

* 김성한, 『임진왜란』 3권(행림출판, 1990), 224쪽.

도요토미의 목적은 조선이 아니라 세계였다. 그는 유럽까지 목표로 언급한 적도 있고 인도·필리핀·타이완 등에 사신을 보내 복종을 요구하기도 했다.* 임진왜란은 그의 세계 정복을 위한 교두보 확보 전쟁이었던 셈이다. 하지만 이런 거창한 몽상은 그만큼 당시 일본 지도부가 국제 정세에 어둡고 일본 안에 고립되어 있었다는 것을 보여준다.

전쟁의 시작

1592년 4월 일본은 17만 대군을 동원해 조선을 침략했다. 주력부대는 1군 고니시 유키나가小西行長의 2만여 병력과 2군 가토 기요마사加藤清正의 2만여 병력이었다. 1군은 부산의 정발鄭撥, 동래의 송상현宋象賢의 저항을 물리치고 파죽지세로 진격했다. 임진왜란 초기 주요 전투의 승리는 모두 고니시 부대의 것으로, 신립 장군이 전사한 충주 전투와 조선 최초의 반격 작전인 임진강 전투, 조선을 완전히 궁지로 몬 평양성 함락 등이 모두 그의 공이었다.

고니시는 천주교인으로 상인 집안에서 자랐기에 서양 문물 전래와 무역의 한 축을 담당하고 있었다. 그는 쓰시마 도주 소씨 집안에 딸을 시집보내 조선의 사정에도 능통했다. 일본의 1군은 십자가를 앞세운 서양식 군대로서, 조선과 왕래가 빈번한 쓰시마인의 인도와 협조를 받으며 맹활약을 펼쳤다. 또 세스페데스Gregorio

---

* 아사오 나오히로 등, 이계황 등 옮김, 『새로 쓴 일본사』(창비, 2003), 260~261쪽.

고니시(좌)는 일본군 1군을 이끌었다. 가토(우)는 2군을 이끌고 함경도 쪽으로 진군해 임해군과 순화군을 포로로 붙잡았다.

de Céspedes 등 신부들을 조선으로 데려와 포교에도 힘썼다. 조선 최초의 천주교 포교는 공교롭게도 임진왜란으로 이루어졌다. 고니시에게 임진왜란은 무역과 선교를 위한 전쟁이었다. 그는 죽을 때까지 도요토미 집안에 충성을 바쳤다.

가토는 지금도 일본에서 무사의 신으로 추앙받는 인물로서 그의 영지였던 규슈 구마모토 지방에는 그를 기리는 기념물과 유적이 가득하다. 가토는 도요토미와 먼 친척 관계로 어릴 때부터 그의 휘하에서 일했고 1583년 막 권력을 잡은 도요토미에게 매우 중요했던 시즈가타케 전투에서 큰 공을 세워˙ 핵심 장수로 중용되었다. 일본 불교인 일련종日蓮宗의 독실한 신자로서 '나무묘법연화

경' 깃발을 들고 조선을 침공했으며 천하무적의 용맹을 자랑했다. 그러나 한양까지는 1군의 뒤를 쫓는 처지였고 이후 서울에서 함경 도로 진격했을 때는 상대할 군대가 없어 임해군과 순화군을 포로로 잡는 데 그쳤다. 만주로 쳐들어갔으나 여진족의 기마 전술과 혹한의 날씨 때문에 결국 후퇴했고 이어 정문부鄭文孚가 이끄는 의병에게 밀려 함경남도 안변 일대까지 남하했다. 그는 훗날 도요토미 집안을 배신하고 도쿠가와 집안에 붙었다.

놀라운 승전과 일본의 한계

약 4만 명에 달하는 일본의 1군과 2군 병력은 전쟁 초기 무인지경을 휩쓸 듯 북진해 불과 한 달 만에 한양을 점령했다. 그런데 여기서부터 일본의 한계, 즉 국제사회에 대한 무지가 드러났다.

첫째로, 타국을 공격할 때는 점령이 아니라 통치가 문제다. 2001년 미국이 한 달 만에 이라크를 점령했지만 이후 10년간 저항을 받아 결국 철수한 것처럼 제도와 문화가 다른 나라를 통치하고 복속시키는 것은 매우 어려운 일이다. 하지만 일본은 조선에 낯선 일본의 제도와 문화를 일방적으로 강요했고 이것이 대규모 저항 즉, 의병으로 나타났다.

둘째로 일본식 전쟁을 고수했다. 전국시대 일본의 전쟁은 내전

---

* 시즈가타케 전투에서 큰 공을 세운 7명을 7본창이라고 하는데 가토 외에도 와키자카 야스하루脇坂安治 수군 총사령관, 후쿠시마 마사노리福島正則 5군 사령관 등 도요토미의 총신이자 임진왜란의 주요 지휘관들이 포함되어 있다.

이고 영주와 영주의 전쟁이었다. 대개 영주가 사는 성을 공격하고 성의 상징인 천수각을 점령하면 영주는 자살하고 전쟁은 끝났다. 군인들은 월급을 따로 받지 않고 현지에서 약탈품으로 충족하기 때문에 약탈과 납치는 일상적이었다. 하지만 조선의 왕은 한양이 함락되자 의주로 도망쳤고 조선 점령지에서의 약탈은 대규모 저항을 야기했다.

셋째로 국가 간 전쟁은 대규모 보급이 필수적인 해결 과제다. 이를 위해서는 강력한 해군이 필요한데 일본은 이를 과소평가했다. 조선은 고구려 때부터 중국과 전쟁을 해와 국가 간 전쟁 경험이 풍부했다. 그래서 큰 도로를 만들지 않고 하천이나 바닷길을 이용했으며 연안 바다를 수호할 수군을 운영했다. 한민족은 전통적으로 적의 보급을 끊어 굶겨서 물리치는 방식을 선호했다. 하지만 일본은 이런 전쟁 경험이 없었다.

임진왜란과 태평양전쟁의 공통점

공교롭게도 임진왜란에서 일본이 범한 오류는 태평양전쟁(제2차 세계대전)에서 그대로 드러났다. 하나씩 살펴보자.

첫째로, 일본은 영국과 프랑스의 식민지인 동남아시아의 해방자로서 이 지역을 점령했고, 해방군으로서 동남아시아인들의 환영과 적극적인 협력을 기대했다. 그리고 천황 숭배, 조선총독부식 통치, 일본 문화 전파 등을 추진했다. 이는 서양 문화에 익숙하고 오랫동안 독립운동을 해온 동남아시아인을 자극했다. 특히 서양 식민지 시절보다 한층 가혹한 전쟁 물자 수탈 때문에 경제적으로

과달카날 전투 중 테나루 전투 후의 모습. 일본군은 미군에 맞서 무작정 돌격하는 전술을 채택했고, 이로 인해 크게 패하고 말았다.

궁핍해진 동남아시아인들은 결국 구舊식민 세력이었던 서양 세력과 손을 잡고 일본군에 저항했다.

둘째로, 일본은 러일전쟁 당시의 방식을 그대로 고수했다. 러일전쟁 당시 일본 육군은 착검한 총을 들고 적진을 향해 달려드는 돌격전을, 해군은 함대와 함대가 단 한 번의 전투로 승패를 가늠하는 함대 결전을 선호했고 그로 인해 승리했다. 태평양전쟁에도 이 방식을 그대로 사용했는데 대표적인 전투가 과달카날 전투다. 이 전투에서 일본 육군은 미군의 소나기 같은 십자포화 속에 무작정 총검을 들고 돌격하다 전멸했는데 미군 장교는 "총은 단지 장식품 같았다"며 일본군을 이해할 수 없다는 기록을 남겼다. 해군 역시

* NHK 다큐멘터리 〈태평양전사〉.

함대 결전을 위해 전함을 아끼는 전술을 사용하다 미국의 항공모함을 동원한 공중 공격에 참패하고 말았다.

셋째로 육군 중시, 해군 경시가 여전했다. 제해권이 중요한데도 태평양에서의 주요 전략 전술은 육군이 결정하고 해군이 따르는 구도로 이루어졌다. 해군 장교들 역시 새로운 전쟁 방식에 적응하거나 미국 함대에 능동적으로 대처하기보다 기존의 해군 운용을 고집하며 혁신을 게을리했다. 심지어 천황의 "우리에게는 배가 없나?"라는 질문에 무언가를 보여주기 위해 무모하게 전투에 나서 전멸하기도 했다.* 해군의 능력을 넘어서는 무리한 확전으로 제해권을 유지하기 어려웠고, 제해권을 잃은 뒤에는 보급이 끊겨 태평양의 수많은 섬에서 엄청난 일본군이 굶어 죽어갔다.

일본이 두 전쟁에서 패배한 이유

임진왜란과 태평양전쟁의 무엇보다 중요한 공통점은 전쟁의 동기였다. 도요토미는 일본 내부의 불안 요인과 주관적인 정세 판단으로 무모한 전쟁을 일으켰다. 그는 조선조차 점령하기 어려운 역량으로 세계 정복을 꿈꾸었다. 그는 새로운 문명(서양의 조총)을 수용한 혁신을 과신했다.

태평양전쟁도 마찬가지였다. 아시아에서 유일하게 서양식 근대

---

* 보노곶해전을 말한다. 박재석·남창훈, 『연합함대 그 출범에서 침몰까지』(가람기획, 2005), 324쪽.

화에 성공한 일본은 러시아의 아시아 침략을 최대 위협으로 생각하고 이를 막기 위해 전략적 거점 지역을 점령해야 한다고 생각했다. 그 거점 지역은 처음에는 조선, 이어 만주, 곧이어 중국 화베이 지방까지 확산되었고 이를 유지할 자원 확보를 위해 동남아시아로 손을 뻗쳤다.* 이 과정이 바로 15년 전쟁과 태평양전쟁이다.

일본은 내부 논리를 중심으로 움직였고 그 논리를 이해하지 못하는 타민족이나 타국에 분노했다. 이러한 논리는 태평양전쟁 말기에는 과대망상으로 이어졌는데 연합국인 소련이 일본에 설득당해 미국과 싸울 것이고, 일본은 유리한 조건으로 종전 협상을 할 것이라는 기대 따위다. 일본의 관점에서 임진왜란과 태평양전쟁을 보면, 국제적으로 고립되고 내부의 논리에 충실한 일본이 통치에 위기를 느낄 때 대외 침략 전쟁을 일으키지만 결국 그 때문에 실패했다는 것을 알 수 있다.

국가의 강함과 약함, 특히 군사력의 우위와 열세는 지극히 상대적이다. 임진왜란을 평가할 때 일본의 역량을 충분히 고려한 다음 우리의 대응을 평가해야 올바른 평가를 내릴 수 있다. 일본은 물리적 군사력은 강력했지만 다른 나라를 정복할 힘은 갖추지 못했다. 20세기 베트남전쟁이나 21세기 이라크전쟁에서 볼 수 있는 것처럼, 전쟁은 국가의 종합적 역량 즉, 군사력·경제력 같은 물리적 측면과 애국심·포용성 같은 정신적 측면이 모두 고려된 힘으로 승패

---

* 가토 요코, 윤현명·이승혁 옮김, 『그럼에도 일본은 전쟁을 선택했다』(서해문집, 2018).

가 좌우된다. 그런 의미에서 임진왜란을 평가한다면, 정복할 능력
이 없는 나라가 침략했으니 우리가 물리치는 것은 당연했다. 일본
은 공격에 무능했고, 상대적으로 우리는 수비에 능했던 것이다.

병자호란: 세계정세 읽기의 어려움

명과 청 사이, 미국과 중국 사이

병자호란은 조선 역사상 가장 굴욕적인 패배였고, 한민족의 역사를 통틀어도 고구려·백제 멸망 다음가는 치욕이라 할 수 있다. 조선은 왜 이런 치욕적 패배를 당해야 했을까? 이 질문에 대해 우리는 내부 문제에 주목한다. 인조반정 이후 불안한 정치 상황과 청의 국력을 과소평가한 무모한 대외 정책을 원인으로 지적하고, 상대적으로 광해군의 중립 외교를 높이 평가하는 것이다. 그러나 이는 결과론적 평가다.

역사에서 가장 경계해야 할 것 중 하나가 결과에 끼워 맞추는 진단이다. 하지만 결과를 미리 알았다면 왜 그런 선택을 했겠는가? 중요한 것은 왜 그런 결과를 예측하지 못했는가다. 이를 살펴보아야 같은 잘못을 반복하지 않을 수 있다.

병자호란은 명·청 교체의 과정, 즉 동아시아 패권의 교체 과정

병자호란은 동아시아의 패권 변화로 인해 발생한 전쟁이다. 21세기 대한민국은 17세기 조선의 실수를 지적하기 쉽지만, 지금 우리 역시 앞으로 세계정세가 어떻게 흘러갈지 쉽게 예측할 수 없다.

에서 일어난 사건이다. 만약 인조와 서인 정권이 청이 승리하고 명이 질 것을 알았다면 친명배금(숭명반청)을 하지 않았을 것이다. 하지만 국제적 패권 교체는 예측하기 어려운 일이다. 19세기 말 이미 미국은 경제력에서 유럽을 압도했지만, 1918년 이전까지 20세기에 미국이 세계를 지배할 것이라고 예측한 나라는 없었다. 앞으로도 마찬가지다. 21세기가 끝나갈 때 세계 패권 국가가 중국일지 미국일지 또는 제3의 나라일지 누가 장담할 수 있겠는가?

패권 교체를 예상하는 것은 왜 어려운가? 패권은 물질적 국력만으로 쟁취되지 않기 때문이다. 강력한 군사력을 보유한 국가는 단명하는 경우가 많았다. 알렉산드로스 대왕의 마케도니아는 1대로 단명했고 거란의 요나 여진의 금도 100년을 넘기지 못하고 단명했으며 나폴레옹과 히틀러는 권불십년 신세였다.

패권을 이루려면 정신적 지배가 필요하다. 페르시아의 조로아스터교, 로마의 법, 중국의 유교, 근대 유럽의 합리주의, 미국의 민주주의는 강력한 물질적 국력과 맞물리면서 패권을 만들었다. 선진적인 정신세계가 선진 문명의 핵심이라는 점 때문에 그 정신세계를 추종하는 이들은 패권 교체를 정의의 패배나 몰락으로 생각하고 최후까지 저항하기도 한다. 오늘날 많은 이가 21세기 중국 패권의 가능성을 부정하는 것은, 중국이 민주주의 체제가 아니기 때문이라는 것을 생각하면(민주주의를 미국의 가치가 아니라 보편적 가치로 생각하기 때문에) 쉽게 이해할 수 있을 것이다.

이제 명·청 교체기 조선인이 어떻게 당시 정세를 인식했으며 정의를 지키기 위해 어떻게 투쟁했는지 알아보고, G2 시대 우리가 고민할 것이 무엇인지 이야기해보자.

선조가 친親명을 택한 이유

선조는 임진왜란 이후 왕권 안정화를 위해 재조지은再造之恩(거의 망하게 된 것을 구원해준 은혜)과 성리학적 가부장제를 토대로 왕비 소생의 적장자 중심 통치 체제를 만들고자 했다. 그러나 뜻을 이루기 전에 죽었고 광해군이 즉위했다. 광해군은 임진왜란 당시 최전선에서 전쟁을 지휘했고 세자로서 중요한 결정에 참여했기 때문에 명나라의 실상을 잘 알았다. 당시 명나라는 이미 붕괴하고 있었다.

중국 왕조의 역사에는 일정한 패턴이 있다. 그중 하나가 조공 질서다. 중국의 지배에 순응하면 그 대가로 경제적 이익을 준다.

307

이것이 조공 무역이다. 예를 들어 조선은 명나라와 조공 관계를 맺는 대신 무역 흑자를 보장받았고, 이로 인한 물질적 풍요는 정권 유지의 토대가 되었다. 반면 명에 무역 규제를 당한 무로마치막부는 붕괴의 길을 걸었다. 예나 지금이나 경제 대국과의 원활한 무역은 국가 경제에 큰 이익을 가져다주며, 경제적 고립은 정권의 위기를 초래한다.

문제는 조공 질서에 의해 중국은 만성적인 재정 적자에 시달렸다는 것이다. 재정 적자는 군사력 약화와 오랑캐의 침략, 그리고 농민반란으로 이어진다. 호혜적인 강대국과 약소국의 관계는 이상적일 뿐 현실적이지 않다. 결국 왕조는 무너지고 새로운 왕조가 들어서게 된다.

명나라는 16세기 중엽 심각한 재정 적자에 빠졌다. 당연히 개혁파와 보수파의 갈등이 심해지고 정치 혼란이 이어지며 상황은 더욱 악화되었다. 1573년 만력제가 즉위했을 때 장거정이 마지막 개혁을 주도하고 있었다. 오랜만에 나라는 재정적 여유를 찾았지만 그만큼 지배층은 위협을 받았다. 장거정이 죽자 모든 개혁은 물거품이 되었고 개혁과 보수의 당쟁만 격화되었다.

만력제는 젊은 나이에 즉위했고 장거정의 개혁을 지지했다. 그러나 장거정이 죽은 후 보수파의 거센 반격에 대응하지 못했고 무력해진 황제는 칩거 생활에 들어갔다. 중국이 1950년대 만력제의 무덤 정릉을 발굴해 유골을 조사했는데 한쪽 다리가 짧고 수염이 노란색이었다고 한다. 유골은 문화대혁명 때 소각되고 발굴 보고서도 제대로 작성되지 않아 확증할 수 없지만 다리를 절었고 어머

만력제는 명나라의 개혁을 이루지 못하고 칩거에 들어갔
다. 그러면서 환관들이 정치를 쥐고 흔들기 시작했으며
명의 몰락은 가속화되었다.

니가 서역 계통이었을 거라고 한다. 신체적 콤플렉스에 개혁이 좌
절된 무력감까지 더해져 칩거했을 것으로 추정된다.[*]

　황제의 명령을 출납하는 역할은 환관이 했다. 황제가 칩거하면
서 환관의 권력이 커졌고 이들이 장차 엄당閹黨이라는 당파의 중
심이 되었다. 장거정이 죽은 후 개혁을 무산시키고 권력을 잡은 문

*　폭군은 시대가 만드는 것이다. 폭군이 나라를 망치는 것이 아니라, 나라가 망조가 들
　면 폭군이 된다. 지도자로서의 무력함과 절망감 때문이다.

신들을 동림당東林黨이라고 했다. 만력제 때부터 엄당과 동림당,
여기에 자잘한 개혁 정파들까지 당쟁을 일으키며 명은 정치적으
로 문란해졌고 정상적인 정책 판단이 불가능해졌다.

　그 대표적인 것이 임진왜란 참전이었다. 당시 명은 조선에 파병
할 재정적 여력이 없었다. 그러나 국방을 담당하는 병부상서 석성은
친조선파였다. 조선은 석성에게 적극적인 로비를 펼쳐 파병을 이끌
어냈다. 임진왜란에 명이 쓴 비용이 은 780만 냥이었다. 소위 만력
삼대정萬曆三大征이라는 3대 군사 작전(임진왜란, 보바이의 난, 양응룡의
난)에 든 비용 때문에 명이 망했다고 하는데 총 1,160만 냥 중 3분의
2가 임진왜란 참전 비용이었다. 조선이 명을 잡아먹은 셈이다.

　조선 입장에서 미안하기는 하지만 그렇다고 망해가는 나라에
운명을 맡길 수는 없었다. 광해군은 재정과 국방이 붕괴된 명의 허
점을 틈타 여진이 후금을 세우자 중립 외교 정책을 취했다. 물론
당시 후금은 겨우 만주를 차지했을 뿐이고 명은 여전히 중원을 차
지하고 있었기 때문에 정확한 의미의 중립은 아니었다. 친명을 유
지하면서 적당히 후금을 달래는 정도였다.

광해군, 고심 끝에 악수를 두다

그러나 광해군의 정책은 너무 위험했다. 후금은 명에 반기를 들
자마자 경제난에 시달렸다. 명과 무역하지 않으면 식량 조달조차
곤란할 정도였다. 이런 후금과 명이 전쟁 상황인데 명의 적대국
에 모호한 태도를 취했다가 무슨 일이 벌어질지 알 수 없었다. 더
군다나 명의 어려움은 임진왜란 때문인데 불과 20년 만에 등을

돌리는 것은 정의가 아니었다.

광해군은 강력한 개혁 정책을 펼칠 처지도 아니었다. 광해군 시대 여당인 북인은 급진적인 진보 세력으로 의병을 주도해서 집권에 성공했지만 너무나 다양한 사람들이 망라되어 있었다. 서인, 남인, 북인 중 북인이 가장 소수파인데다 대북, 소북, 골북, 육북 따위로 분열되었다. 이들은 정파적 입장에 따라 광해군의 정책에 반기를 들었고 자신의 경제적 이익을 위해 권력을 남용했다. 일부 북인이 권력을 이용해 백성을 수탈하고 재정을 좀먹어서 큰 물의를 일으켰다. 또 광해군은 서자인데다 둘째로 적장자를 제치고 왕에 올랐다. 선조도 살아 있을 때 그랬지만 광해군도 재위 내내 적장자(영창대군)가 장성할 때까지의 임시 왕이라고 생각하는 이가 많았다. 특히 영창대군의 생모 인목대비가 서인 집안사람이었다.

급진적인 외교·안보 정책, 집권 세력의 분열과 부패, 강력한 대안 세력의 존재는 광해군을 고립시켰다. 궁지에 몰린 광해군은 계모 인목대비를 폐위하고 서궁에 유폐했으며 영창대군을 유배 보낸 후 죽였다. 하지만 패륜 행위는 그의 명을 단축시켰을 뿐이다. 결국 광해군은 1623년 인조반정으로 쫓겨나고 말았다.

혁명으로 세워진 정권은 이전 정권을 철저하게 부정하는 것이 법칙이다. 인조 정권은 광해군의 정책을 철저하게 부정하고 정반대의 정책을 시행했다. 그리하여 친명배금 정책이 추진되었는데, 당시 상식으로는 안정적이고 보수적인 정책이었다. 1620년대에 후금이 명을 정복할 것이라는 예상은 무리였다. 후금은 명의 산하이관 저지선을 뚫지 못했고 결국 1626년 후금 건국자 누르하치가 영원성 전투에서 전사하고 말았다.

청이 명을 이긴 이유

조선을 둘러싼 정국은 인조 정권의 상식이나 희망과는 정반대로
진행되었다. 명은 한없는 나락으로 빠져들었다. 만력제가 죽은
후 즉위한 태창제가 불과 29일 만에 죽고 1620년 천계제가 즉위
했다. 15세의 어린 나이에 즉위한 천계제는 환관의 농간에 휘둘
렸고 엄당은 당파의 이익을 앞세운 정책으로 혼란을 가중시켰다.

명이 붕괴한 결정적 원인은 지배층인 신사층의 지지를 받지 못
했기 때문이다. 신사는 지방 중소 지주로서 향촌을 지배하며 백성
을 교화하고 정부의 정책을 실천하는 역할을 해왔다. 간단히 정리
하면 정부와 백성을 매개해주는 중간 지배자였다. 그런데 정부가
재정 적자를 메꾸기 위해 향촌을 수탈하면서 신사층이 피해를 입
었고, 통치가 문란해지면서 신사층의 과거를 통한 관직 진출도 막
혔다. 신사층의 반발로 명의 통치 체제는 동맥경화에 걸려 중풍이
온 환자 같아졌다.

반면 후금은 백성들을 아우르는 정책을 폈다. 만주에는 여진족,
몽골족, 한족 등이 섞여 살았는데 이들이 서로 조화로이 살도록 융
합 정책과 민생 안정책을 시행했다. 훗날 후금(청)이 중원을 지배
할 때는 만한병용책과 지정은제 같은 민족 정책과 조세제도로 신
사를 포용하고 이를 토대로 백성을 다독여 200년 통치 체제를 구
축했다.

명은 사상적으로도 구태의연했다. 성리학이 기능을 상실하고

혁신하지 못하자 명 말에 양명학과 실학이 등장했지만 명을 바꾸지 못했다. 반면 청은 한족 중심의 유학을 버리고 서양 문물을 일부 수용했다. 이 때문에 청나라 때 유학은 쇠퇴하고 고증학 같은 과거 시험을 위한 교과목으로 전락했다. 대신 실용적이고 과학적인 사고가 유행했다. 베이징에 들어온 서양 과학을 받아들인 조선 실학자들이 바로 북학파였고, 청에 들어온 서양 지동설을 조선에 들여온 것이 홍대용洪大容의 지전설地轉說이라는 것은 유명한 사실이다.

청은 17세기 세계적으로 유행한 과학과 팽창의 시대에 조응했고 명은 그렇게 하지 못했다. 패권의 교체는 명백했지만 조선은 이를 보지 못했다. 조선에는 성리학의 시대가 끝나고 과학의 시대가 왔다는 혜안을 가진 이가 없었기 때문이다.

조선의 맥없는 패배

1627년 뜻밖에도 후금 군대가 조선을 침략했다(정묘호란). 누르하치가 죽고 홍타이지(숭덕제)가 즉위한 지 불과 3개월 뒤의 일이었다. 누르하치의 급작스러운 죽음, 여덟 번째 아들인 홍타이지가 형들을 제치고 왕위에 오른 정치적 불안정에도 전격적으로 이루어진 침략은 후금의 통치 체제가 견고함을 웅변하는 것이었다.

반면 조선은 후금을 전혀 대비하지 않았다. 인조반정 이후 논공행상에 불만을 품은 반정공신 이괄李适이 1624년 반란을 일으키면서 군대와 재정이 무너졌다. 반정공신들의 탐학으로 민심도 흉흉했고 북인이 숙청당하면서 영남 사림 일부도 정부에 등을 돌렸

후금을 건국한 누르하치가 사망하자 여덟째 아들인 홍
타이지가 왕위에 올랐다. 홍타이지는 왕위에 오른 지
3개월 만에 조선을 침략했다.

다. 전통적인 서북 지방 차별로 평안도와 황해도 지역민의 조선왕
조에 대한 충성심도 약했다. 이 지역은 임진왜란 때도 의병 활동에
소극적이었다.

이런 상황에서 후금 군대는 순식간에 대동강까지 남하했다. 인
조는 처음부터 싸울 의지가 없었고 후금 침략 소식을 듣자마자 강
화도로 피신했다. 정부도 후금군과 맞서 싸우기보다 강화도를 수
비하는 데 주력했다. 방치된 평안도 주민들이 후금군의 약탈을 견

디다 못해 의병을 일으켜 싸웠는데 이것이 정묘호란 항전의 전부
였다. 결국 정묘호란은 후금의 요구에 따라 형제 관계를 맺고 후금
과 무역을 하는 조건 등으로 마무리되었다.

정묘호란 이후 인조 정권은 더욱 위기에 빠졌다. 조선은 명에
의존하려 했지만 명은 도와주기는커녕 오히려 도움을 요구했다.
국방에 들어가야 할 막대한 재정이 명을 지원하고 명과의 관계를
유지하는 데 들어갔다. 후금의 요구로 민생을 챙기는 데 써야 할
막대한 재정이 또 그들에게 넘어갔다. 조선은 친명배금 때문에 국
방을 포기하고 명과 후금 모두에게 수탈당하는 신세가 되었다. 파
탄 난 민생은 민심 이반과 반역 음모로 나타났고, 반역을 막기 위
해 밀고와 감시를 장려하니 심지어 군대조차 훈련을 꺼리는 지경
이 되었다.

후금이 조선에게 기대한 것은 무역과 수군이었다. 명과의 무역
이 막힌 속에서 조선과의 무역은 후금 경제의 활로였다. 산하이관
에 막힌 후금에게 조선 수군은 명의 수도 베이징을 공격할 유력한
대안이었다. 명의 신하이자 후금의 동생인 어색한 관계는 무역과
수군 확보를 위한 후금의 양보로 10년간 지속될 수 있었다.

그러나 그 양보도 끝나가고 있었다. 명의 공유덕孔有德이 해군
을 이끌고 후금에 투항했고, 후금 군대는 몽골을 복속시킨 뒤 내몽
골 지역을 관통해 베이징을 위협했다. 명의 멸망은 시간문제였고
조선의 가치도 점점 떨어졌다. 마침내 후금은 1636년 국호를 청으
로, 칸(왕)을 황제로 칭하는 칭제건원을 단행했다. 동아시아 패권
의 교체를 공식 선언한 것이다. 그리고 조선에 복종을 명했다.

그러나 조선은 복종하지 않았다. 청의 황제 선포식에서 조선 사신은 절하기를 거부하다 피투성이가 되도록 두들겨 맞았다. 청의 사신 용골대는 조선이 자신을 죽이려 한다고 생각하고 황망히 달아날 정도로 냉대를 받았다. 인조는 친명을 버릴 수 없다며 모두 떨쳐 일어나 싸우라는 유시諭示를 내렸다. 이 유시는 용골대 일행에게 입수되어 홍타이지에게 보고되었다.

조선이 명과의 관계를 끊지 못한 이유

조선과 명은 성리학과 조공 무역으로 맺어진 15세기 동아시아 질서의 동맹이었다. 이는 평화와 풍요와 인의의 질서였다. 반면 조선과 청은 전쟁과 강압으로 맺어진 관계였다. 여기에는 어떠한 정의도 정당성도 없었다. 조선과 명은 해금海禁 정책을 통해 대외 정책을 포기하고 안으로 민생을 챙기고 백성을 교화하려 했다. 그러나 청은 해금을 풀고 대외 교역을 하면서 상업을 일으키고 천주교를 수용했다. 성리학의 나라 조선의 관점에서 볼 때 청은 이단과 비도덕의 나라였고 부정의를 폭력으로 강요하는 나라였다. 정의가 있다면 청은 승리해서는 안 되었다.

조선의 정의로운 세력은 철저하게 친명배금을 지키고자 했다. 그들은 정의를 위한 민중 총궐기를 요구했다.

싸워서 이기면 상하가 함께 살고 지면 함께 죽을 것이니, 오직 죽음 가운데에서 삶을 구하고 위험에 처함으로써 안녕을 구하여야 할 것이다. 마음과 힘을 합하여 떨치고 일어나 적을 상대한다면 깊이 들어온 오랑캐의 고군孤軍은 아무리 강해도 쉽게 약화될 것이고, 사방의 원병이 계속하여 올 것이니 하늘이 우리를 도와준다면 전승을 거둘 수 있을 것이다.

-『인조실록』14년 12월 18일

남한산성 하나야 완전히 망한다 하더라도, 조선 사람들이 자식은 아비를 위하여 원수를 갚고, 아우는 형을 위하여 원수를 갚고, 신하는 임금을 위하여 원수를 갚을 것이니…….

-『인조실록』15년 1월 22일

1636년 12월 병자호란이 일어났다. 인조 정권은 전쟁 준비가 하나도 되어 있지 않았다. 청군이 쳐들어오면 서북민은 산성에 들어가 농성하고 정부는 강화도로 피신한다는 계획이 전부였다. 그러나 산성은 청군이 이동하는 대로에서 멀리 떨어져 있어 오히려 길을 비켜준 셈이 되었고, 강화도로 들어갈 계획을 이미 알고 있던 청군은 이를 이용해 한양과 강화도 사이의 길을 빠르게 차단했다.

청의 선봉군은 12월 9일 압록강을 건넌 뒤 5일 만인 14일 오후에 지금의 서울시 은평구 통일로 일대까지 들어와 강화도 가는 길을 차단했다. 그날 저녁 강화도로 가기 위해 남대문을 나서던 인조 일행은 길이 막혔다는 소식을 듣고 남한산성으로 들어갔다. 그러나 농성 준비가 강화도에 집중되었기 때문에 남한산성으로 가는 길은 곧 패배의 길이었다.

이후 45일간 처절한 농성전이 전개되었다. 청군은 남한산성을

병자호란이 일어나자 전쟁 준비가 되어 있지 않던 인조는 강화도로 피신을 가려 했으나, 청군에 막혀 남한산성행을 택하게 되었다. 승산도, 미래도 없는 선택이었고 인조는 50일을 채 버티지 못하고 항복했다.

폭넓게 포위하고 지원군의 접근을 차단했다. 인조를 구하기 위해 몰려온 강원도군, 평안도군, 전라도군, 경상도군 등 수많은 군대는 고지에 진지를 구축한 청군을 공격하다 참패했다. 평소 훈련도 받지 못한 평범한 농민들을 모아 공격을 시켰으니 승리할 까닭이 없었다. 훈련된 군대는 왕을 지키기 위한 어림군이 전부였는데 이들은 남한산성 안에 고립되어 굶어 죽어가고 있었다. 훗날 영웅으로 조선이 떠받든 임경업林慶業은 의주 백마산성에서 한 발짝도 움직이지 못했다.

시간은 청군 편이었고, 시대의 흐름도 청나라 편이었다. 결국

1637년 1월 30일, 농성 46일째 되는 날 인조는 항복했다.

G2 시대, 병자호란을 돌아보다

G2 시대를 사는 우리에게 역사가 주는 경고는 두 가지다. 하나
는 패권 교체를 예측할 수 없다는 것이고, 다른 하나는 절대로 힘
을 키울 여지를 주지 않는다는 것이다. 1620년대 후금은 누르하
치의 죽음과 함께 분명 위기에 빠졌고 명나라보다 약해 보였으며
만주를 지배한 나라가 중원을 지배한 전례도 없었다.* 또 명과 후
금의 갈등이 고조될수록 이들은 조선을 의심하고 견제하며 무리
한 요구를 해서 국력을 소모시켰다. 조선이 상대와 손을 잡고 위
협이 되는 것을 막기 위해서였다.

따라서 G2 시대 향후 패권을 미리 예측하고 능동적으로 대처한
다거나, 이에 대비해 힘을 길러야 한다는 충고는 비현실적이다. 미
국과 중국은 갈등이 심해질수록 한국의 힘을 빼려고 무리한 요구
를 하며 계속 견제할 가능성이 높다. 조금이라도 상대 국가에게 우
호적인 면을 보이면 신경질적으로 반응할 가능성도 높다. 미국의
방위비 분담 요구나 중국의 남북 관계 간섭 등을 이런 견제의 일
환으로 볼 수 있다.

우리에게 필요한 것은 유연함과 상상력이다. 19세기 타이의 라

---

* 요와 금은 중국 전체를 지배하지 못했고 원(몽골)은 이슬람과 유럽까지 아우르는 대
제국을 만든 뒤 남송을 멸망시켰다.

마 5세는 영국과 프랑스의 틈바귀에서 안으로 불교를 통해 국민을 결집시키고 밖으로는 중립 외교와 서양식 근대화를 통해 영국·프랑스에 신뢰감을 주려고 노력했다. 물론 이 과정에서 타이는 일부 영토를 상실하기도 했다. 하지만 동남아시아 유일의 독립국가로서 타이를 지켜내는 데 성공했다.

재러드 다이아몬드Jared Diamond는 『대변동』에서 핀란드의 유연함을 소개했다.* 핀란드는 소련과의 전쟁으로 큰 피해를 입었지만 동서 대립의 틈바귀에서 정작 어느 쪽에도 도움을 받지 못한다는 것을 깨달았다. 이에 핀란드는 과감한 친소 정책을 통해 안전을 지키면서도 자본주의 체제를 양보하지 않았다. 친소 자본주의라는 독특한 핀란드의 정책은 냉전을 적절히 활용한 창조적 정책으로, 안으로는 핀란드식 복지 정책으로 국민을 책임지고 밖으로는 소련과 미국을 동시에 만족시키며 북유럽의 균형을 유지하는 것이었다.

물리적 힘을 키우는 것이 국력 신장의 전부는 아니다. 물리적 힘으로 변동의 시대에 나라를 지키는 데는 한계가 있다. 국력은 물질과 정신 모두를 만족시켜야 한다. 17세기 조선은 물질은 빈약했고 정신은 고루하고 경직되었다. 세상이 변하면 우리도 변해야 하고 변화는 모든 것의 변화를 의미한다. 이것이 병자호란이 오늘날 우리에게 주는 교훈이다.

---

* 재러드 다이아몬드, 강주헌 옮김, 『대변동』(김영사, 2019).

운요호 사건: 조선의 마지막 전쟁

침략의 서곡

1875년 4월 20일 부산에 일본 군함 운요호가 입항했다. 돌연한 외국 군함의 등장에 놀란 부산 동래부는 역관 현석운玄昔運을 보내 항의했으나 묵살당했다. 운요호는 부산 앞바다를 측량하는 등 위협적인 행위를 했으나 동래부는 속수무책이었다. 5월 9일에는 또 다른 일본 군함 제2테이묘호가 부산항에 들어왔다. 동래부는 다시 현석운을 보내 항의했지만 일본은 함포 사격 연습으로 대응했다. 포성이 부산 앞바다를 울렸다.

---

* 한국은 1895년 을미개혁 때 공식적으로 태양력을 채용했고 그전까지는 태음력을 사용했다. 그러나 조선과 관련한 외국의 기록은 이미 1860년대부터 양력으로 기록되었다. 그래서 음력과 양력의 차이에 따라 조선에서 일어난 동일한 사건이 한 달 이상 차이가 나게 기록되기도 한다. 이 책에서는 1895년 이전까지는 음력에 따라 날짜를 기록하고 양력일 경우 따로 부기했다.

운요호는 영국에서 건조한 소형 포함으로 일본이 구입하여 해군 함선으로 운영했다. 1875년 9월 20일 운요호가 강화해협을 불법 침입하면서 운요호 사건이 일어났다.

　　운요호는 8월에 강화도 앞 한강 입구로 진출했다. 21일 운요호에서 무장한 14명을 작은 보트에 태워 초지진에 접근시켰다. 이에 초지진에서 대응 사격을 했으나 사정거리 밖에 있어 격파하지 못했다. 보트가 운요호로 돌아가고 22일 운요호는 초지진에 함포 사격을 가했다. 하지만 초지진은 큰 타격을 받지 않았다. 이에 23일 운요호는 방향을 바꿔 인천 앞 제물포 영종진을 공격했다. 영종진에는 수백 명의 조선군이 주둔하고 있었지만 노후한 무기를 지닌 약졸들이었다. 일본군은 함포 지원을 하며 수십 명의 상륙부대를 보내 공격했다. 조선군은 35명의 전사자를 내고 패주했고, 상륙한 일본군은 영종진을 철저히 파괴했다. 운요호는 충분한 무력시위를 했다고 판단한 듯 나가사키로 돌아갔다.

이것이 운요호 사건의 개요다. 대부분의 역사책에서 짤막하게 설명하는 이 사건은 조선의 개항과 멸망으로 이어진 일본 침략의 서곡이었다. 운요호 사건은 그 엄중함에 비해 너무 소홀하게 다루어져왔다. 조선이 국가 대 국가로 치른 사실상 마지막 전투인 이 사건의 의미를 살펴보자.

침략당하느냐, 침략하느냐

1842년 아편전쟁에서 패한 청나라는 영국과 난징조약을 체결하고 나라의 문을 열었다. 100년간 이어진 치욕적인 피침략의 역사가 시작하는 순간이었다. 그러나 당시 청 조정은 이 사건을 심각하게 생각하지 않았다. 아편전쟁이 일어난 강남 해안이나 조약을 체결한 난징은 수도 베이징에서 까마득하게 먼 곳이어서 조정은 전쟁을 실감하지 못했다. 그들은 조공 질서에 입각해 영국에 조금 더 유리한 무역 조건을 선물해준 것이라고 생각했다.

조선은 청나라 조정의 생각을 수용했다. 그래서 서양의 침략을 대수롭지 않게 생각했다. 그러나 일본은 그렇지 않았다. 일본은 아편전쟁의 패배를 그대로 받아들였고, 서양의 시대가 도래했다고 믿었다. 16세기부터 포르투갈·네덜란드 등 서양과 교류했고 중국에 대한 도전 의식이 강했던 탓이었을 것이다. 일본은 중국보다 강한 서양에 전율했다.

1853년 페리Matthew C. Perry 제독이 이끄는 미국 함대가 일본 우라가항에 나타났다. 페리 제독은 통상 아니면 전쟁이라며 잘 생각해보라는 말을 남기고 떠났다. 그리고 "I'll be Back"하고는 반드시 돌아오는 터미네이터처럼 1854년 돌아왔다. 쇼군 도쿠가와가 이끄는 일본 막부는 고분고분 미일화친조약을 체결했다. 일본도 청나라처럼 불평등조약에 따라 열강에 경제 침략을 당하는 신세가 되었다.

당연히 일본은 큰 혼란에 빠졌다. 농민과 상인이 도탄에 빠지고 국내 산업이 무너졌다. 이 모든 것은 섣불리 개항한 막부 책임이었다. 일본에서는 도쿠가와막부가 들어서면서 사무라이가 몰락했고 이에 종종 반란이 일어나곤 했다. 막부에 대한 불만이 고조되던 이즈음 성리학과 존왕양이 사상으로 무장한 이들은 다른 불만 세력과 연대해 막부 타도와 천황 친정, 즉 '왕정복고의 대호령'을 도모했다. 결국 1868년 메이지 천황의 친정이 이루어지고 근대화로 일본을 수호하자는 메이지유신이 단행되었다.

하지만 메이지유신은 몰락한 사무라이 세력을 더욱 궁지에 몰았다. 근대는 자본주의와 부르주아의 시대였고 사무라이는 전형적인 중세 봉건세력이었다. 사무라이들은 근대화 세력을 공격했다. 보신전쟁, 사가의 난, 하기의 난, 세이난전쟁 등 대규모 무력 반란이 일어났고 오쿠보 도시미치大久保利通 암살 사건 등 테러도 곳곳에서 일어났다. 사무라이 세력과 정부 모두 불만을 외부로 돌릴 필요가 있었다.

메이지유신을 전후해 일본은 조선에 국서를 보냈는데, 국서에서 일본 왕을 천황이라고 지칭했다. 이는 교린이 아니라 일본이 조선보다 우위라는 뜻이었다. 조선은 당연히 국서를 반환했다. 조선으로서는 일본 따위를 상국으로 대접할 생각이 없었다. 그러나 존

세이난 전쟁은 1877년 사이고 다카모리西鄕隆盛가 세운 군사학교와 메이지 정부에 반감을 갖고 있던 사족들이 일으킨 반란으로, 메이지유신 시기 최대·최후의 반란으로 꼽힌다. 메이지 정부는 어지러운 국내 정세를 수습하기 위해서라도 이들의 관심을 국외로 돌릴 필요가 있었다.

왕양이의 일본에 이는 모욕적 처사였다. 한민족의 일본에 대한 우월 의식만큼이나 일본도 한민족에 대한 우월 의식이 있다. 결국 조선을 정벌하자는 정한론이 터져 나왔다.

　일본 정부는 냉정했다. 불만을 해외로 돌리는 것도 좋지만 조선은 청의 우방이었다. 조선을 공격하는 것은 곧 청을 공격하는 것이었다. 1991년 이라크가 미국의 보호하에 있는 쿠웨이트를 침공했다가 어떤 꼴을 당했는지 떠올려보면 당시 일본의 고민이 이해될 것이다. 청에 대해 확고한 우위를 점한 영국이나 프랑스도 청과 조공 관계에 있던 국가와 관계를 맺을 때 청이 그 나라를 보호할 의지가 있는지, 청의 영토로 생각하는지 확인을 받고는 했다.

　섣불리 조선을 공격하는 것보다는 조선을 개항시키는 것이 일본에 이로웠다. 일본의 자존심도 살리고 근대화에 필요한 원료와 시장을 확보할 수 있기 때문이다. 일본 정부는 정한론자들을 저지하는 한편 군함을 보내 강제로 개항시키려 했다. 1875년 운요호 사건은 그런 의도에서 진행되었다.

조선은 왜 일본의 침략에 대응하지 못했을까?

조선은 1840~1850년대까지 안동 김씨 세도정치 시대였다. 당시 조선은 농민 봉기와 자연재해에 시달렸다. 그 근본 원인은 상공업 발달에 따른 사회적 모순의 격화였다. 양반 지배 체제가 근본적으로 뒤집어지려는 위기 상황에서 외부에 신경 쓸 겨를이 없었다. 청을 오랑캐의 나라로 생각했기에 북방 오랑캐와 서양 오랑캐 간의 싸움이라 여기고 관망하는 태도도 있었다.

그런데 오랑캐 간의 싸움에서 청이 패배하고 말았다. 1856년 일어난 제2차 아편전쟁이 1860년 베이징조약 체결과 함께 청의 완패로 끝난 것이다. 청보다 강한 오랑캐의 등장에 비로소 조선에서도 위기감이 고조되었다. 이때 철종이 죽고 고종이 어린 나이에 즉위하면서 홍선대원군의 섭정이 시작되었다.

홍선대원군은 프랑스와 우호 관계를 맺고 이를 통해 다른 서양 나라들을 견제하려 했다. 그러나 프랑스 등 서구 열강은 조선과 대등한 관계를 맺을 생각이 없었다. 조선은 제국주의 시대에 대한 기초적 이해도 없었다. 제국주의 시대는 철저한 약육강식의 시대로 대등한 외교 관계라는 개념 자체가 없는 시대였다.

흔히 19세기를 만국공법의 시대라고 한다. 거칠게 정리하면 전 세계가 하나의 법칙에 따라 움직이고 통제될 수 있다는 믿음의 시

홍선대원군은 고종 대신 집권하면서
다양한 개혁 정책을 폈으나 시대와
맞지 않는 것들이었다.

대였다. 물론 이 하나의 법칙은 곧 서양 문명을 의미했다. 근대화＝
서양화의 시대, "숟가락은 야만이고 포크는 문명"인 시대였다. 이
런 시대에 조선이 자기 체제를 유지하면서 서양과 대등한 관계를
맺으려 했다는 것 자체가 난센스였다.

　19세기는 현대의 관점에서 분명 야만의 시대였다. 서양 제국주
의는 인종주의와 자본 약탈에 기반한 침략을 자행했다. 영국은 호
주 태즈메이니아인을 멸종시켰고 프랑스는 아프리카 코이코이인
을 멸종시키고 코이코이 여성의 시신을 박제해 박물관에 전시했

다. 독일은 아프리카 헤레로인을 멸종시키려 전체 인구의 80퍼센트를 학살했고 미국 백인은 아메리카 원주민의 대부분을 학살했다.* 멸종의 가장 쉬운 방법은 남자를 노예로 만들고 여자와 아이들을 죽이는 것이다. 19세기 아프리카에서 광범위하게 자행된 멸종을 위한 학살은 20세기 나치의 유대인 학살까지 꾸준히 이어졌고, 이는 인류 근대사가 얼마나 야만적이었는지 보여주는 대표적 사례라 할 수 있다.

이런 시대에 흥선대원군의 대對서양 정책은 세상 물정에 어두운 것이었다고 평가할 수밖에 없다. 결국 흥선대원군의 프랑스 교섭 정책은 실패했고 곧 서양과 무력 대결을 펼치게 되었다. 1866년 프랑스의 강화도 침략(병인양요)과 1871년 미국의 강화도 침략(신미양요)이 연달아 일어났다. 군대를 양성하고 무기를 개량해서 일단 물리칠 수 있었으나 일시적 승리일 뿐이었다.

1870년대에 접어들면서 조선은 점차 초조해졌다. 청과 일본의 근대적 개혁(양무운동과 메이지유신)이 궤도에 오르면서 조선의 후진성이 부각되었다. 특히 군사력의 열세가 눈에 띄었다. 19세기는 자본주의의 대량생산 대량 소비가 전쟁에 도입되던 시대였다. 도시 인구 밀집-대량 징병과 대량 수송-대량 소모의 패턴이 점차 가시

---

* 16세기 북아메리카 원주민(소위 인디언) 인구는 최고 1,200만 명 정도로 추정된다. 현재 미국의 아메리카 원주민 인구는 200~500만 명 정도로 집계된다. 인구 증가율을 계산하면 16세기부터 20세기까지 인류는 5배 이상 늘어났으니, 아메리카 원주민 인구는 90퍼센트 정도가 감소했었다고 단순 계산할 수 있다. 스페인 지배하의 남아메리카 원주민은 80퍼센트 이상 인구가 줄었다고 추정된다.

화되었고, 이를 위해 국민교육, 국민개병 등이 제도적으로 뒷받침되었다. 과거에는 모병한 대군을 이끌고 전쟁터로 나아가 한 번의 전투에서 승패가 좌우되었지만, 이제는 반복적인 징병-수송-소모 패턴으로 무한대의 물량전이 가능해졌다. 인구와 산업이 곧 군사력이 되는 시대에 조선은 한없이 뒤떨어진 박물관의 유물 같은 나라였다.

1873년 결국 흥선대원군이 물러나고 20대의 고종이 친정을 단행했다. 고종은 서양 근대화를 수용하자는 개화파를 등용해 새로운 시대를 열려고 했다. 그러나 척사파의 저항은 거셌고 흥선대원군을 추종하는 반反개화적 개혁파의 반대도 심했다. 물론 고종에게는 개항에 따른 경제 침략에서 백성을 보호할 대안도 없었다. 1875년 당시 고종과 소수 개화파는 생각은 있어도 실천력은 없는 이불 속 개화파일 뿐이었다.

시대에 뒤떨어졌던 조선의 비극

운요호 사건 이후 일본은 지속적으로 조선을 압박했고, 1876년 1월 6척(혹은 7척)의 군함이 강화도에서 무력시위를 벌이며 개항을 요구했다. 하지만 당시 조선은 일본이 요구하는 조약의 의미도 몰랐다. 조선은 일본에 조약이 무엇이냐고 물었다는 것이다.* 이렇게 무지했으니 이를 계기로 체결된 강화도조약은 일본 의도

---

329   * 국사편찬위원회, 『한국사 37』(탐구당, 2003), 238쪽

에 충실할 수밖에 없었다.

강화도조약으로 일본은 조선 개항에 성공했다. 이는 일본 정부의 작은 승리였다. 이로써 정한론은 수그러들었고 일본은 한층 유리한 상황에서 근대적 개혁을 추진할 수 있었다. 물론 그 직후 세이난전쟁을 겪는 등 혼란은 여전했지만 일본의 불만 세력이 의회 설립 운동으로 노선을 전환하는 등 근대화로 나아갈 계기가 마련되었다.

반면 조선은 20년 전 청과 일본이 겪었던 혼란을 비로소 경험하기 시작했다. 불평등조약에 따른 주권 침해, 경제 침략에 따른 산업 붕괴와 농민 봉기가 한층 격렬하게 일어났다. 불행히도 젊은 고종과 명성왕후는 이런 혼란을 다스릴 카리스마도 경륜도 없었다. 1868년 메이지유신 당시 메이지 천황은 16세였지만 일본은 1854년 개항 후 14년 동안 단련되었고 많은 개화 인력을 확보한 상태였다. 반면 1876년 당시 24세던 고종은 모든 일이 처음 겪는 것이었고 개혁을 뒷받침할 인재도 부족했다.

고종의 가장 큰 문제는 고통받는 백성을 다독거리며 끌고 갈 통치 능력이 부족했다는 점이다. 임오군란부터 동학농민운동까지 중요한 민중 봉기가 일어날 때마다 고종과 명성왕후는 문제를 파악하고 대안을 내놓는 것이 아니라 민중을 폭도로 규정하고 적대시했다. 아마도 고종의 불행은 근대 서양의 통치술을 조언해줄 유능한 참모가 없었다는 것일지도 모른다. 1880년대까지 민주정치를 추진하고자 한 개화파가 보이지 않았다는 점이 이를 방증해준다. 일본은 그때 의회를 토대로 한 입헌제를 추진하고 있었다.

운요호 사건은 단순한 무력 충돌이 아니다. 19세기 제국주의 시대 생존을 위해 변화하며 몸부림치던 두 나라가 충돌한 사건이다. 표면적으로는 작은 무력 충돌이지만 사실은 국운을 건 일대 전쟁이었던 것이다. 그리고 여기서 패배한 조선은 결국 망국의 나락으로 떨어지고 말았다. 운요호 사건은 근대화를 향한 긴긴 흐름의 중간에 일어난 중대 사건이라고 평가해야 한다.

역병

질병은 언제, 어떻게, 왜
재앙이 되는가?

2007년에 개봉한 영화 〈미스트〉는 팬데믹 시대 역주행하는 영화 중 하나로 꼽힌다. 〈미스트〉의 줄거리는 다음과 같다. 거센 폭풍이 몰아친 후 정체불명의 안개가 마을을 감싸고 안개 속에서 사람들이 하나둘씩 죽어간다. 장을 보러 온 사람들이 마트에 고립되는데 외부와의 연락이 끊어진 속에서 사람들은 각자 살아온 방식에 따라 생각하고 판단하고 대처한다. 하지만 죽음의 위협이 현실적으로 다가오자 사람들은 곧 분열된다.

우선 구원의 대상을 찾는 사람들이 있다. 이들은 『구약성경』의 모세오경을 광적으로 신봉하는 미세스 카모디를 중심으로 뭉친다. 미세스 카모디와 추종자들은 『성경』을 글자 그대로 해석해 현상황은 제물을 게을리 바친 불신자들에 대한 징벌이라고 보고, 제물을 바치기 위해 살인을 저지른다.

두 번째 세력은 상황에 따라 유연하게 대처하자는 실용적 인물들이다. 모두 단결해 위협과 맞서 싸우자고 주장하지만 이들의 이성적 주장은 공포에 휩싸인 대중을 설득하지 못하고, 절망적 상황에 빠졌을 때는 심지어 자신들조차도 설득하지 못한다. 결국 이들은 극단적 선택으로 몰리게 된다.

영화 〈미스트〉는 중세 말기 페스트가 유행한 유럽의 상황을 소재로 삼은 듯하다. 페스트의 공포는 봉건영주에 대한 농민들의 대규모 저항을 불러왔지만, 봉기를 일으킨 농민들은 극단적 종말론에 빠져 광신적 종교 행위를 탐닉하다 자멸하고 말았다. 이와 유사한 상황은 20세기에도 등장한다. 1910년대 스페인 독감으로 죽음의 공포에 빠진 유럽인들은 보수적 신앙과 인종주의에 빠져 전체주의를 선택하고 결국 제2차 세계대전이라는 자멸의 길로 행진을 시작했다.

조선에는 파멸적 전염병의 역사가 별로 없었다. 전염병은 외부에서 유입되어 면역력이 없는 사람을 공격할 때 특히 파괴적인데, 조선의 고립주의가 이를 막아주었기 때문이다. 물론 우리에게 익숙한 전염병은 존재했고 종종 유행하기도 했다. 천연두, 홍역, 콜레라 같은 전염병이 많은 인명을 앗아가고는 했다. 하지만 익숙한 전염병은 면역력과 대처할 제도가 있었기에 사회의 근간을 흔들지는 못했다. 이제 조선의 역병과 의학 발달의 역사를 통해 이것이 오늘날 우리에게 던지는 메시지가 무엇인지 알아보자.

조선의 전염병과 유럽의 전염병

노스트라다무스의 진짜 능력

"앞으로 3, 400년 뒤에는 이런 식으로 전염병을 고칠 거야."

1546년 프랑스 의사 미셸 드 노스트라다무스가 페스트로 죽은 시체들을 불태우며 이렇게 중얼거렸다. 사람들은 화장이라는 이 교적 행위에 분노했지만 살롱드프로방스 지방의 페스트는 씻은 듯이 사라졌고 노스트라다무스는 곧 숭배 대상이 되었다. 프랑스 국왕 앙리 2세가 이 소식을 듣고 그를 파리로 불러들였다.

"자네는 앞을 내다볼 수 있고, 그것을 통해 페스트를 물리쳤다는데 사실인가? 그렇다면 나의 미래도 예언할 수 있나?"

"예, 전하. 전하께서는 10년 뒤 장미꽃이 만발할 때 돌아가실 것입니

프랑스 남부 살롱드프로방스에 있는 노스트라다무스의 동상. 노스트라다무스는 예언자의 상징과 같은 인물이지만, 그는 과학적인 방법으로 전염병의 확산을 막아내며 유명해졌다.

다. 창에 찔려서요."

그로부터 10년 뒤 앙리 2세는 5월, 한창 장미가 만발하던 날 창시합 도중 사고로 창에 찔려 죽었다. 사람들은 노스트라다무스의 예언을 떠올리고 비명을 질렀다.

예언자의 대명사 노스트라다무스의 등장과 관련한 신비한 이야기다. 이 이야기가 사실인지는 확인하기 어렵지만 그는 실존 인물이고 앙리 2세의 왕비 카트린 드 메디시스Catherine de Médicis의 주치의였으며 그가 쓴 예언집도 실제로 있고 심지어 그의 무덤도 살롱드프로방스에 실존한다.

노스트라다무스는 왜 유명해졌고 예언자로 알려졌을까? 그가 페스트를 퇴치한 의사였기 때문이다. 19세기 이전까지 동서양을 막론하고 의사와 무당은 구분되지 않았다. 양쪽 모두 치료가 주된 행위였기 때문이다. 단지 전자의 기반은 과학이고 후자의 기반은 신통력일 따름이다.

노스트라다무스는 유럽에서 최초로 방역 작업을 선보인 의사로 꼽힌다. 그는 페스트를 치료한 것이 아니라 차단하고 확산을 막아서 퇴치했다. 환자를 격리시켜 접촉을 차단하고 환자가 살았던 집도 폐쇄해 사람들이 접근하지 못하게 했다. 페스트는 전염력이 높기 때문에 이런 조치는 매우 중요했다. 페스트로 죽으면 환자의 시신과 그의 물건과 집을 모두 불태웠다. 망자의 유품을 나누어 갖다가 전염되는 것까지 막은 것이다. 병균을 옮기는 매체인 쥐도 잡아 불태웠고 우물 같은 공동 시설도 엄격하게 통제했다.

물론 노스트라다무스가 최초로 방역 대책을 세운 이는 아니었으나, 그의 대처는 획기적이었다. 그전까지 페스트는 신의 징벌이었고 환자들은 고해성사를 위해 성당으로 몰려갔다. 페스트가 유행할수록 성당에 많은 사람이 몰렸고 집단 전파가 용이해졌다. 환자가 죽으면 장례를 위해 인근 사람들이 몰려와 병이 또 퍼졌다. 죽는 순서는 환자-신부-수녀-가족-마을 주민-친척 순이었다. 성당의 사제와 수녀가 모두 죽으면 그제야 페스트가 수그러들었고 사람들은 사탄의 질병이라며 더욱 성당으로 몰려들었다. 이렇게 유럽 인구 5,000만 명 중 2,000만 명이 죽었다.

337　　　이런 질병을 노스트라다무스가 차단했으니, 그에게 신비로운

능력이 있다는 말이 돌 수밖에 없었다. 당시는 전염병을 신과 사탄의 싸움으로 보았기 때문이다. 노스트라다무스는 점점 의사가 아닌 예언자로 유명해졌고 19세기에는 숭배의 대상이 되었다. 그는 19세기 말 종말론의 유행에 이어 20세기 말 종말론까지 영향을 미쳤다.

전염병이 재앙이 된 이유

페스트는 14~15세기에 대유행해 유럽 인구의 30퍼센트 이상을 죽였으며 16세기까지 영향을 미쳤다. 페스트가 유럽에서 유행한 원인에 대해서는 여러 가지 주장이 있지만 십자군 전쟁 막바지 혹은 그 후에 이슬람 지역에서 전파되었다는 주장이 설득력 있다. 이슬람인들은 면역력이 있었지만 유럽인은 속수무책으로 당할 수밖에 없었다. 페스트는 방역 기술의 발전과 면역력 확대로 16세기부터는 힘을 잃어갔지만 19세기 세균학이 발달하기 전까지 여전히 무서운 전염병이었다.

페스트는 대서양 횡단 모험에 나선 선원들을 통해 16세기 아메리카에 전파되었다. 16~18세기 사이 아메리카 원주민 인구는 8,000만 명에서 5,000만 명 이하로 감소하였을 것으로 추정하며, 혹자는 인구의 80퍼센트가 죽었을 것으로 추정하기도 한다. 일부에서는 유럽인들의 인종 대학살이 원인이라고 주장하지만, 주원인으로는 페스트를 지목하는 것이 일반적이다. 전염병에 의한 인류의 멸종 공포는 서양 문명사에 깊이 각인되어 있다.

그러나 시간이 흐르면 전염병에 면역이 생기고 적절한 대응책도

15세기 중반에 그려진 것으로 추정되는 〈죽음의 승리〉라는 프레스코화다. 중세 유럽을 휩쓴 페스트의 위력과 공포를 엿볼 수 있다.

갖게 된다. 이와 관련한 유명한 이야기가 『총 균 쇠』에 실려 있다.

처음 아프리카에 들어간 유럽인들은 강가의 비옥한 평야를 놀려두는 아프리카인을 이해하지 못했다. 아프리카인들은 산지로 들어가 어렵게 화전을 일구거나 목축을 하며 가난하게 살았다. 유럽인은 이를 아프리카인이 열등한 증거라고 생각했다. 유럽인들은 아프리카인을 비웃으며 강가에 집을 짓고 평야를 개간하여 농사를 지었다. 그러나 곧 재앙에 직면했다. 말라리아가 창궐해 정착한 유럽인이 전멸한 것이다. 말라리아의 원인은 강가에 사는 말라리아모기였다. 아프리카인이 강가를 떠난 것은 일종의 방역 조치였던 것이다. 19세기 치료약이 나올 때까지 유럽인들은 아프리카에 발을 들일 수 없었다.

조선의 전염병과 방역

조선의 방역은 어땠을까? 서양인의 기록인 『하멜 표류기』에서 이와 관련된 기록을 찾을 수 있다. 하멜은 전라도 지방에서 목격한 방역 사례를 기록했는데 간단한 내용이다.[*] 전염병 환자가 발생하면 마을 밖 초막으로 엄격하게 격리되고 아무도 접촉하지 못하게 하며 가족을 제외한 그 누구도 돌볼 수 없다. 만약 가족이 없다면 아무도 돌보아주지 않고 그대로 죽게 내버려둔다. 그리고 환자가 발생한 집은 판자로 울타리를 치고 지붕에 나무로 표시해서 누구도 접근하지 못하게 한다. 하멜은 이러한 방역 조처를 '버려진다' 등의 표현을 통해 비판적 뉘앙스로 기록했다. 이는 17세기 네덜란드에서는 격리 중심의 방역 체제가 낯선 제도였다는 것을 보여준다. 이런 차이는 오늘날까지 코로나19 방역에 대한 동·서양의 차이로도 나타나고 있다. 이번에는 우리 측 기록을 보자.

> "청재淸齋하는 각처의 관리들이, 혹은 도중에 오다가 염병染病에 전염되었다 하며. 집안에서 전염병에 범하였다고 하여 출사하지 않는 자가 매우 많습니다.……이제부터 이상의 각사各司의 인원으로서

---

[*] 헨드릭 하멜, 신동운 옮김, 『하멜표류기』(스타북스, 2020), 166쪽.

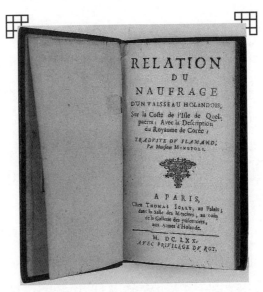

하멜은 1653년 제주도에 난파되어 1666년까지 조선에서 생활했다. 그는 1668년 네덜란드로 돌아간 뒤 받지 못한 임금을 청구하려고 일종의 보고서인 『하멜 표류기』를 저술했다. 여기에는 조선에 관한 다양한 정보가 담겨 있다.

염병에 전염되었다고 하여 출사하지 아니하는 것을 금할 것이며,
그 가운데 모자간이나 부부간에 난산으로 인하여 서로 구호하였다
가 부득이 염병에 범하게 될 때에는 장고狀告를 받고서 3일간 휴가
를 주게 하소서."

－『세종실록』6년 2월 4일

제사를 담당하는 관리들이 역병이 돌자 알아서 출근하지 않으
니 이를 규제해야 한다는 주장이다. 이는 전염병이 돌았을 때 자가
격리와 자율 출퇴근이 이루어졌음을 보여준다.

"온 가족이 급성 전염병에 걸려 겨우 씨만 뿌리고 김매어 가꾸지 못 했기 때문에 실패한 것을, 그 손실은 답험하지도 않고 원전元田의 수량으로 조세를 거둘 경우.……원망과 한탄이 장차 크게 일어날 것입니다.……그들에게 현지를 답험하게 하고, 실實한 분수를 취하여 인민의 편익을 도모하고 국가의 재정을 충족케 하소서."

-『세종실록』12년 8월 10일

전염병이 돌아 경제가 어려워지면 세금 감면 등 적극적인 경제 정책을 취해야 한다는 주장이다. 이 주장은 그해 풍흉에 따라 9등분하여 조세를 걷자는 연분 9등법의 근거가 되었다.

상이 하교하기를, "도성에 전염병이 크게 번져 사망자가 많은데, 동서의 활인서活人署에 안치한 자가 몇이나 되는가?"하였다. 정원이 두 관서의 관원을 불러다 물으니, 각기 1백 수십 인이라고 하였는데, 약물을 내려주도록 명하였다.

-『효종실록』1년 3월 15일

정부는 전염병이 유행하면 활인서에 명하여 치료하도록 했다. 활인서는 빈민 의료 기구로서 오늘날 보건소에 해당한다고 볼 수 있다. 특히 전염병이 돌면 적극적으로 행동했는데, 임시 병동을 만들어 환자들을 수용하고 각종 약물과 기술로 치료하고 전파를 막는 조처도 취하며 환자가 죽으면 매장까지 책임졌다. 지방에서 전염병이 크게 유행하면 활인서뿐만 아니라 왕의 건강을 책임지는

내의원부터 전의감, 혜민국 등 나라의 의료 기구를 총동원해 방역
과 치료에 주력했다.

> 감옥 안에 전염병이 크게 성하자 상이 승지에게 죄수를 조사하여
> 그 중 죄가 가벼운 자를 석방할 것을 명하였다.
>
> -『효종실록』 2년 4월 21일

격리를 위해서는 심지어 감옥 안의 죄수도 풀어주었다. 감옥의
환경이 불량한데다 밀착 접촉이 가능한 환경이기 때문에 감옥이
전염병의 온상이 될 수 있었기 때문이다.

이토록 정부는 모든 역량을 동원해 전염병 확산을 막으려 노력
했고 관리와 백성들도 자가 격리, 자율 출퇴근 등등 대대로 내려오
는 방법을 통해 방역에 나서서 전염병에 대처했다. 이러한 역사적
경험이 외국인들에 비해 우리가 마스크나 격리 조치에 쉽게 동참
할 수 있었던 배경이 아닐까? 그런데 실록에 재미있는 이야기가
보인다.

> "근래에는 (무당집이) 성안에 섞여 있어서 양반의 부녀들이 무시로
> 왕래하며, 혹 병인病人을 불러 모아서 여기癘氣(전염병 기운)가 마을
> 과 이웃에 전염되게 하오니 매우 옳지 못하옵니다."
>
> -『세종실록』 13년 7월 17일

전염병 환자를 무당집에 데려가 굿으로 고치려다 무당집을 드

나드는 사람들에게 병을 전파하니 무당과 그 집에 드나드는 사람 들을 처벌하라는 상소다. 예나 지금이나 전염병은 또한 무속을 일으키니 세상이 아무리 변해도 이것만은 어쩔 수 없는 일인가?

조선의 방역 성공과 실패

조선 후기에 전염병이 기승을 부린 이유

임금이 대신과 비국 당상을 인견하고 근신近臣을 경성과 제도諸道에
보내어 여제厲祭를 베풀 것을 명하였다. 이때에 여역癘疫이 서로西路
에서부터 일어나서 여름부터 겨울에 이르기까지 팔로八路에 만연
되어 민간의 사망자가 거의 5,60만이나 되었기 때문에 이러한 명이
있었다.

-『영조실록』 25년 12월 4일

여역은 전염병을 말하며 여제는 전염병을 물리치기 위한 제사
를 말한다. 1726년 조정은 인구조사를 해 조선의 총인구가 699만
4,400여 명이라고 집계했다. 위의 기사는 이 중 10퍼센트가 전염
병으로 죽었다는 것이다. 왜 전염병이 이토록 창궐했을까?

345

활인서는 도성 내 병자를 구제하기 위해 설치했던 기구다. 동활인서는 동소문 밖에, 서활인서는 서소문 밖에 두었다. 지금은 건물터를 기리는 표석만 남아있다.

먼저 1743년 활인서가 혁파된 것을 들 수 있다. 조선 후기 들어 정부는 재정난으로 활인서를 계속 축소하다가 마침내 폐지했다. 또 하나는 조선 전기에 비해 무역이 활발해진 탓이다. 외국인과의 접촉이 많아지면 그만큼 외래 전염병이 들어올 가능성이 높아진다. 정치적 혼란도 원인이다. 영조의 탕평은 격화된 당쟁에 대한 미봉책에 불과했고 더군다나 영조 25년(1749년) 사도세자가 대리청정을 시작하면서 세자를 둘러싼 정치적 갈등이 고조되었다.

조선 시대 전기보다 후기에 전염병이 훨씬 많이 창궐했다. 조선 전기 태조~선조 때까지 실록의 전염병 기록을 검색해보면 대략 184건 정도다. 이것도 중종 때의 기록이 77건으로 40퍼센트나 차지한다. 반면 조선 후기 광해군~고종 때까지는 392건으로 2배가 넘고 시기적으로도 비교적 골고루 창궐했다.

전염병의 발생은 그대로 정치적 부담이 된다. 18세기를 예로 들어보면, 1699년 전염병으로 25만 명이 죽었고 4년 뒤 전라도와 충청도에서 민란이 일어났다. 1708년 전염병이 돌아 수만 명이 죽었고 그해 가을 전라도에서 민란이 일어났다. 1718년 전염병이 돌았고 1721년 전국적으로 민란이 일어났다. 1729년 홍역이 돌았고 이듬해 황해도에서 민란이 일어났다. 1742년 봄에 열병이 돌았고 가을에 강원도에서 민란이 일어났다. 1749년 전염병 역시 1755년 나주 괘서 사건**으로 이어졌다.

그런데 19세기 세도정치기가 되면 전염병과 관련한 기록이 격감한다. 전염병으로 실록을 검색하면 헌종과 철종 때 0건(전체 702건)이며, 여역瘋疫으로 검색해도 철종 때는 검색되지 않는다(전체 933건). 19세기 조선은 전염병 안전 지역이었을까?

그렇게 보기는 어렵다. 철종 때만 해도 1851년, 1856년, 1857년 대규모 수해가 있었다. 당시 전염병에는 오염된 물이 원인인 콜레

---

* 전염병을 검색어로 했을 때의 결과이며, 전염병에 해당하는 여역으로 검색하면 헌종, 숙종, 영조 3대에 걸쳐 321건(전체 검색의 30퍼센트)이 검색될 정도로 17세기 후반 ~18세기 중반에 전염병 발생이 집중되어 있다. 전염병에 대한 기록을 볼 때는 시대별로 병에 대한 다양한 표현이 존재했음을 감안해야 한다.

** 영조가 경종을 독살하고 왕에 올랐다고 주장한 사건. 영조 즉위로 숙청당한 소론이 정권을 되찾기 위해 일으킨 일련의 사건 중 하나로, 영조 탕평의 한계를 보여준 사건이다.

라(호열자), 장티푸스(염병), 이질(열병) 등도 있었으므로 수해 뒤에는 전염병이 올 가능성이 높았다. 실제로 1859년(철종 10년) 철종은 해롭고 거스르는 기운이 더욱 치성하여近日乖沴益熾 여제厲祭를 베풀라는 지시를 내렸다. 여기서 괴려乖沴는 전염병을 의미하는 말일 것이다.

그렇다면 왜 19세기 세도정치에는 전염병 관련 기록이 드물게 나타나는 것일까? 그만큼 정치가 문란해서 보고 체계가 제대로 작동하지 않았다고 보아야 할 것이다. 지방에서 전염병이 창궐하면 지방 수령은 그 확산을 막고자 노력해야 하고 또 확산에 대한 책임을 져야 하므로 아예 보고하지 않고 뭉개버린 것이 아닐까? 비교적 정치가 안정되었던 현종, 영조, 정조 시대 전염병 기록이 많은 것과 비교하면 이런 가설은 힘을 얻는다.

서양인의 눈에 비친 19세기 조선의 보건 환경

유럽과 한번 비교해보자. 유럽 역시 19세기에 전염병이 대유행했다. 런던에서는 콜레라로 5만여 명이 죽기도 했다. 그 원인은 도시에 있었다. 산업혁명으로 노동자들이 도시에 몰려들어 좁은 지역의 아파트에 밀집해 살았다. 빈곤한 노동자들의 주거 환경에 신경 쓰는 사람은 없었고, 노동자와 그 가족들은 제대로 된 상하수도 시설 없이 생활 오수로 오염된 물을 그대로 마셨다. 도시에서도 노동자 거주 지구는 그 자체로 거대한 병균의 배양지였던 셈이다. 거리 두기도 불가능하니 전염병이 한번 발생하면 순식간에 퍼졌다. 부자들은 불결한 노동자 거주 지구를 피해 교외의 단

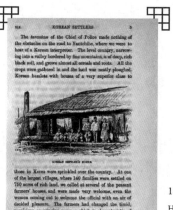

1898년 출간된 『조선과 그 이웃 나라들Korea and Her Neighbours』의 한 페이지.

독 주택 지구로 이주했다. 이런 악순환은 20세기까지 도시 슬럼의 대표적 문제로 이어졌다.

조선은 어땠을까? 여기서 우리는 이사벨라 비숍Isabella Bishop이 묘사한 한양*을 들여다볼 필요가 있다. 그녀가 묘사한 조선의 풍경은 런던 슬럼가의 모습 그대로였다.

> "대도시 수도가 이토록 불결하다는 것을 도무지 믿을 수가 없다.······소로의 대부분은 물구덩이와 초록색의 오수가 흐르는 하수도로 말미암아 더욱 좁아진다. 하수도에는 각 가정에서 버린 고체와 액체의 오물로 가득 차 있으며 그들의 불결함과 악취 나는 하수도는 반나체 어린이들의 놀이터가 되고 있다. 그들은 햇살에 눈을

---

* 이사벨라 비숍, 신복룡 옮김, 『조선과 그 이웃 나라들』(집문당, 2019).

껌뻑거리며 하수도에서 뒹굴고 있다.……개천에는 검게 썩은 물이 악취를 풍기며 흐르고 있는데 하층 계급의 여인들은 물을 길어 통에 담거나 악취 나는 물에서 옷을 빨고 있다."

비숍은 조선의 불결함을 상세하게 묘사했다. 특히 한양 같은 도시의 불결함은 도시의 전염병을 여러 차례 겪은 비숍에게 위기감을 주기에 충분했을 것이다.

사실 한양의 수질 오염 문제, 특히 청계천 오염 문제는 국초부터 있었다. 하지만 한양이 통제되고 허락된 인구만 살던 시절에는 청계천이 하수 전용으로 쓰여 악취를 풍겨도 전염병을 확산시키지는 않았다. 설령 전염병이 일어났다 해도 활인서 등 방역 기구가 작동해서 확산을 막았다. 그러나 외국인이 들어오고 인구가 늘어난 구한말이 되자 문제가 되었다. 방역 기구도 변변치 않은 상태에서 상하수도 시설 미비는 곧 재앙으로 나타났다. 1886년 콜레라가 전국에 만연하자 고종은 다음과 같이 전교했다.

"지금 또 전염병이 경외京外에 유행하고 갈수록 더욱 성해서 가는 곳마다 놀랍고 참혹하다. 가장 가엾고 딱한 것은 고장을 떠나서 돌아다니는 사람들과 고독하여 의지할 데 없는 사람들이 혹 들에서 방황하기도 하고 혹은 도로에 쓰러지기도 하여 장물 한 모금 얻어먹지 못하고 약 한 첩 얻어 쓰지 못하며 이미 몸조리할 방도가 없어서 갑자기 죽는 우환을 면하기 어려운 것이다."

－『고종실록』 23년 6월 29일

『하멜 표류기』에서 보았듯이 전염병이 돌면 격리하는 것이 조선의 원칙이었다. 그런데 1886년 콜레라가 유행할 때는 '고장을 떠나 돌아다니는 사람들'이 등장한다. 전염병 발생 지역에 대한 통제와 봉쇄가 이루어지지 않자 전염병을 피해 사람들이 탈출했다는 뜻이다. 이는 전염병을 확산시키는 행위다. 이 기록은 19세기 조선의 방역 체제가 완전히 무너졌음을 보여준다.

1899년 대한제국은 광무개혁을 본격적으로 시행하면서 전염병 예방 규칙을 만들고 대대적인 상하수도 정비 공사를 진행했다. 1904년에는 공중변소를 설치하고 노상 방뇨를 금지했다. 1908년에는 인천·부산·평양에서도 수도 시설 공사가 시작되었다. 많은 이가 한양이 깨끗하고 밝아졌다며 칭찬했지만 한계가 있었다. 1902년 전국적으로 콜레라가 번졌고, 1909년에도 콜레라가 유행했다.

1918년 스페인 독감이 조선에 들어왔다. 일본은 식민 지배를 통해 과학적 방역이 이루어져 조선이 안전해졌다고 선전했지만 스페인 독감으로 무려 14만 명이나 죽었다. 엄청난 죽음의 그림자는 식민 지배의 허구를 깨닫게 했고, 이는 3·1운동의 동기 중 하나가 되었다.

방역은 과학도 아니고 의식도 아니다. 핵심은 정부의 적극적인 노력과 대책이다. 15세기 미약한 의학 수준으로도 조선은 전염병을 효과적으로 통제했지만, 『동의보감』 편찬으로 의학이 진일보했다는 조선 후기에는 오히려 전염병 방역에 실패했다. 종두법으로 천연두를 정복한 1900년대에도 콜레라와 독감으로 수많은 생명

을 잃고 말았다. 2020년 한국이 세계적인 방역 성공 국가라고 자
랑하지만, 한국의 의학 수준이 미국이나 일본보다 월등히 우월하
다고 말할 수 있을까? 역사가 주는 교훈은 이 정도면 뚜렷하지 않
은가.

조선 명의 열전

.
.
.

.

숙종의 천연두를 고친 유상

유상柳璫은 숙종 때의 의사로 천연두 전문의로 이름을 떨쳤다. 천연두는 치사율과 전염력 면에서 가장 치명적인 전염병으로 왕 도 피해갈 수 없는 무서운 전염병이었다. 프랑스혁명으로 단두대 에서 처형당한 비운의 루이 16세는 루이 15세가 천연두로 죽는 바람에 왕이 되었는데 당황한 그가 왕위에 오르며 한 기도는 "신 이여 저를 보호하소서. 저는 왕에 오르기에 너무 어렵니다"였다.

천연두에 대한 공포는 조선도 마찬가지여서 왕들은 천연두가 유행할 때는 세자와 관련된 행사를 중지시킬 정도였다. 당연히 의 사들에게 천연두는 어떻게든 정복해야 하는 대상이었다. 많은 의 사가 천연두 치료에 매달렸는데 이들을 두의痘醫라 했다. 유상은 그중에서 특히 유명한 의사였다.

1683년 10월 숙종이 천연두에 걸렸다. 숙종의 어머니 명성왕후

보물 제1177호인 〈오명항吳命恒 초상〉이다. 공신으로 책봉된 고위 관리의 얼굴에도 천연두의 흔적이 남아 있다.

는 아들 대신 죽겠다며 목욕재계하고 천연두가 자신에게 오게 해달라고 빌었다. 하지만 병을 치료하는 것은 의사의 몫이었다.

10월 18일 발병하고 19일 반점이 생기자 20일부터 유상이 중심이 되어 7명의 어의가 치료에 전념했다.* 하지만 증세가 점점 악화되어 21일에는 왕의 유고에 대비하는 조처들이 취해졌다. 23일에는 반점이 부풀어 오르기 시작했고 25일에는 곪기 시작했다. 27일에는 위독한 지경이 되어 정신이 혼미하고 말도 못해 부르면 고개

---

* 『승정원일기』에는 왕에게 올린 약이 기록되어 있는데 화독탕化毒湯, 보원탕保元湯, 정중탕定中湯, 감로회천음甘露回天飮, 이공산異功散, 사성회천탕四聖回天湯, 가감양격산加減凉膈散, 이격탕利膈湯 등등이 나열되어 있다.

만 끄덕일 뿐이었다.

　그러나 28일에 드디어 곪은 자리에 딱지가 앉기 시작했다. 11월 1일 딱지가 떨어지고 증세가 완연히 호전되었다. 마침내 5일 천연두 치료를 위해 설치한 시약청侍藥廳을 혁파했다. 왕이 죽을병에서 완쾌했으니 나라의 경사가 아닐 수 없고 유상은 공신이었다. 11월 10일 숙종은 유상을 종2품 동중추부사로 직급을 올려주었다.

　유상의 천연두 치료에는 전설도 붙었다. 『청구야담靑丘野談』에 의하면 유상이 지방에 갔다가 나귀를 타고 상경하는데 종이 배가 아프다며 그가 탄 나귀의 고삐를 맡겼다. 유상이 나귀를 채찍으로 때리는 바람에 나귀가 그를 태우고 하루 종일 달렸다. 나귀는 해 질 무렵에서야 어느 집 앞에서 멈추었다.

　유상은 그 집에서 하룻밤 신세를 지게 되었다. 밤이 되자 주인이 "내 책은 보지 마시오"라는 말을 남기고 외출했다. 유상이 흘낏 보니 의서醫書들이라 몰래 들추어보다가 주인이 돌아오자 그만두었다. 새벽이 되자 주인이 재촉해서 길을 떠났는데 판교를 지날 무렵 액정서掖庭署(왕명 전달과 안내 등을 맡은 환관 부서) 아전들이 달려와 말했다.

　　"전하께서 마마(천연두)를 앓으시는데 꿈에 산신령이 나타나 유상을 부르라 하셨답니다."

　급히 아전들을 따라 올라가는데 구리개(현재의 을지로)에서 웬 노파와 마주쳤다. 노파는 딸아이가 천연두에 걸렸는데 시체탕枾蒂

湯을 먹고 나왔다며 신이 나 있었다. 시체탕은 감나무 꼭지를 달인 것인데 마침 유상이 지난밤 의서에서 본 약이었다. 유상은 시체탕으로 숙종의 병을 고쳤다.

의서를 보여준 집주인은 산신령이 아니었을까? 유상이 숙종의 천연두를 고친 것은 산신령의 덕이고. 하지만 이것은 그저 전설이다. 아마도 천연두를 고치려면 의사의 정성이 하늘에 닿아야 한다는 의미일 것이다.

천연두 일인자, 이헌길

이헌길李獻吉은 이몽수라고도 한다. 그는 정약용의 천연두를 고쳤고, 정약용은 『마과회통麻科會通』의 「서序」와 『몽수전蒙首傳』에 그에 대한 기록을 남겼다. 이헌길은 이철환李嚞煥의 의서를 두루 읽었고 특히 『두진방痘疹方』을 깊이 연구했다.

이헌길이 1775년 한양에 들어오는데 천연두로 죽은 시체가 줄줄이 실려 나갔다. 상중이었지만 외면할 수 없던 이헌길은 친척의 집에 기거하며 환자를 보았다. 신통하게 모두 병이 나았고 환자들이 구름같이 몰려들었다. 환자가 너무 많아 귀한 사람을 먼저 보고 천한 사람은 해질녘에야 겨우 보았지만 처방만 받으면 낫는지라 모두 그를 하늘처럼 떠받들었다. 그가 다른 집으로 옮길 때면 그를 둘러싼 사람들이 일으키는 먼지가 하늘을 가릴 정도여서 사람들은 그것을 보고 "몽수가 온다"고 했다고 한다.

그러나 인기가 있으면 시샘하는 자도 있기 마련이다. 모함하는 자가 많아지자 이헌길은 자취를 감추어버렸다. 그를 애타게 찾던 사람들이 은둔한 곳을 찾아내 문을 부수고 들어가 그를 비난하고 협박했다. 이헌길은 뉘우치고 사과한 뒤 다시 치료를 시작했으나 너무 많은 사람이 몰려들어 감당할 수 없었다. 결국 처방을 불러주고 받아 적게 한 뒤 퍼뜨리도록 했는데, 양반들은 그 처방을 사서 삼경 외우듯 했다. 이헌길은 천연두에 대해서는 모르는 것이 없어서, 12년 뒤 천연두가 다시 유행할 것이라고 예언하기도 했다. 그 예언은 적중했다.

정약용이 남긴 그에 관한 에피소드를 하나 소개한다. 하루는 어떤 여인이 남편이 죽게 되었다며 이헌길을 찾아왔다. 진찰해보니 독약인 비상이 유일한 방법이었다. 그러나 아내가 남편에게 비상을 먹일 리 없으므로 살릴 방도가 없다고 돌려보냈다. 여인은 남편과 함께 죽기로 결심하고 비상을 술에 타 선반 위에 올려놓았다. 여인이 잠시 나간 사이 남편이 그 술을 먹어버렸고, 여인은 놀라서 이헌길을 찾아와 남편이 비상을 먹었다며 구해달라고 애걸했다. 이헌길은 무릎을 치며 말했다.

"당신이 비상을 쓰지 않을 것 같아 말하지 않았는데……이는 하늘의 뜻이오. 집에 가보면 남편의 병이 완쾌되었을 거요. 어서 가보시오."

허준과 허임

조선에는 많은 명의가 있었고 그들은 전염병과 일상의 병을 고치는 데 전력을 다했지만 이름을 남긴 것은 대개 왕이나 유명한 정치인을 고친 이들이다. 물론 인술로 이름을 날린 사람도 있지만,

그것은 성품의 문제로 일반적으로 적용하기는 어려운 일이다. 가령 백광현白光炫은 현종과 숙종의 종기를 고쳐 종1품 숭록대부까지 올랐지만 환자를 볼 때는 빈부귀천이 없었고 늙어서도 게을리하지 않았다. 당연히 존경받을 만하지만 사람은 부귀해지면 안락한 생활을 희구하는 것이 당연하다. 모든 의사에게 훌륭한 인품을 요구할 수는 없다.

기술을 발전시키고 제자를 잘 키우고 널리 퍼뜨려서 많은 이가 의료 혜택을 받도록 하는 것도 매우 중요하다. 그런 대표적 인물로 허준許浚과 허임許任을 꼽을 수 있다. 허임은 관노의 아들로 태어난 천민이었다. 집이 가난해서 아버지가 아프면 의원의 심부름을 하는 것으로 약값을 치렀다. 그런데 머리가 명석하고 암기력이 좋아서 심부름하며 어깨너머로 침술을 배워 대가가 되었다.

임진왜란이 일어나 약이나 복잡한 의료 기구를 구하기 어려워지자 침이 유행하게 되었다. 조선 약의보다 침의가 인기가 많은 이유도 여기서 유래했을 법하다. 허임은 광해군을 따라다니며 침으로 많은 환자를 고쳤다. 이럴 때는 인술보다 기술이 중요한 셈이다.

전쟁이 끝나고 선조가 편두통으로 발작을 일으켰다. 허준을 불러 침으로 치료할 수 있느냐고 묻자 이렇게 대답했다.

> "소신은 침놓는 법을 알지 못합니다마는……허임도 평소에 말하기를 '경맥經脈을 이끌어낸 뒤에 아시혈阿是穴에 침을 놓을 수 있다'고 했는데, 이 말이 일리가 있는 듯합니다."
>
> —『선조실록』 37년 9월 23일

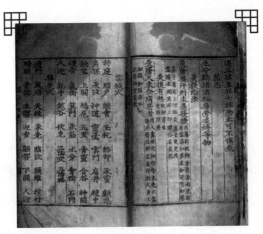

허임이 저술한 『침구경험방』은 인기가 많아 언해본과 일
본 판본 등 다양한 판본이 나왔다.

　　허임이 침을 놓자 곧 선조의 병이 나았다. 선조는 허준에게 말
한 필을 주고 허임은 관직을 올려주었다. 사관은 사소한 수고로 갑
자기 승진을 했다며 "관작의 참람됨이 여기에 이르러 극에 달하였
다"며 실록에 불쾌함을 노골적으로 기록할 정도였다.

　　허임은 그의 침술 비법을 『침구경험방鍼灸經驗方』이라는 책에
담았다. 이 책은 일본까지 전파되었고, 허임의 침술은 오랫동안 전
수되었다. 실정에 맞는 기술 개발, 헌신, 교육 등 의사의 삼박자를
모두 갖춘 훌륭한 의사라 할 수 있다.

　　조선 시대까지 의사는 중인이고 종종 무당 취급을 받았다. 사회
적으로 천대받다보니 병을 고치면 본전이고 못 고치면 구박받기
십상이었다. 그럼에도 본분을 지키고 정성으로 인명을 구해낸 이
가 많았다. 한의학을 우습게 보는 이들이 있지만 유럽도 19세기까

지는 사혈과 약초, 점성학으로 병을 고쳤고 지금도 일부를 계승해 현대 의학에 접목하고 있다.

미래에는 알약 하나로 암부터 난치병까지 고치고 불로장생할지도 모른다. 그러나 그 기술은 모두 현대의 의학을 계승하고 발전시켜 이룩한 결과일 것이다. 기술의 차이는 있겠지만 병에 대한 의사의 마음은 예나 지금이나 똑같을 것이고, 그것은 인명에 대한 존중과 정성일 것이다.

음식

조선 시대 밥상이 들려주는
아래위, 안과 밖 이야기

미시사가 유행하면서 일상생활을 주제로 하는 역사가 유행이다.
그러나 미시사가 추구하는 것은 일상을 통해 은폐된 역사의 전모
를 보는 것이지, 관음적 쾌락이 아니다. 양반님네들의 화려한 음
식과 미감을 보면서 상류층의 식생활을 부러워하는 것이 아니라
음식에 담겨 있는 정치·경제·사회·문화를 보고자 하는 것이다.

　흉년이 들면 조선의 왕은 음식을 줄여야 했다. 반찬 가지를 줄이
고 심지어 하루 두 끼를 먹기도 했다. 이는 유교적 지배자가 가져야
하는 덕목이었다. 18세기 프랑스혁명 전야 프랑스 평민을 분노하게
했던 것은 베르사유 궁의 화려한 음식이었다. 문제는 그 화려한 음
식상이 왕과 평민의 거리를 줄인다는 명분으로 항상 공개되었다는
것이다. 마리 앙투아네트는 공개되는 공식 만찬장에서는 아무것도
먹지 않았는데, 보기에 맛있는 음식보다 달콤한 케이크를 좋아했
기 때문이다. 음식은 정치이고 혁명의 원인이 되기도 한다.

이상하게 들릴지 모르지만, 부자보다 가난한 사람이 많이 먹는다. 육체노동을 하는 사람이 정신노동을 하는 사람보다 칼로리를 많이 소모하기 때문이다. 부자는 미감味感을 강조하는 음식의 질을 추구하게 되고 가난한 사람은 양을 우선하게 된다. 또 많은 열량을 내기 위해 가난한 사람들이 음식을 훨씬 더 짜고 달게 먹는다. 그래서 성인병은 가난한 사람의 몫이다. 음식은 빈부 격차에 대한 인식을 바꾼다. 그러니 의사의 "적게 먹고 싱겁게 드세요"라는 말은 의사가 어떤 계급을 지지하느냐를 드러내는 것이 된다. 빈자에 대한 의사의 충고는 "휴식이 필요합니다. 노동시간 단축을 위해 싸우세요"일 것이다.

조선인의 단백질 주공급원은 개였다. 농경 사회는 목축을 따로 하지 않고 사냥도 하지 않으므로 개와 닭이 가장 중요한 단백질 공급원이다. 반면 반농반목 사회는 양이 단백질 공급원이고 개는 목축을 위한 보조 수단으로 중시된다. 개는 식용이 아닌 경제생활을 함께 하는 반려동물이다. 사실 개는 먹지 않으면서 돼지나 소를 먹는 행위는 굉장히 유럽적인 문화인데, 이를 강요하는 것은 다원주의에 역행하는 것이다. 유럽에서 개를 먹지 않는 사람 중에는 채식주의자가 많다는 것을 염두에 두어야 한다.

음식은 어려운 문화다. 미식가라는 말이 있지만 맛의 미감은 개인마다 다르고 문화권마다 달랐으며 그 차이 내부에는 역사성이 존재했다. 음식사로 대표되는 미시사는 바로 그 역사성을 탐구하는 작업이다.

음식이 곧 신분이다

내가 먹는 것이 내가 어떤 사람인지 알려준다

마트에 가면 다양한 달걀을 볼 수 있는데 가격이 천차만별이다. 일반 달걀은 유기농 달걀 가격의 절반도 되지 않는다. 두부도 마찬가지다. 중국산 콩으로 만든 두부와 국산 유기농 콩으로 만든 두부는 3배 이상 가격 차이가 나기도 한다. 21세기, 같은 나라 안에서도 계층에 따라 먹는 음식이 이렇게 다르다.

미국도 마찬가지였다. 2012년 미국에 갔을 때 월마트에 갔더니 발렌타인은 연도 표시가 없는 것만 있었고, 조니 워커는 레드만 진열되어 있었다. 17년이나 21년, 블랙이나 블루는 마트에서 살 수 없었다. 나는 월마트에서 미국의 빈부 격차를 느꼈다.

평등한 21세기에도 처지에 따라 먹는 것에 차별이 있다면 신분제 사회는 오죽했을까? 조선 같은 신분제 사회에서는 신분에 따라 음식도 달랐다.

왕이 먹는 밥은 12첩 반상이었다. 첩은 반찬을 담는 접시를 말하는데 12첩 반상이라면 12개 접시에 반찬이 담긴 상이란 뜻이다. 12첩은 왕과 왕비만 받았고 일반인은 9첩, 7첩, 5첩, 3첩 반상을 받았다. 12첩 반상에 올린 음식들을 살펴보자.*

먼저 밥은 두 가지가 오른다. 하나는 쌀과 물로 지은 백반, 또 하나는 팥물로 지은 홍반紅飯이다. 명산지에서 진상된 최고급 쌀을 곱돌로 만든 솥에 담아 숯불로 밥을 지었다. 여기에 탕 즉, 국이 올라가는데 채숫국, 생선국, 고깃국 등 다양한 재료를 사용해 그때그때 올렸다. 또 조치 즉, 찌개도 올리는데 역시 다양한 재료를 사용한다. 지금으로 치면 흰밥에 고깃국과 된장찌개가 올라가는 셈이다.

여기에 침채가 올라간다. 김치 종류라고 생각하면 무난하다. 김치, 깍두기는 기본이고 오이소박이, 유자 절임, 미나리 무침 등이 추가된다. 여기에 찜이 올라가고 전골이 올라간다. 전골은 익혀 먹어야 하므로 화로가 함께 올라간다.** 그리고 회, 편육, 산적, 더덕구이, 수란, 전유어, 젓갈, 나물 등 각종 반찬이 상에 올라간다.

음식을 담는 그릇 역시 최고급이다. 독을 감지하는 것으로 알려

---

* 신명호,『조선 왕실의 의례와 생활, 궁중문화』(돌베개, 2002)에 자세하게 설명되어 있다.

** 왕은 독살 위협 때문에 음식을 조리하고 나서 독이 있는지 없는지 시험하는 과정을 거쳐야 한다. 그러면 아무래도 음식이 식기 마련이고 전골이 반가울 것이다. 일본 황실도 오랜 검사 과정 때문에 음식이 식는 경우가 대부분이어서 천황과 황실 사람 중에는 뜨거운 음식을 먹지 못하는 사람이 많았다고 한다. 요네쿠보 아케미米窪明美, 정순분 옮김,『천황의 하루』(김영사, 2012), 46쪽.

안순환安淳煥은 총감부가 궁내부를 폐지하자 궁중 요리사들을 모아 1909년 궁중 요릿집인 명월관을 열었다. 궁중 요리가 음식 문화에 끼친 영향을 잘 보여준다.

진 은기, 광채가 나는 유기, 그리고 박물관에서 볼 수 있는 백자를 사용했다. 그릇을 관리하는 사람도 6명이나 되었다고 한다.

요리는 왕의 전속 요리사들이 했고 왕비와 세자에게도 각자 전속 요리사들이 있었다. 이들은 밥 전문, 생선 전문, 두부 전문, 고기 전문 식으로 각자 전문 분야가 있었고, 반감飯監이 총괄 지휘했다. 이 요리사들은 조선의 대표 요리사로서 신분은 천민이지만 귀한 대접을 받았고 엄중한 감시를 받았다. 독살의 최전선에 있기 때문이다. 조선이 망한 후 궁에서 쫓겨난 요리사가 서울 최고 요릿집을 차렸다는 일화는 그들의 수준을 짐작케 한다.

영화 〈광해, 왕이 된 남자〉에서 왕이 음식을 남기지 않아 궁녀들이 굶는 장면이 나온다. 궁녀들은 왕이 남긴 음식을 먹었다는 것을 두고 논쟁이 있었는데, 나는 사실이 아니라고 본다. 왕이 남긴 음식을 궁녀들이 나누어 먹은 것은 사실이지만, 그렇다고 남긴 음식에 전적으로 의존했다고 보기는 어렵다. 그 많은 궁녀가 먹을 음식을 전부 상에 올린다는 것 자체가 난센스다.

일본에는 오스베리라는 전통이 있다. 천황에게 음식을 올릴 때 푸짐하게 올리고 천황은 그중 일부를 먹고 나머지를 신하나 여관(조선의 후궁과 궁녀에 해당함)에게 하사하는 전통인데, 조선에도 같은 전통이 있지 않았을까 하는 생각을 영화에 반영한 것 같다. 그러나 조선 궁녀는 밥을 해주는 하급 궁녀가 따로 있었다는 기록도 있으니 영화의 묘사는 과장된 것으로 보인다.

왕의 밥상은 화려함과 사치의 극치라는 점에서 비판의 여지가 있다. 그러나 또 한편으로는 그 나라 요리 수준의 절정이라는 측면도 있다. 원래 프랑스 왕실 요리는 별 볼 일 없었다. 프랑스 왕실은 프랑크 왕국이 분열한 후 카페 왕조에서 시작하는데 유목 민족인 게르만족 계통이어서 요리가 발달하지 못했고 뒤에 등장한 발루아 왕조도 마찬가지였다. 그런데 16세기에 극적인 변화가 일어났다. 앙리 2세가 1533년 왕권 강화를 위해 이탈리아 최고 명문가인 메디치가에서 왕비를 들였는데(이 여인이 그 유명한 카트린 드 메디시스다) 그녀가 데려온 이탈리아 요리사들이 프랑스 궁정 요리를 획기적으로 변화시킨 것이다. 그리고 이것이 오늘날 세계적으로 유명한 프랑스 요리의 기원이 되었다. 오늘날 요리가 중요한 문화적 상품이라는 점에서 조선 궁중 요리는 결코 과소평가할 수 없는 중요성을 가진다.

호화로운 양반의 밥상

양반의 밥상 역시 호화로웠다. 양반들이 즐긴 음식은 오늘날 많은
연구가가 연구하고 만화, 책, 영화 등을 통해 다양하게 소개되었
다. 사대부가 여인들도 요리법을 기록으로 남겨 당시 양반들이 먹
던 화려한 음식을 조리법까지 세세하게 전했다. 이 중 가장 유명
한 것으로 장계향張桂香*이 남긴 『음식디미방』을 꼽을 수 있다.

『음식디미방』은 국수와 만두류 15종, 고기·생선 46종, 채소·과
자 31종, 주류 53종, 총 146종류의 음식 조리법을 담고 있다. 요리
의 수준도 매우 높다. 예를 들어 어만두魚饅頭는 생선의 살을 얇게
저며 피를 만들고 그 안에 석이, 표고, 꿩고기, 잣 등으로 만든 소
를 넣은 것이다. 생선 살로 피를 만든 이 독특한 만두는 효종이 스
승 윤선도에게 생일 선물로 보내고 숙종에게 올린 잔칫상에도 이
름이 나오는 왕실 고급 요리다.**

------

* 조선 여성에게 이름이 있었는지에 대해서는 논쟁이 진행 중이다. 그러나 이름 없는
사람은 없다. 아버지가 "첫째 딸아", "둘째 딸아"라고 부를 수는 없기 때문이다. 논쟁의
정확한 주제는 '과연 공식 기록에 이름을 넣었느냐?'이다. 조선 양반 여성은 공식 기
록에 이름보다 지위를 넣길 바랐던 것 같다. 남편이 관직에 오르면 여성도 남편의 관
직에 따라 외명부의 지위를 받았다. '부부인 안동 권씨'라면 고위 관료의 아내 권씨라
는 뜻이다. 집안에서는 안채의 주인이라는 것을 드러내고 싶어 했다. 안채에는 '○○
당堂', '○○재齋' 같은 건물 이름이 붙는데 사임당, 난설헌軒, 호연재 같은 호칭은 여
기서 온 것이다. 과거 응시가 금지된 여성에게는 그 이상의 공식 호칭이 필요하지 않
았을 것이다.

** 주영하, 『조선의 미식가들』(휴머니스트, 2019), 230쪽.

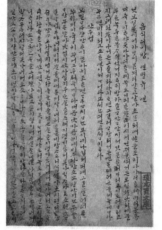

『음식디미방』은 1670년경 장계향이 쓴 요리서다. 표지에는 '규곤시의방閨壼是議方'이라고 적혀 있으며 내용 첫 머리에 한글로 '음식디(지知)미방'이라고 쓰여 있다. '음식의 맛을 아는 법'이라는 뜻이다.

실제로 조선 시대 양반들이 이런 음식을 먹었을까? 17세기 초반 영남 양반이었던 곽주郭澍의 아내 하씨의 무덤에서 남편과 주고받은 편지 172통이 발굴되었다. 여기서 손님을 위해 다담상을 차리라며 정과, 절육, 세실과, 모과, 홍시, 자잡채, 수정과, 율무죽, 녹두죽, 꿩고기, 청어, 대구 등 올릴 음식들을 나열하고 있다. 정과는 과일을 꿀에 절인 것이고, 절육은 얇게 썰어서 양념장에 쟁이어 익힌 고기이며, 세실과는 잘게 만든 잘 익은 과일을 말한다.* 이런

---

* KBS 역사스페셜 〈400년 전의 타임캡슐, 무덤 속 편지 172통〉.

손님상을 자주 차렸던 모양이니 요리책에 나오는 음식들이 책 속에만 있었던 것은 아님을 알 수 있다.

물론 이런 밥상은 거저 얻어지는 것이 아니었다. 양반은 자신의 부를 유지하고 증식하려고 노력하는 CEO였다. 따라서 흉년이 들고 사업이 원활하지 못하면 반찬 사정도 나빠졌다. 곽주의 아내 하씨도 "흉년에는 임금님도 보리밥을 먹는다는데……"라며 한탄하는 글을 남겼다. 또 양반들은 성리학적 도덕에 입각해 검약을 숭상했다. 이황은 처가에서 받은 재산을 포함해 꽤 재산이 많다고 알려졌지만 워낙 검소해서 반찬이 세 가지를 넘은 적이 없고* 손님이 민망할 정도였다고 한다.

> 선생이 서울의 서성西城 안에 우거할 때, 당시의 좌의정 권공權公(권철을 말한다. 권철은 권율의 아버지다)이 찾아왔다. 선생이 식사를 대접했는데, 반찬이 없고 또 맛도 없어 먹을 수가 없었으나 선생은 마치 진미珍味나 먹는 듯 조금도 어려워하는 기색이 없었다. 권공은 결국 젓가락을 대지도 못하고 물러나와 사람들에게 말하기를, "지금까지 입맛을 잘못 길러서 이렇게 되고 보니 매우 부끄럽다" 하였다.
>
> ─『퇴계집退溪集』, 「언행록言行錄」 3, 「유편類編」, 음식과 의복 예절

---

* "음식은 끼니마다 세 가지 반찬을 넘지 않았고, 여름에는 다만 건포 한 가지뿐이었다."(『퇴계집』, 「언행록」 3, 「유편」, 음식과 의복 예절)

평민도 '많이' 먹었다

평민은 어땠을까? 꽁보리밥에 간장 한 종지로 밥을 먹었을까? 그렇지 않았다. 평민도 밥을 먹었다. 쌀은 노동생산성이 높고 영양분이 풍부하기 때문에 가난한 평민에게 절대적으로 유익했다. 밀이나 보리는 투입되는 노동량에 비해 수확량이 적고 영양분이 부족해 다른 음식으로 영양분을 보충해야 하므로 비효율적이었다. 그래서 할 수 있다면 쌀밥을 먹고자 했다.* 우리가 평민의 음식으로 꽁보리밥을 연상하는 것은 일제가 쌀을 수탈해 조선에서 쌀이 귀해지는 바람에 생긴 일이며, 박정희 시대 혼분식混粉食 장려로 더욱 굳어졌다.

조선인은 많이 먹기도 했다. 조선인의 대식은 구한말 유럽인들을 놀라게 할 정도였는데 가난해서 그렇다는 것은 논리적으로 성립될 수 없다. 가난한데 어떻게 '많이' 먹을 수 있을까? 그보다는 고된 농사 때문에 그만큼 열량을 많이 소모해야 했기 때문이라고 할 수 있다. 조선인의 체격이 건장했던 것도 하나의 이유로 보고 있다. 서구 선교사들은 조선 남자들의 큰 체격에 놀라워하고는 했다. 가난에 시달렸던 이순신의 키가 190센티미터로 추정되니 조선 남자들이 얼마나 컸는지 알 수 있다.

그러나 항상 쌀밥을 배 터지게 먹을 수는 없었다. 쌀은 세금의

---

* 자세한 내용은 정연식, 「조선 시대의 식생활과 음식 문화」, 한국역사연구회, 『조선 시대 사람들은 어떻게 살았을까?』(청년사, 2005) 참조.

프랑스 엽서에 담긴 조선 시대 양반의 밥상 모습. 거대한 밥그릇이 인상적이다. 외국인들의 증언에 의하면 조선인은 놀랄 만큼 많이 먹었다고 한다.

주요 품목이었고, 조선 후기에는 지주에게 바치는 지대地代의 중심이었다. 세금 내고 지대 내면 가을에 수확한 쌀로 봄을 넘기기 어려웠다. 그러면 최소한 여름 한 철은 쌀 없이 버텨야 했다. 이때 다양한 음식을 먹었는데 보리나 조 같은 잡곡은 기본이고 조선 후기에는 고구마, 감자, 옥수수, 호박 등이 큰 역할을 했다.

감자는 아메리카 대륙이 원산지고 신대륙 탐험과 함께 유럽에 전해진 뒤 전 세계로 퍼졌다. 감자는 싹과 잎 부분에 독이 있어서 잘못하면 큰 탈이 날 수 있다. 영국의 엘리자베스 1세가 감자 요리를 먹었다가 죽을 뻔한 적도 있었다. 하지만 전 세계적 기근에 시달리던 16, 17세기 인류에게 감자는 복음 같은 작물이었다. 감자를 퍼뜨리려고 노력한 군주로 엘리자베스 1세, 프리드리히 2세, 심

371

지어 마리 앙투아네트까지 언급될 정도다.* 사실 조선 후기 우리 민중을 구한 감자 같은 구황작물의 전파는 동시대 많은 유럽 계몽 군주의 노력으로 가능했던 것이다.

이외에 염분과 비타민을 보충할 반찬이 필요했는데 장과 김치가 대표적이다. 콩으로 메주를 쑤어 발효시킨 뒤 소금물에 담가 만드는 간장은 동아시아의 대표적인 발효 식품이다. 저장이 까다로운 채소를 발효시켜 먹는 김치도 마찬가지였다. 일본의 단무지나 서양의 피클도 같은 목적으로 만들어진 음식으로 다양한 영양소를 보충할 뿐 아니라 장기간 저장이 가능하다.

그 외에도 먹을 수 있는 것은 다양하게 먹었는데 가장 입맛을 돌게 한 것은 각종 나물이다. 전해 오는 이야기에 의하면 1960년대 독일에 파견된 간호사들이 공원에 지천으로 널린 고사리를 보고 뜯어서 맛을 보았는데 독일인들이 이를 보고 "아시아 사람이 땅을 파먹는다"며 호들갑을 떨었다고 한다. 동서양의 다른 음식 문화가 낳은 해프닝이다. 오늘날 한국 나물은 세계 미식가들의 관심을 끄는 음식이 되었다.

조선에서 보릿고개는 흔한 일이 아니었다

12첩 반상과 감자밥 사이에는 신분에 따른 차별 문제가 존재한

---

* 이나가키 히데히로稻垣榮洋, 서수지 옮김, 『세계사를 바꾼 13가지 식물』(사람과나무사이, 2019).

다. 그리고 그 차별은 사회 통제 시스템이 무너질 때 사회가 폭발하는 원인을 제공하고는 했다. 밥상이라는 이토록 평범한 일상에서 사회의 모순을 볼 수 있다. 그러나 주의할 점이 하나 있다. 그렇다고 해서 민중이 항상 만성적인 기아와 아사로 내몰린 것은 아니라는 점이다.

어느 민족, 어느 국가든 자연재해나 정치 혼란으로 심각한 먹거리 문제를 겪었다. 인도는 영국 식민지 시절 몇백만 명이 굶어 죽는 대참사를 겪었고 우리도 일제강점기에 만성적인 보릿고개에 시달렸다. 하지만 『조선왕조실록』에는 보릿고개라는 말이 없다. 그에 비해 보릿고개를 넘기기 위한 복지 제도, 환곡의 운영과 관련해서는 무려 1,149건이 검색된다. 시대가 다르면 식량 부족의 기준도 다르므로 단순 비교는 무리지만, 조선 시대에 일제강점기만큼 보릿고개가 만성적이었다고 보기 어렵다. 이는 다른 식민지의 역사에서도 찾아볼 수 있다.

조선의 정치적 혼란기였던 중종~명종 시기, 임진왜란과 병자호란 시기, 숙종 시기, 19세기 등등에는 심각한 식량 위기가 있었다. 이 위기는 가혹한 징세와 수탈, 구휼 대책의 마비 등이 원인이었을 것이다. 또 드물게 찾아오는 가혹한 가뭄이나 홍수(17세기 소빙하기 같은) 역시 식량 위기를 초래했다. 당시의 과학이나 행정력으로는 이런 위기를 이겨낼 수 없었다. 우리가 기록에서 볼 수 있는 비참한 굶주림은 이 시기에 집중되었다.

그러나 코로나19 확산이 대한민국 역사 내내 일어난 일이 아닌 것처럼 이런 재난이 조선 시대에 항상 존재했던 것은 아니다. 왕의

12첩 반상과 초근목피로 연명하다 죽어가는 민중의 삶, 그 극단적 차이 사이에는 일반과 특수의 차이가 있다. 우리가 선조들의 먹거리에 대해 생각할 때 유념할 점이다.

밥상은 국제 문화다

조선의 음식은 어디에서 왔을까?

〈고독한 미식가〉라는 일본 드라마가 있다. 동명의 만화를 원작으로 2019년 시즌 8까지 방영되었는데 한국에도 상당한 매니아층이 있고 나 역시 즐겨 보고 있다. 그런데 이 드라마에 나오는 음식들이 꽤 익숙하다. 우동, 숯불 구이, 곱창, 김치, 돈가스, 짬뽕, 회, 초밥, 카레, 베트남 쌀국수, 닭 꼬치, 단팥죽……. 내가 〈고독한 미식가〉를 즐겨 보는 이유는 드라마에서 소개하는 음식들이 익숙하기 때문이다. 도대체 이 음식들의 국적은 무엇일까? 그리고 음식의 국적이 우리에게 어떤 의미가 있을까?

교류가 없는 사회는 당연히 음식도 교류가 없다. 유목 민족은 양고기와 치즈를 먹고 농경민족은 밥과 빵을 주식으로 한다. 그러나 교류가 일어나면 풍부한 식 재료와 요리법이 들어오는 등 음식 교류가 활발히 일어난다.

전 세계적 음식의 교류가 일어난 시기는 13~14세기 몽골이 세계를 지배한 팍스 몽골리카 시대였다. 실크로드가 한 나라의 영토 안에 들어오면서 유례없이 활발한 동서 교역이 이루어졌고 유럽과 아시아가 하나의 교역권에 통합되었다.* 교역의 마력에 빠진 세계인은 몽골제국이 무너진 후 저마다 동서 교역을 재개하려고 바다로 뛰어들었다. 명나라 정화의 대외 원정과 유럽 콜럼버스의 대서양 항해가 바로 이 시기의 업적이다. 이렇게 교류가 일어날 때마다 인류의 식탁은 풍부해졌다. 유럽인은 인도의 커피와 아메리카의 감자와 동남아시아 후추와 설탕을 중국 도자기에 담아 식탁을 차리게 되었다.

몽골에서 들어온 설렁탕, 이슬람의 소주

우리도 마찬가지였다. 고려 말 원(몽골) 간섭기에 많은 외래 음식이 들어왔고, 조선 초에 이 음식들이 정착되었다. 대표적인 것이 설렁탕이다. 설렁탕은 몽골의 고깃국에서 유래했다는 설이 지배적이다. 물론 몽골의 고깃국과 우리 설렁탕은 그 시간과 공간적 거리만큼 다른 음식이 되어버렸지만.

설렁탕의 어원이 선농단에서 왔다는 주장도 있는데 이는 설렁

---

* 실크로드는 기원 전후 한나라 때 개척되었지만 수많은 국가를 통과하고 도둑과 맹수의 위협을 무릅써야 했기 때문에 어렵고 위험했다. 몽골제국은 이런 곤란한 점을 최소화한 것이다. 마르코 폴로Marco Polo나 이븐 바투타Ibn Battūtah의 세계 여행이 가능했던 것도 이런 배경에서였다.

서울 동대문구에 있는 선농단의 모습. 선농단은 농사를 처음 가르쳤다는 중국의 전설적 지도자 신농과 후직의 제사를 지내는 제단이다. 임금이 여기서 제사를 지낸 뒤 먹은 탕이 설렁탕이 되었다고 한다. 한편 고기 삶은 물을 뜻하는 몽골어 슈루(슐루)가 설렁탕이 되었다는 설도 있다.

탕이 궁중 음식이었다는 뜻이다. 고려 원 간섭기에 왕비가 몽골 여자였기 때문에 몽골의 풍습이 많이 들어왔다. 그래서 궁중 용어(왕비를 뜻하는 마눌하)나 음식 등에 몽골이 큰 영향을 미쳤고 이것이 조선 왕실 문화까지 이어졌다.*

조선 시대 들어 정착한 또 하나의 대표적인 음식이 소주다. 소주는 증류식 술로 이슬람의 아락Arak에서 왔다. 솥에 술밑을 채우고 소줏고리(증류기)를 얹어 밀봉한 뒤 불을 때면 알코올 성분이

---

* 원래 왕실 문화는 일반 귀족이나 평민과의 차별성을 위해 다른 문화를 고집하는 경향이 있다. 근대 유럽 왕실에서 프랑스어를 고집했다거나 러시아 왕실에서 독일어를 고집했다는 이야기는 유명하다. 영국 하노버 왕가 역시 독일어를 포기하고 영어를 배우느니 의회에 정치를 맡기는 편을 택했다. 이것이 바로 "왕은 군림하나 통치하지 않는다"이다.

증발하는데, 이것이 소줏고리 위의 찬물에 닿아 이슬로 맺혀 내려오는 것이다. 상당한 고급 술로 오늘날 우리가 즐겨 마시는 희석식 소주와는 종류가 다르다. 희석식 소주는 당밀 등으로 만든 술을 증류해 주정을 만들고, 이를 물에 타서 희석시킨 것으로 대량생산이 가능한 서민용 술이다.

소주는 다른 술에 비해 곡식이 많이 들어가기 때문에 사치스러운 술로 인식되었다. 그래서 왕실에서 많이 마신 술이었다. 태조의 아들이 소주를 먹고 죽었다는 기록이 있는가 하면,* 외국에 보내는 선물 목록에도 소주가 올라 있었다.**

후추 대신 고추

외국에서 들어온 음식은 지배층을 위한 사치품이었을까? 어느 정도는 그렇다. 수입품은 아무래도 비싸기 때문이다. 한때 유럽에서 후추 1그램은 순금 1그램과 같은 가격이었다. 후추 35그램 한 통 가격을 지금 시세(2020년 10월 금 시세)로 환산하면 약 250만 원이나 된다. 이 때문에 수많은 서양인이 후추를 구하려고 동방 항로를 찾아 헤맸고 그 과정에서 아메리카도 발견한 것이다. 하지

---

* 진안군鎭安君 이방우李芳雨는 임금의 맏아들인데, 성질이 술을 좋아하여 날마다 많이 마시는 것으로써 일을 삼더니, 소주燒酒를 마시고 병이 나서 졸卒하였다(『태조실록』 2년 12월 13일).

** 의정부에서 대마도 수호관守護官 종정무宗貞茂에게 편지를 보내고, 인하여 구승저포九升苧布 구승마포九升麻布 각 3필, 호피虎皮·표피豹皮 각각 2령領, 소주燒酒 10병, 마늘 10두, 건시乾枾 10속, 황률黃栗 10두를 보내었다(『태종실록』 4년 1월 9일).

만 지금 후추 가격은 아주 저렴하다. 나는 얼마 전 후추 35그램 한 통을 3,600원에 구입했다. 600배 이상이나 가격 차이가 나니 같은 후추인지 의심스러울 정도다.

가격을 결정하는 것은 수요와 공급이다. 공급이 많을수록 가격이 떨어진다. 조리법이 외국에서 들어와도 식 재료를 국내에서 구할 수 있거나, 외국 식 재료였어도 국내 생산이 가능해지면 가격은 떨어진다. 일단 가격이 떨어지면 서민 음식이 된다. 대표적인 것이 고추장이다.

고추는 아메리카 대륙에서 유럽으로 전해졌고 이어 아시아로 전해졌으며 조선에도 들어왔다. 조선은 일본에서 고추를 받아들였다는 설이 많지만 정작 일본은 중국에서 고추를 받았다고 주장한다. 중국산은 조선을 거쳐 일본으로 들어간 경우가 많으니, 누가 누구에게 전해주었는지 알 수 없다. 중요한 것은 유럽도 일본도 고추를 즐기지 않았다는 점이다. 고추는 조선에 가장 성공적으로 정착했다.

고추가 조선에 정착한 이유는 조선 후기 고기 요리가 발달한 것과 밀접한 연관이 있다. 조선은 유교 국가로서 불교의 영향이 적어 육식을 꺼리지 않았고, 또 몽골의 육식 문화가 왕실을 중심으로 보존되었다. 여기에 조선 후기 상업의 발달로 부자가 다수 등장했다.

---

* 이나가키 히데히로, 서수지 옮김, 『세계사를 바꾼 13가지 식물』(사람과나무사이, 2019), 115쪽.

성협成夾이 그린 14면의 풍속화 중 하나로, 양반들이 야외에서 고기를 구워 먹는 모습을 그렸다. 조선 후기 상공업의 발달과 부의 축적에 따라 양반을 중심으로 육식이 유행했고, 향신료가 필요해짐에 따라 고추가 자리 잡았다.

이들은 부를 과시하려고 육식을 즐기기 시작했다. 원래 육식은 번거로운 과정을 거쳐야 해서 농경 국가에서는 꺼렸다. 게다가 소는 농사 용도로 도축이 엄격하게 제한되거나 금지되었고, 돼지는 육식을 위해 일부러 기르는 동물로서 농사에 도움이 되지 않았다. 그러니 육식을 하려면 농업 국가적 성격이 약화되면서 소비와 쾌락이 강조되는 분위기여야 한다.

이 때문에 조선 후기에 비로소 육식이 유행했고, 고기의 부패와 누린내를 잡을 향신료에 대한 수요가 늘어났다. 그런데 후추는 너무 비싸니 그 대체재로 고추가 등장한 것이다. 부자들은 비싼 돈을 내고 고추를 구입해 고기를 버무려 먹었다. 붉게 양념한 고기는 부의 상징이 되었고, 부자들은 점점 고추를 과다 사용했다. 찌개에도 넣고 김치에도 넣고 된장에도 넣었다.

돼지 불고기와 빨간 김치와 고추장이 유행하고 고추 수요가 늘어나자 농사꾼들은 논밭을 갈아엎고 고추를 심었다. 1980년대 정부와 농협이 일일이 농사지을 작물을 정해주며 통제하던 독재 정권 시대에도 과잉 재배로 고춧값이 폭락해서 사회문제가 되었다. 하물며 조선 후기에는 오죽했을까? 수요에 비해 공급이 많아지자 고추 가격은 점점 떨어졌다. 그러나 고추 농사로 돈을 번 신흥 부농들이 또 고추장에 돼지 찌개를 해 먹어서 수요는 일정 수준 유지되었고 고추는 안정적인 가격을 형성하며 점차 서민의 음식 세계에도 발을 들여놓게 되었다.

조선의 카스텔라, 무국적 신선로, 한중일 합작 짬뽕

19세기 산업혁명과 제국주의는 전 세계를 하나의 문화권으로 만들었고 밥상도 세계화의 장이 되었다. 조선도 예외가 아니었다.

가수저라加須底羅는, 정한 밀가루 한 되와 백설탕 두 근을 달걀 여덟 개로 반죽하여 구리 냄비에 담아 숯불로 색이 노랗도록 익히되 대바늘로 구멍을 뚫어 불기운이 속까지 들어가게 하여 만들어 꺼내서 잘라 먹는데, 이것이 가장 상품이다.

–『청장관전서靑莊館全書』 권 65, 「청령국지蜻蛉國志」 2, 물산

청령국蜻蛉國은 일본을 말한다. 여기서 소개하는 가수저라는 바로 카스텔라를 말한다. 『청장관전서』는 18세기 후반의 책인데 이미 일본을 통해 카스텔라 같은 서양 음식을 소개하고 있다. 구한말 외국인들이 찍은 사진에는 양주를 마시고 있는 조선인의 모습도 있다. 세계를 향해 문을 열면 열수록 음식은 더더욱 밀려오고 밀려간다.

신선로는 원래 왕실이나 양반가에서 음식을 덥히기 위해 사용한 용기였다. 왕은 독살을 방지하기 위해 기미 상궁이 먼저 맛을 보는 등 먹기까지의 절차가 복잡했기 때문에 식은 음식을 덥힐 도구가 간절했다. 이 신선로에 스키야키라는 일본 고기 요리를 담아 올리자 일본인들이 매료되었다.[*] 이렇게 해서 신선로라는 용기에 이런저런 재료를 올린 정체불명의 요리 '신선로'가 탄생했는데, 이것이 조선을 대표하는 요리로 둔갑했다. 심지어 일본인들은 "조선 요리 중에 첫 번째로서 우리 입맛에 맞는 음식은 신선로다"[**]라는 이야기까지 했다.

그런가하면 19세기 말 일본에 건너온 중국 푸젠성 출신 천핑순陳平順이 나가사키에 음식점을 개업하고 푸젠성 음식을 응용한 잔폰을 만들었다. 광둥어로 차폰(밥 먹었냐), 혹은 일본어로 잔폰(섞

---

[*] EBS 다큐프라임 〈한국 음식을 말하다 2부-밥상 위의 근대〉.

[**] 도리고에 시즈에鳥越靜岐·우스다 잔운薄田斬雲, 『조선만화』(일한서방, 1909). 이 책은 일본이 조선 관광을 위해 펴낸 책이다. 주영하, 『식탁 위의 한국사』(휴머니스트, 2013)에서 재인용.

음식을 덥히기 위한 용기였던 신선
로에 일본의 스키야키를 담으면서
일본인들에게 큰 인기를 끌었고, 그
이후 '신선로'라는 요리가 대표적인
조선 요리로 알려지게 되었다.

다)에서 유래한 이름인데, 이것이 조선에 들어와 고추 세례를 받고
짬뽕이 되었다.* 중국 화교가 운영하던 인천의 중화요릿집에서 짜
장면이 탄생했다는 것은 널리 알려진 이야기다.

정반대의 경우도 있다. 일본은 불교의 영향으로 육식이 발달하
지 못했다. 근대 들어서 상업화의 물결 속에 뒤늦게 육식이 발달했
는데 아무래도 조선의 고기 요리가 넘어갈 수밖에 없었다. 그것이
바로 야키니쿠(숯불 구이)다. 오사카 도톤보리처럼 한국인이 많이
찾는 관광지의 야키니쿠집에 가보면 삼겹살이나 김치, 심지어 잡
채와 육개장이라는 말도 그대로 쓰는 것을 볼 수 있다. 또 명란젓

* 이오성, 「한·중·일이 모여서 동아시아 짬뽕을 말하다」, 『시사IN』, 546호(2018년 3월).

은 원래 조선 음식이었지만 지금은 한국보다 일본에서 인기 있는 음식이 되었다.

한식의 세계화?

음식은 국적을 뛰어넘어 변화하며 발전해왔다. 이탈리아 요리가 프랑스 요리로 변하고, 이탈리아 피자와 독일 함부르크의 고기 요리가 미국에서 피자와 햄버거로 재탄생했다. 이슬람 술이 한국 소주가 되고 중국 면 요리가 한국 짜장면이 되고 한국 고기구이 가 일본 야키니쿠가 되는 것이 바로 음식 문화다.

그런 의미에서 본다면, 한식의 세계화나 전통 음식 보존을 과도 하게 강조하기보다는 로컬 푸드의 장점 정도로 생각하는 것이 적 당하다고 생각한다. 음식에는 국적이 없고 문화는 획일화를 경계 한다.

한식에 대한 경직성이나 과도한 찬양에는 불편한 한국 역사도 가미되어 있다. 해방 이후 친일파에게 '민족'은 매우 어려운 과제 였다. 민족 중심 정치나 민족 자립 경제는 그들이 수용할 수 없는 것이었다. 그래서 대신 민족 문화나 민족 정서에 과도하게 집착했 다. 수출 경제를 강조하면서 외래어 추방 운동을 하거나 식량을 수 입에 의존하면서 우리 음식을 강조하는 모순된 행동은 거기에서 유래한 것이다. 우리 문화에 대한 집착은, 민족 정치나 민족 경제 의 실종 속에서 나타난 일종의 편향으로 볼 수도 있다. 전통 음식 을 지나치게 강조할 이유는 없다. 맛있으면 그만이고, 건강하면 그 것이 민족을 이롭게 하는 우리 음식이다.

집집마다 술 익는 냄새

집안을 대표하는 음식은 김치가 아닌 술

장계향의 『음식디미방』에 소개된 음식은 총 146종인데 이 중 가장 많은 비중을 차지하는 것이 53종의 술이다. 빙허각憑虛閣 이씨의 『규합총서閨閣叢書』에서도 17종의 술을 소개하고 있다.* 곽주의 아내 하씨의 편지에도 죽엽주와 포도주 담그는 법이 적혀 있다. 당시 집안 살림하는 사람에게 술 담그는 법은 여느 요리보다 중요했던 것이다.

예나 지금이나 술은 인류에게 가장 중요한 음료다. 바빌로니아 점토판에도 "퇴근 후 맥주 한잔"이라는 글이 있을 정도다. 인류가 술을 사랑한 첫째 이유는 식수 문제 때문이다. 오늘날 같은 상하수

---

385   *   주영하, 『조선의 미식가들』, (휴머니스트, 2019), 258쪽.

조선 후기 궁중화가 이인문李寅文이 친구들과 모여 시간을 보내는 모습을 남긴 〈누각아집도樓閣雅集圖〉다. 조선 시대에도 손님 접대에는 술이 빠질 수 없었기 때문에 체면 있는 집은 좋은 술을 담는 것을 중요하게 여겼다.

도가 없던 과거에 물은 쉽게 오염되었고, 물에 석회 성분이 섞여 있어서 먹으면 병이 나는 지역도 있었다. 이때 물을 걸러 마시는 방법 중 하나가 술을 만드는 것이었다. 알코올 도수가 낮은 와인이나 맥주를 남부 유럽이나 독일에서 음료수 대용으로 마시는 것도 이런 이유에서였다.

또 사람이 모여 무아지경에 빠지는 가장 좋은 방법이 술에 취하는 것이다. 고대 제천 행사처럼 신에게 제사지낼 때 사람들은 신을 느끼기 위해 술을 마시고 밤새 춤을 추었다. 술은 진통 효과가 있어 노동으로 인한 육체의 고통을 덜어주고 뇌의 감각을 마비시켜 흥분을 고조시켰다. 술의 이런 효과는 고대인의 신앙에 중요한 요소였다.

국가 체제가 수립되고 사회가 세련되고 복잡해지면서 술은 더욱 다양한 용도로 활용되었다. 특히 귀족은 손님 접대가 잦았는데 이때 빠질 수 없는 것이 술이었다. 조선에서도 하루 종일 사랑채에 찾아오는 손님에게 술대접하는 것이 중요한 일과였다.

오늘날은 주류 회사에서 술을 만들고 이를 마트에서 판매하지만 19세기까지도 술을 만드는 회사가 없었다. 술은 집에서 만들었고, 이는 아내의 몫이었다. 특히 약이 되는 술, 약주는 집안사람의 건강에 중요한 것이었다. 약주를 마시면 무병장수한다는 전설이 중국과 조선에 널리 퍼져 있었다. 운동 안 하고 집에서 공부만 하며 골골대는 남자들의 건강을 위해서도 약주 제조는 아주 중요한 일이었다.

술맛은 김치맛이나 장맛만큼이나 중요한 요리 솜씨의 척도였다. 주조는 장 담그는 것만큼 정성과 시간이 들어가므로 술이 쓰거나 밍밍하면 정성이 부족하고 서툴다는 뜻이 되기 때문이다.

조선 시대 사람들은 어떤 술을 빚었을까?

어떤 술을 어떻게 만들었는지는 『음식디미방』에 잘 나와 있다. 술은 걸러내는 방법에 따라 크게 청주, 탁주, 소주로 나눌 수 있고, 또 약주와 혼양주가 있다. 청주는 여러 번 걸러낸 맑은 술이고 탁주는 짧게 숙성시킨 후 걸러내지 않은 술이다. 『음식디미방』에 청주는 순양주, 삼해주, 삼오주, 송화주, 죽엽주, 유화주, 향온주, 백향주, 백화주 등이, 탁주는 이회주, 하절상일주, 사시주, 동양주, 절주, 칠일주, 벽향주, 하절주, 일일주 등이 소개되었다. 이외에 약주로는 오가피주와 차주, 혼양주(합주)는 과하주, 소주는 소주, 밀소주, 찹쌀소주가 있다.

그동안 다양한 매체에서 소개된 술 제조법을 한번 살펴보자. 경상북도 영양군 두들마을에 있는 장계향 문화 체험 교육원 홈페이지(yyg.go.kr/jghcenter)에서도 12가지 대표 술을 소개하고 있어서 편리하게 검색할 수 있다. 아무래도 먼저 관심이 가는 것은 약주다. 술인데 몸에도 좋다면 그야말로 형님 좋고 매부 좋은 것 아니겠는가? 차주는 잣·대추·후추를 가루 내어 주머니에 담아 청주에 넣고, 밀·계피를 넣어 병째 가마에 넣고 물을 부어 고아서 만드는데 원기를 보양하는 데 좋다.

송화주는 소나무 꽃(송화)을 넣어 만든 술인데 소나무의 향취가 그윽하다. 신경통과 피로 회복에 좋은 술이니 청주이기도 하고 약주이기도 한 셈이다. 사실 청주와 약주는 딱 잘라 구분하지 않는 경우가 많다.

일일주는 탁주로 아침에 담가 저녁에 먹는, 급하게 담그는 술이다. 칠일주도 탁주로 7일 만에 완성하는 술이다. 음식이 쉽게 상하는 여름철에는 이런 술이 유용했을 것이다. 이름도 거창한 황금주는 술 빛깔이 황금처럼 누렇다고 해서 그렇게 불리며 멥쌀과 찹쌀로 만드는 탁주다. 탁주는 다른 술에 비해 만들기 쉽고 아무래도 질이 조금 떨어진다.

그렇다면 실제 술상은 어땠을까? 곽주의 아내 하씨의 편지를 소개한 KBS 역사스페셜 〈400년 전의 타임캡슐, 무덤 속 편지 172통〉에서는 하씨가 아주버니에게 차려낸 다담상을 재현했다. 죽을 올린 상, 과일과 과자를 올린 상, 고기와 생선을 올린 상을 차리고 여기에 포도주 같은 잘 빚은 청주를 마련했다. 손님이 오면 먼저 죽을 올리고 그 다음 따뜻한 구이류를 올리는 등 그때그때 요리해서 정성스레 손님을 대접했다. 이 정도면 왕도 부럽지 않을 것 같고, 경치 좋은 정자에서 풍류를 즐긴다는 말도 이해가 갈듯하다.

금주령의 이유

술을 만드는 데는 쌀이 만만치 않게 들어간다. 송화주에는 멥쌀 10말이 들어가고 벽향주는 7말, 행화춘주는 5말의 쌀이 들어간다. 아무리 양반가라도 살림을 담당하는 아내 입장에서는 술을 만들 쌀 구하는 것이 보통 일이 아니었을 것이다. 양반가 여성들이 쌀 떨어지는 것을 걱정한 것은 끼니 걱정만이 아니었다.

조선 정부는 흉년이 들면 곡물 사용을 줄이기 위해 금주령을 내렸다. 실록에 금주령 기사는 총 175건 검색된다. 가뭄이나 홍수가 날 때마다 쌀 소비를 조절하려고 정부가 얼마나 술과 전쟁을 벌였는지 짐작할 수 있다.

기아飢餓는 생산의 문제보다 유통의 문제가 크다. 실록의 관련 기사도 대부분 비축해둔 구휼미를 어떻게 적재적소에 풀 것인지가 핵심이었다. 식민지에서 대규모 기아 사태가 일어난 것도 바로 유통 때문이다. 영국은 인도에 면화 수출을 중심으로 철도망을 구축했기 때문에, 흉년이 들어도 식량을 수송하지 못해서 대규모 기아 사태가 발생했다. 조선 말에도 일제가 너무 많은 쌀을 수탈해 일본으로 가져가는 바람에 보릿고개가 만성화되었다.

농민 기아의 핵심이 정책과 유통이라면, 양반 지배층도 생산보다 소비에 신경을 쓸 수밖에 없었다. 당연히 술이 문제가 되었다. 이황은 학파의 스승이자 큰 정치인이니 호기롭게 술도 잘했을 것 같지만 실제로 잘 못했고 이것이 흉이 아니었다.

> 선생은 술을 마셔도 취하는 데 이르지 않고, 약간 얼큰하면 그만두
> 었다. 손님을 대접할 때도 주량에 따라 권하여, 친한 정도에 맞도록
> 할 뿐이었다.
>
> ―『퇴계집』, 「언행록」 3, 「유편」, 음식과 의복 예절

그러나 술로 물의를 일으킨 이도 많았고, 이는 도덕적인 측면뿐만 아니라 솔선수범을 보여야 할 지배층으로서도 좋은 모습이 아니므로 비판을 많이 받았다. 홍달손은 주색을 좋아해 실록에 기록될 정도였으나 반성하지 않았다.

---

* "경들은 함길도의 일에 대하여는 상세하게 알 것이다.……고인이 이르기를, '백성을 옮기고 곡식을 옮긴다' 하였는데, 이제 장차 백성을 옮길 것이냐, 또는 장차 곡식을 옮길 것이냐. 만약 백성을 옮긴다 하면 명년의 봄 농사가 시기에 미치지 못할 것이니, 어찌하면 가하겠는가. 이제 경차관敬差官을 보내어 기아의 상황과 각 고을에 저축된 미두米豆의 수효를 살펴보는 것이 어떠하겠는가."(『세종실록』 25년 9월 21일). 이외에도 내년 봄 산간 지역 기아 상황이 걱정되니 미리 구휼미를 확보해두라는 등의 지시도 보인다(『세종실록』 12년 9월 25일).

선조가 정철에게 은잔을 하사하며 하루에 3잔만 마시게 하니, 정철이 술잔을 넓게 펴서 술을 마셨다는 이야기가 전해진다. 실제로 정철이 임금의 하사품에 마음대로 손을 댔을 가능성은 낮지만, 이 이야기는 정철이 얼마나 술을 좋아했는지를 보여준다.

병이 위독하게 되자 친구들이 술 마시는 것을 절제하고 약을 복용하라고 권하는 자가 있었는데 홍달손이 말하기를, "나는 미천한 군사였는데, 성상의 은혜를 지나치게 많이 입어서 위계가 1품에 이르고 나이 60에 가까웠으니, 내 분수에 족하다. 다시 무슨 소망이 있겠는가?"하였다.

−『성종실록』 3년 11월 25일

「관동별곡關東別曲」의 정철鄭澈도 마찬가지였다.

정철은 중년 이후로 주색에 병들어 자신을 충분히 단속하지 못한 데다가 탐사貪邪한 사람을 미워하여 술이 취하면 곧 면전에서 꾸짖으면서 권귀權貴를 가리지 않았다. ······왕명을 받아 역옥逆獄을 다스릴 때 당색黨色의 원수를 많이 체포하였으니, 그가 한세상의 공격 대

상이 된 것은 족히 괴이할 게 없다. 그의 처신은 정말 지혜롭지 못했
다 하겠다.

-『선조수정실록』 26년 12월

정철은 서인의 영수로 정여립의 난으로 터진 기축옥사를 주도
하며 수많은 동인을 역적으로 몰아 죽였다. 이에 광해군 때 여당인
동인은 『선조실록』에서 정철을 독철毒澈이라고 비난했다. 인조반
정으로 권력을 잡은 서인이 『선조실록』을 다시 편찬한 것이 『선조
수정실록』인데 여기서는 정철을 두둔한다. 그래서 기껏 옹호한 것
이 '술 탓'이었지만 "괴이할 것이 없다"라는 표현으로 정철의 행동
을 용납할 수 없다는 것도 명확히 했다.

여성들의 음주

여자들도 술을 마셨다. 이는 동서고금 마찬가지인데, 집에서 살
림을 하다 저녁에 여자들끼리 모여 술을 마시거나 동네 마실 나
온 아낙들이 술을 마시는 것은 문제가 되지 않았다. 여성의 음주
가 문제가 된 것은 근대의 일로, 정확히는 술이 아니라 술을 먹는
장소가 문제였다. 과거에 술집은 남성만의 장소였는데 1910년대
부터 여자들이 드나들기 시작하면서 사회문제화 되었다.* 여기서

---

* 음료가 문제가 아니라 음료를 마시는 공간이 문제인 것은 커피도 마찬가지였다. 서
양에서는 술집만큼이나 커피 하우스도 금녀의 지역이었는데 18세기 프랑스 과학자
에밀리 뒤 샤틀레Emilie du Chatelet는 남장을 하고 커피 하우스에 드나들었다고 한다.

는 서인의 지도자였던 송준길宋浚吉의 증손녀 호연재浩然齋 송요
화宋堯和의 시를 소개하며 조선 후기 사대부가 아낙의 술 이야기
를 대신하겠다.

취하고 나니 천지가 넓고
마음을 여니 만사가 그만일세
고요히 자리에 누웠노라니
즐겁기만 해 잠시 정을 잊었네.*

구정은 외, 『카페에서 읽는 세계사』(인물과사상사, 2016). 17쪽.
* 허경진, 『사대부 소대헌 호연재 부부의 한평생』(푸른 역사, 2003), 166쪽.

더 읽어보기

조선사와 민족주의

한국 근현대사에 대해서는 보수와 진보의 대립이 치열하지만(가령 제주 4·3 사건의 성격에 대한 논쟁 같은) 그 이전 시대, 특히 조선과 고려사에 대해서는 진보 역사학이라 할만한 것이 없어 보인다. 민중사관의 관점에서 조선 시대 민중이나 여성의 삶과 투쟁에 대한 연구가 진행되고 있지만 자료가 워낙 소략해 한계가 많다. 마치 연인원 1,000만 명이 참가한 2016년 촛불 집회를 한 명의 입장에서 정리하는 수준이라고 할 수 있다.

조선사에 대한 인식은 대개 부정적이고 비판적이다. 망할 나라가 망했다는 식이다. 문제는 그 망할 나라를 일본이 멸망시켰다는 것이다. 결국 일본은 조선을 멸망시켜준 고마운 나라인 셈이고 우리 선조는 나라를 멸망시키지 못한 '못난 조선인'인 셈이다. 그러니 논리적으로 어떤 결론이 나올까? 식민지 근대화론이다.*

우리 사관은 정립되지 못했고, 망할 나라는 일본이 정리했고……이런 딜레마는 일제강점기 독립운동가들에게 더 심각하게 다가왔다. 이 딜레마의 한복판에 서 있었던 사람이 민족사학자 신채호申采浩였다. 신채호만큼 조선사를 통렬하게 비판한 역사가도 드물 것이다. 오죽하면 묘청의 서경 천도 운동을 "일천년래 대사건"이라고 했겠는가? 서경 천도 운동은 고려 멸망의 시작이자 조선 건국의 시작이니 조선이라는 망조 든 나라가 시작한 사건이라는 뜻이 아니겠는가?

그렇다면 망할 나라가 망했는데 왜 독립운동을 하며, 선진적인 나라의 지배를 받는 것이 무엇이 나쁜가? 여기에 어떻게 답을 할 수 있을까? 이승만은 미국에 조선의 위임통치를 건의했다. 그 의도에 대해서는 다양한 해석이 있지만 선진적인 미국의 지배를 받고자 했다는 해석이 많다. 일본의 지배가 문제지 식민 지배 자체는 문제가 아니라는 생각이 존재했다.

신채호는 제국주의 침략과 자본주의를 반대했다. 같은 민족 내부에서 계급이 계급을 지배하는 것은 옳지 않고, 민족은 공동체로서 구성원들은 평등해야 한다고 믿었다. 사회주의도 반대했다. 사회주의는 민족을 부정하기 때문인데, 민족을 부정하는 것은 곧 민족의 민족에 대한 지배를 의미하는 것이기 때문이었다.

---

* 윤치호는 조선은 독립해도 다시 당쟁과 살육 속으로 빠져들 것이라고 믿었고, 그래서 독립운동을 부정하고 친일로 돌아섰다. 그의 일기에 유난히 독립운동 내부의 분열에 대한 이야기가 많은 것도 그 탓일 것이다. 태평양전쟁 시기 일제가 조선인들을 전쟁에 강제 동원할 때 그것을 "조선인과 일본인의 동등한 대우를 향한 걸음"이라고 생각한 것도 조선 스스로 발전할 가망이 없다고 믿었기 때문이다. 윤치호의 일기를 통해 친일의 논리를 이해하는 데는 김상태, 「일제강점기 한 지식인의 내면일기-윤치호 일기」, 규장각한국학연구원, 『일기로 본 조선』(글항아리, 2013), 참조.

마르크스주의에는 근본적 딜레마가 있었다. 서양 철학의 근원에는 아리스토텔레스와 그리스 고전 철학이 있다. 그리스인들은 스스로를 헬레네스, 그 외 사람들을 바르바로이로 구분하고 이분법적 태도를 취했는데, 이를 철학적으로 완성시킨 것이 아리스토텔레스의 일원론이다. 그의 제자 알렉산드로스 대왕이 페르시아를 정복하고 철저하게 페르시아 문화를 파괴한 것은 당연한 일이었다. 이후 유럽은 문명을 전파하기 위한 침략 전쟁을 일삼았다. 로마의 정복, 중세 유럽의 십자군, 16세기 신대륙 정복, 19세기 제국주의에 이르기까지 유일신과 일원론에 입각한 침략과 파괴는 끊임없이 이어졌다. 그래서 현대 유럽 진보 학자들은 고대사를 평가하고 계승하는 것 자체를 터부시한다.

마르크스주의에도 바로 그 일원론이 있고, 이를 배경으로 민족 소멸론이 나왔다. 세상에는 하나의 사상, 하나의 국가, 하나의 인류가 존재한다는 획일주의, 전체주의가 마르크스주의에 있었다. 하지만 하나의 인류라면 그 인류는 어떤 언어를 쓰고 어떤 옷을 입고 어떤 음악을 들을까? 1930년대 사회주의자들은 바로 그 딜레마에 빠져들었다. 소련은 슬라브 문화를, 독일은 게르만 문화를, 영국은 앵글로 문화를 세계 표준으로 제시했다. 영국인 조지 오웰George Orwell이 소련을 전체주의로 규정하고 『동물농장』과 『1984』를 쓰는 데 주저하지 않았던 것도 '누가 세계 표준이 될 것인가'의 싸움이었다고 볼 수 있다.

결국 현실의 사회주의는 민족 갈등의 한복판에 섰다. 소련은 중앙아시아 민족과, 중국은 티베트와 충돌했다. 코사크족은 슬라브

어를 쓰느니 영국과 손을 잡고 소련과 싸우는 쪽을 택했고 티베트인들은 한족 문화를 받아들이느니 일본과 손을 잡고 싸우는 쪽을 택했다. 1918년 대소간섭전쟁과 1930년대 대장정 당시 코사크 기병대와 티베트 무장 세력에 엄청난 피해를 입은 소련 공산당과 중국 공산당은 공산화 이후 수많은 민족 지도자를 시베리아 강제수용소와 특수 감옥으로 보냈다. 결국 중앙아시아는 소련 해체와 함께 독립했고 티베트 독립은 현대 중국의 가장 심각한 인권 문제 중 하나가 되었다.

신채호는 사회주의도 자본주의도 아닌 길을 아나키즘에서 찾았다. 신채호의 아나키즘은 그의 「조선혁명선언」에서 확인할 수 있다. 바로 "인류가 인류를 압박치 아니하고 사회가 사회를 수탈하지 아니한다"는 것이다. 이는 다원화, 다문화를 말한다. 신채호는 민족이 소멸하는 것이 아니라 민족과 민족이 공존하는 세상을 꿈꾸었고, 하나의 사상으로 통일하는 것이 아니라 사상과 사상이 공존하는 세상을 꿈꾸었다. 그리고 이를 위해 민족이 우선 자기 정체성을 찾아야 한다고 생각했다. 이것이 아나키즘 속의 민족사학이었다.

혹자는 신채호가 민족주의를 포기하고 아나키즘으로 넘어갔다고 하지만, 「조선혁명선언」은 1923년에 나왔고 민족사학의 대표작인 『조선상고사朝鮮上古史』는 1931년에 신문에 연재되었다. 아나키즘이 먼저인 것은, 민족 독립과 민족사학이 왜 필요한지에 대한 대답이 먼저였기 때문이다. 당시 『조선상고사』를 비판한 이는 사회주의자인 사회경제사학자 백남운白南雲이었다.

우리는 왜 조선사와 고려사 이전의 고대사를 공부해야 하는 것일까? 그리고 조선사를 어떤 관점으로 공부하고 바라보는 것이 '진보적'인 것일까? 민족사학의 관점에서 본다면, 우리 정체성을 찾고 다른 민족의 정체성을 존중해 "아正와 비아反가 투쟁하여 역사를 만들어가는" 과정으로 이해하기 위해서라고 할 수 있다. 그리고 이것이 다문화와 공존의 길을 애타게 찾는 진보에게 답을 제시할 것이라고 생각한다. 역사는 과거와 현재의 대화이므로 조선사도 역시 그런 대화 속에서만 가치가 있을 것이라 믿기 때문이다.

찾아보기

402

카페에서 읽는 조선사
ⓒ 표학렬, 2020

초판 1쇄 2020년 10월 23일 찍음
초판 1쇄 2020년 10월 30일 펴냄

지은이 | 표학렬
펴낸이 | 강준우
기획·편집 | 박상문, 박효주, 김환표
디자인 | 최진영, 홍성권
마케팅 | 이태준
관리 | 최수향
인쇄·제본 | (주)삼신문화

펴낸곳 | 인물과사상사
출판등록 | 제17-204호 1998년 3월 11일

주소 | (04037) 서울시 마포구 양화로7길 6-16 서교제일빌딩 3층
전화 | 02-325-6364
팩스 | 02-474-1413

www.inmul.co.kr | insa@inmul.co.kr

ISBN 978-89-5906-586-8 03910

값 18,000원

이 도서의 국립중앙도서관 출판시도서목록(CIP)은 서지정보유통지원시스템 홈페이지
(http://seoji.nl.go.kr)와 국가자료공동목록시스템(http://www.nl.go.kr/kolisnet)에서
이용하실 수 있습니다. (CIP제어번호: CIP2020043749)